集 刊 名：非遗研究
主　　编：高丙中　张明远　色　音
主办单位：北京师范大学非物质文化遗产研究与发展中心


**非遗研究　第一辑**

**编辑委员会**

张明远（北京师范大学）　　　　张士闪（山东大学）

高丙中（北京师范大学）　　　　黄　涛（温州大学）

杨利慧（北京师范大学）　　　　黄永林（华中师范大学）

色　音（北京师范大学）　　　　宋俊华（中山大学）

萧　放（北京师范大学）　　　　刘晓春（中山大学）

方李莉（中国艺术研究院）　　　王晓葵（南方科技大学）

安德明（中国社会科学院）　　　周　越（剑桥大学）

户晓辉（中国社会科学院）　　　张展鸿（香港中文大学）

陈连山（北京大学）　　　　　　林发钦（澳门理工大学）

陈泳超（北京大学）　　　　　　孟凡行（北京师范大学）

包爱军（中央民族大学）

**编辑部**

主　　任：孟凡行

编　　务：张　敏

联系电话：0756-3683682

电子邮箱：fyzx@bnuz.edu.cn

通信地址：珠海市香洲区金凤路 18 号北京师范大学珠海校区非物质文化遗产研究与发展中心


**Studies of Intangible Cultural Heritage (Vol.1)**

# 非遗研究

第一辑

STUDIES OF
INTANGIBLE CULTURAL HERITAGE
(Vol.1)

**主编**

高丙中　张明远　色音

社会科学文献出版社
SOCIAL SCIENCES ACADEMIC PRESS (CHINA)

# 创刊词

　　非物质文化遗产（简称"非遗"）保护是近 20 年深入人心、深入社会并且在大众媒体和公共空间能见度极高的文化事件之一。这是 21 世纪的新现象，却关联着各种大小共同体和人类命运共同体的复杂历史，并正在通过发挥它特有的文化共享机制的作用而把人类导向不同文化之间可以相互承认、相互欣赏的未来。非物质文化遗产成为学术界关注的重要研究领域，也是势所必然。

　　非物质文化遗产是国际社会依托《保护非物质文化遗产公约》（2003年）在世界上推动的一项公共事业。非物质文化遗产概念和理念经由国际学术界多年的研究和沟通而形成，再经过复杂的程序而为世人所接受。它在中国的传播很快就变成了更符合中文造词习惯的"非遗"和"非遗保护"。它的产生和全球流行增添了世界文化遗产的一个新类型，即不同于《保护世界文化和自然遗产公约》（1972 年）所界定的自然遗产和历史建筑遗产的活态文化遗产类型。正是凭借非遗的活态性，非遗保护成为公共领域和民众日常生活的内在构成，每天都在见证由一个一个具体的人所构成的民众是文化的主人这条真理。以此而论，非遗研究不仅是文化遗产本体的研究，更是广泛的民众生活的研究。

　　中国是一个多民族、多宗教、多语言以及充满生态多样性的国家，在民族民间文化的范畴下积累了无限丰富的资料。中国在漫长历史中的多民族文化交融以及面对现代变革的文化韧性为非遗保护提供了坚实的基础。我们的非遗研究首先是对于中国各民族、各地区的生活文化的系统调研，当然也应该走进世界各地，开展对于域外非遗的比较研究。

　　中国以极大的热情投入非遗保护这项人类共同事业之中，既出于对人类命运共同体的真诚追求，也缘于中华民族在历经曲折之后重新理顺历史与未来、国家与社会、精英与民众、传统与现代、继承与创新等重大关系的需要。非遗保护是一项润物细无声的社会运动，它对国内外各种社会关系的调适是由各种富于创新性的项目所承担的。中国 2004 年加入《保护非物质文化遗产公约》，目前已初步形成具有中国特色的保护体系，这得益于各种保护主体（政府及其文化部门、多学科的专家学者、传承人群与代表性传承人、媒体、学校、公共文化场馆、企业和非营利组织等）的参与和合作。非遗研究既是对非遗项目的研究，也是对非遗保护的各种主体及其作用的研究。

　　非遗保护的中国实践包含丰富的创新内容，从法律法规建设、四级名录建设、文化生态保护区建设，到生产性保护计划、研培计划、传统工艺和戏剧等的振兴计划，再到文化遗产日活动、非遗进校园活动等，都是政府部门、学者团队、传承人群和其他社会力量在不断探索中的创新。非遗研究需要研究文化传承，也要研究保障文化传承的项目创新和工程创新。

　　国际非遗保护以世界和平与可持续发展为目标，惠及国际事务的各个方面。中国的非遗保护也已经向国家建设和社会建设的各个领域全面拓展，使非遗从文化工作的对象拓展到区域经济社会发展、民族工作、文化教育、文化旅游、乡村振兴、国际文化交流等领域。中国的非遗保护正在重塑中国文化的象征体系、中国大地的文化景观以及中国教育的课程内容。我们的非遗研究既是对文化遗产的研究，也是对活态文化遗产所关联的整体社会的研究。

　　中共中央办公厅、国务院办公厅印发的《关于进一步加强非物质文化遗产保护工作的意见》指出："保护好、传承好、利用好非物质文化遗产，对于延续历史文脉、坚定文化自信、推动文明交流互鉴、建设社会主义文化强国具有重要意义。党和政府高度重视非物质文化遗产保护工作，特别是党的十八大以来，在以习近平同志为核心的党中央坚强领导下，我国非物质文化遗产保护工作取得显著成绩。"

非遗研究需要记录非遗项目，发现创新实践，反思保护方法，助力传承传播，《非遗研究》的创刊则给大家提供了展示这些成果的学术平台。非遗研究任重道远，让我们精诚合作，共同努力！

《非遗研究》编辑部

2021 年 7 月 6 日

# 目 录

### ·非遗传承人口述史·

# 非物质文化遗产概念的本体性解读

## ——刘魁立先生访谈录

刘魁立　马　强<sup>*</sup>

**摘　要：**刘魁立先生通过访谈的形式阐释了对非物质文化遗产概念的最新思考，这是对非物质文化遗产概念的本体性解读。通过与"物质文化"比较，刘魁立先生认为"非物质文化"具有弥散性、对时空变化的适应性、以人为主体的特征。基于以上特征，在非遗保护的实践中要认识和保护其基质本真性，进行整体性保护，保护非遗对象的当代性，这也是刘魁立先生在多年的非遗研究和保护实践中提出的具有创新性的总结。在访谈的最后，刘魁立先生敏锐地指出了我国非遗保护当前面临的困扰和问题，如没有处理好全球化与非遗、科技发展与非遗保护、当代人与非遗的关系。

**关键词：**非物质文化；非物质文化遗产；本体性；非遗保护

刘魁立先生是我国非物质文化遗产保护领域的学术大家，20年来致力于我国非物质文化遗产保护、传承、弘扬的学术研究和具体实践。他对非物质文化遗产概念进行了深入的理论思考和探索，将这个概念放到整个世界和全人类的文化分类意义上来理解，将非物质文化遗产概念的价值和意义最大限度地彰显出来。刘魁立先生对民间文化、传统文化及

---

\* 刘魁立，中国社会科学院荣誉学部委员，国家非物质文化遗产保护专家委员会原副主任委员，中国民俗学会荣誉会长；马强，中国社会科学院俄罗斯东欧中亚研究所副研究员，中国社会科学院俄罗斯研究中心副秘书长。

其持有者有深沉的情感，在推动我国非物质文化遗产保护和传承工作中不遗余力，提出了一系列具有理论性、实践性、可操作性的理念，为我国非物质文化遗产保护和传承事业做出了突出贡献。刘魁立先生在访谈中为我们勾勒出我国非物质文化遗产保护的时空背景、历史背景和阶段特点，对非物质文化遗产概念的本体性进行了解读，对我国非物质文化遗产保护的实践经验以及面临的困扰与问题进行了分析。可以说，读者通过这篇访谈能窥见我国非物质文化遗产保护的历程、特点以及最新的学术思考。

## 一　刘魁立先生对中国非物质文化遗产保护当下境遇的思考

**马强：**魁立老师您好，特别希望您能在这次访谈中讲述一下我国非物质文化遗产保护在当下的境遇，以及您对非物质文化遗产这个概念的理解。首先，您能否介绍一下关注非物质文化遗产的原因？

**刘魁立：**我是学民间文学的，我始终感觉到，我们整个学术界欠老百姓一笔文化账。我对民间文学和民间文化有特殊的情感，觉得这个是老百姓的心声。有了非物质文化遗产这个概念，民间文化就得到了一种彰显，好像找到了一个扩声器，来宣扬它的可贵，并把民间文化提升到民族的或整个世界的不可或缺的资源和财富的高度。

**马强：**您的求学和学术研究经历对您后来关注非物质文化遗产有重要影响。您能简单介绍一下学习民间文学、民俗学的经历吗？

**刘魁立：**我是在莫斯科大学学习的民俗学。1955 年，哈尔滨外国语专科学校（黑龙江大学的前身）派我到莫斯科大学学习，给我的任务是学俄语教学法。一到那里，我的身份是研究生，学成回来会到哈尔滨外国语专科学校当俄语老师。经过一年的学习，我提出来，希望把我的身份改成大学生。一方面，是因为我的基础薄弱。1950 年冬，我刚入高中，学习仅仅两个月，就进入属于部队系统的哈尔滨外国语专门学校（1953 年改名为"哈尔滨外国语专科学校"）学习。我十九岁毕业，担任俄语教师，没有受过完整的基础教育，很想从头学起。另一方面，在这一段学习期间我对民俗学产生了浓厚的兴趣。我跟着民俗学专业的师生已经下过乡，做过田野调查，对民间文化有一定认识，对中国自己的民间文化加深了感情。我有感而发，其间写了第一篇关于忠实性问题的文章，我认为民间文学搜集工作应该忠实记录，应"一字不移"，这在国内引起了热烈的讨论。其后不久，我就经组织同意，由大学生改回来做民间文学/民俗学专业的研究生。

马强：在当时的社会和文化背景下，是不是对民间文化有污名化和贬损的倾向？

刘魁立：有贬损的成分，但仅仅是在心里，很少在口头上说。用居高临下的眼光看民众的文化，总能挑出毛病来。延安文艺座谈会之后，开始对民间文化、民间艺术重视起来，民间文化和民间艺术才走到文化的前台。我个人认为，不适当地责难民间文化的糟粕的一面，这是缺乏历史主义视野的。用今天的价值对昨天的事物进行评估取舍，这是有问题的。

## 二 刘魁立先生对非物质文化遗产发展史的梳理

马强：非物质文化遗产这个概念是如何兴起的？

刘魁立：1972 年，《保护世界文化和自然遗产公约》通过。从 1973 年开始，一些发展中国家提出来，希望对"非物质遗产"（当时还没有这个概念）加以保护。1988 年，芬兰民俗学家航柯（Lauri Olavi Honko，1932—2002）约了印度学者沿着丝绸之路进行考察。其后，我还受邀去芬兰参加过他们的座谈会。航柯等一些学者提出来要保护口头文化遗产。后来，这些民俗学家推动联合国教科文组织通过《保护民间创作建议案》（1989）。当时，没有"非物质文化遗产"这个词，还是用"folklore"（民俗），但是离非物质文化遗产的概念已经很近了，构成了非物质文化遗产保护工作的基本框架。2000 年的时候，教科文组织开始考虑怎么能把最有代表性的项目彰显出来。2001 年，教科文组织宣布了第一批"人类口头和非物质遗产代表作"。2003 年，《保护非物质文化遗产公约》通过。

马强："非物质文化遗产"这个概念出现以后，很快就传到中国，而且在中国掀起了"非遗热"，甚至是"非遗运动"，您能介绍一下这个过程吗？

刘魁立：回顾中国近 20 年非遗保护的历程，从空间和时间这两个维度上看，可能会清楚一些。"非物质文化遗产"概念出现之后，讨论民俗学、民间文化问题，不仅有民族的视角，还有世界的视角、人类的视角。

从空间的视角来看看我们周边的情况。日本在非物质文化遗产保护方面做了很多事情，他们叫"无形文化财"，很多做法对我们有一定启发。韩国是近邻，和日本一样，受到中华文化的影响，对中华文化借鉴很多，他们也曾提出过相应的概念。蒙古国在非物质文化层面上也有很多和我们相近的东西。南面还有越南。更广泛一点说，东南亚许多国家都与中华文化关系密切。我们的邻国俄罗斯和美国一样，目前尚未在《保护非物质文化遗产公约》上签字。但以我对俄罗斯的观察，他们对非物质文化遗产的关注程度也是很高的，严肃而认真。政府部门有专门的一些人在从事这项工作。欧洲对非物质文化遗产是比较积极的，坐落在巴黎的联合国教科文组织在这方面起到了非常好的基地作用。过去，我们在保护自己的传统文化的过程中，并没有这种广阔空间的考量。有了人类视角，我们对自己的非物质文化遗产就会产生与以往完全不同的认识，即这是对人类的贡献，是人类文化财富的一部分。

说到时间，我觉得可以划分成三个阶段：新中国成立后到1978年改革开放、1978年到世纪之交、世纪之交至今。从新中国成立到60年代中期，我们做了很多工作。"文化大革命"十年间，对传统文化持消极、负面、否定的态度，这里就不必多说了。这期间，联合国恢复了中华人民共和国的合法席位（1971年10月25日），四天之后，在联合国各分支机构中教科文组织是最先承认中国的合法地位的。此后，中国在教科文组织中做了很多工作，对教科文组织的倡议积极响应。1978年是一个重要的历史时刻，党的十一届三中全会对思想路线、组织路线、政治路线以及历史重大事件进行拨乱反正。此后，国家对传统文化的态度、认识、做法也有所转变，也开始了拨乱反正。虽然晚一些，但一直在持续进行。比如搞十套集成，改变了对民间文化精华/糟粕的分类。两个世纪之交是一个重要的时间节点，2001年开始，中国非物质文化遗产保护传承工作有了大规模的开展。当时，中国开展申报"人类口头和非物质遗产代表作"，挂靠在教育部的中国联合国教科文组织全国委员会委托中国艺术研究院来做这件事，最终，昆曲申报成功。2003年，在《保护非物质文化遗产公约》的感召下，大家都热衷于这项事业并积极参与这个波澜壮阔的文化活动。2005年，国务院办公厅发布了《关于加强我国非物质文化遗产保护工作的意见》，这是我国第一个有关非物质文化遗产保护的文件。我和中国民俗学会的几位同人有幸参与了这个文件的起草。我认为，这个《意见》在开始阶段起到了积极推动和具体指导非遗保护工作的作用。今年（2021），中共中央办公厅、国务院办公厅联合发布的《关于进一步加强非物质文化遗产保护工作的意见》，便在此基础上，根据新的情况，提出了新的问题和新的方针任务，这是具有一定战略意义的指导性文件。2005年的《意见》出台之后，我国实施了很多具体的举措，如2006年，第一批国家级非物质文化遗产名录公布；2007年，推出了国家级非遗代表性项目代表性传承人名录，建立了第一个文化生态保护区——闽南文化生态保护实验区。2011年，《中华人民共和国非物质文化遗产法》（以下简称《非遗法》）出台。厘清我们工作的空间和时间，可以作为我们理解非物质文化遗产保护工作的序曲和背景。

马强："非物质文化遗产"这个概念是舶来品，2001年以来，逐渐被中国人认识，很快被官方承认，并大力弘扬，为什么各社会主体会对非物质文化遗产产生如此大的热情？

刘魁立：这个可以从两个方面来说，即国家视角和老百姓视角。国家视角也有两个方面。第一，我们是人民共和国，一切以人民为主，一切为了人民，但过去我们对人民的文化关注不够。第二，要拿什么东西来彰显我们的文化特点、文化历史、文化优长？值得我们骄傲的、维系我们民族自信心和自豪感的正是我们的传统文化。在没有5G的年代，我们创汇在很大程度上靠的就是民间手工艺，景泰蓝、丝绸、刺绣，别的国家和我们没法比。从老百姓的视角来看，过去，老百姓没有赢得主体地位的机会；现在，老百姓变成了传承人，"非遗传承人是文化历史的创造者"，"要向他们脱帽行礼"，这是我在文化部第一次宣布国家级非遗代表性项目代表性传承人名单的时候讲的。另外，让我们的生活不被那些"洋东西"充斥，让我们回归自己的民族文化，就要彰显这些东西。过年、扭秧歌等可能带来更多的幸福感……非物质文化遗产让老百姓找到一个机会彰显自己、表扬自己、成就自己，找到自己在群体中间的地位。

我觉得，正是在以上多种因素的作用下，才有了普遍关注并积极参与非遗保护传承的新局面，才出现了"非物质文化遗产热"。

马强：您刚才谈到了几个阶段，也谈到世纪之交这个重要的时间节点，为什么非遗在这个时候热起来了？

刘魁立：仔细分析历史的走向，新中国成立以后有多方面的建设任务摆在我们面前，由于多种原因，对传统文化的深入分析、全面认识和关注不够，在保护和传承方面着力不多。改革开放之后，在最初的一段时间里，我国迎来全球化，一些人全力拥抱全球化，对自己的传统文化也重视不够。但不要忘记，坚持自己的民族性才是健康的全球化，只有民族强才能对全球化有贡献。过去，看到外来东西的五花八门，个别人容易受迷惑，认为都是好的，这是文化浸染。要民族复兴，除了在科学技术方面走在前列，还要重视我们自己的传统。进入 21 世纪，我们在过去关注传统文化、展开正面工作的基础上，对传统文化有了新认识。从中央领导到地方政府的大力提倡，同时又借助世界范围内民族传统文化保护热潮的影响，我们迎来了彰显传统文化、借力传统文化、成就民族复兴大业的新阶段。在实现中国梦的伟大进程中，要发挥传统文化应有的作用，振兴中华民族文化的工作是必不可少的。两个世纪之交，恰是这样一个关键时刻。非物质文化遗产保护传承的热潮在这个时候兴起，出现波澜壮阔的实践场面是历史的必然。

马强：2001 年以后，我国的非遗保护实践有没有阶段性的变化？

刘魁立：我想，大概有这么几个阶段。从 2001 年到 2011 年，这十年是第一个阶段，非遗对我们来说既是老相识也是新鲜事物，非遗的保护传承过程也是摸索和学习的过程。这期间，在于发动，打开局面，抓手就是评项目，摸清家底，公布了第一批、第二批、第三批名录。这个阶段制定了大体原则，建立了一系列制度。在组织上，文化部设立非遗司，当时正值精简国家机构，这是很难得的。各省的文化厅也建立了非遗处。2011 年，《非遗法》出台，有法律来规范和保障我们的工作。这是前十年。从《非遗法》出台至今又是十年。前五年（2011—2016）可以算是第二个阶段吧，这是上一个阶段有机的延续。在这期间，提出了生产性保护的策略，针对民间传统工艺等部分非遗项目提出了指导性对策，重视对各类非物质文化遗产传承人的关注、推介和大力宣传。我觉得，第三个阶段的开始可以以"二十四节气"列入"人类非物质文化遗产代表作名录"为标志。非遗在全国产生了极大影响。非遗保护传承的风气遍布全国，各界开始对非物质文化遗产有一个深切而又全面的认识。这五年，评项目渐缓，多了一些思考和沉稳。在这一阶段，非遗保护和旅游、扶贫、乡村振兴结合在一起，它的社会功能扩大化。2021 年，两办印发《关于进一步加强非物质文化遗产保护工作的意见》，说明国家更重视非遗保护事业。工作是连续的，不断前进、不断深化，我这样机械地划分阶段，未必准确，仅供参考而已。

## 三　刘魁立先生对非物质文化遗产的思考

**马强**：魁立老师，回顾完我国非物质文化遗产保护的历程，我特别想了解您在这 20 年间从事非物质文化遗产保护和研究工作的过程中对"非物质文化遗产"这个概念本身是如何理解的。

**刘魁立**：以前，"非物质文化遗产"这个术语是没有的。1972 年开始，"文化遗产"的概念逐渐响亮。1989 年联合国教科文组织的《保护民间创作建议案》使用的术语还是"民间创作""口头传统"。2003 年，"非物质文化""非物质文化遗产"这些名词才开始出现，这是很了不起的事情。

我们今天把口头传统、民间文化、民俗用非物质文化遗产来概括，"非物质文化遗产"是一个新的事物、全新的概念。我认为，我们至今对这个概念的理解还比较肤浅，仅仅看成需要保护的对象，比如民俗、民间文学、舞蹈，仅仅把它理解为一个集合概念，没有非常认真地理清这个概念的内涵、价值和意义。

名正才能言顺。有了"非物质文化"的概念，反过来，我们对"物质文化"就会有更深一层的理解。我在这里举一个例子，电话过去没有"座机""手机"的称呼，径直称它为电话。曾经有过"大哥大"，这是俗称，正式的名称是移动电话。这是从原来的电话引申而来的，反过来，称原来的电话叫"座机"。座机的名称并不响亮，手机出现，才把相对的"座机"叫响了。名称的变化和更新，会对原有事物的性质、功能等有新的挖掘和诠释。有了"非物质文化"一词，就会对物质文化多一些认识。

以往，在中国和在世界许多国家都有"拜物教"的倾向，把物质看成自己的根本追求、生存最重要的事项。睁开眼睛看世界，都是物，追求的也是物。比如，过去人们的理想是"三十亩地，一头牛，老婆孩子热炕头"。有了"非物质文化"的概念以后，我们可以发现物质背后的非物质文化的东西非常重要：三十亩地如何耕种、养护；牛如何饲养、宰杀，最后如何做成菜肴；炕怎么盘。有了"非物质文化"概念之后，我们就会把物给解构了，关注解构后的非物质文化层面，而且这是更重要的需要保护和传承的层面。

"非物质文化"这个概念的提出，了不起的地方在于教会我们新的思维方法，认识到物质世界要进行解构，不仅要关注物，而且要关注造物的过程。这让我们对世界有了更深的认识，把物质对象、物质对象的内涵、物质对象生成之前和之后，乃至对人的情感影响这些东西都解构出来了，这个解构是特别重要的。我们对世界有了另外一种认识，物质世界的创造过程，实际上是首先由非物质文化参与的。人类从猿变成人，是由于对非物质文化的习得才成为人的。原始人把一块石头雕琢成石刀、石斧，变成打击器物，这个过程就是非物质的发明发现作用于物质的过程，后来的任何发明发现都属于非物质文化性质的。

从非遗的角度，通俗地说，科学就是智慧，技术就是手艺，这些都是非物质性的，有了科技，才能创造出物来。过去对物的绝对崇拜是不可取的，是片面的。非物质文化是推动世界发展的重要手段，绝不可以缺少。今天所有的非物质文化遗产项目，在自己的时代大抵都曾经是当时先进的"科学和技术"。比如刺绣、云锦的技艺，就是当时最高智慧和技能的体现，就是当时的发明，是最先进的，还有陶瓷烧制、中医药炮制等。把树叶变成我们的饮品，如茶叶的发现和制作，也应该是当时的科学技术和重要发明。

**马强：**有人反对这个词，说中国人没有这个造词习惯。

**刘魁立：**不是的。中国历来有这种认识外在世界的两分法，如海内/海外、中国人/外国人，一分为二。孔子和子贡有这样一段故事，子贡想要去掉每月初一告祭用于宰杀的活羊，孔子则对他说："尔爱其羊，我爱其礼。"① 子贡爱惜那只羊，而孔子尊重其中的礼，即祭献所表达的情感和敬畏，也即人和自然的和谐关系。这里表现出来的是物和非物的两分，中国人早就会。

过去我们对文化的简单定义是人类创造的物质和精神的总和。这个定义有一些问题，还可以增加别的项目。物质和非物质的分类方法，在形式逻辑上没有问题，没有既是非物质同时又是物质的东西，也没有既不是物质又不是非物质的东西。

**马强**：在您看来，非物质文化有哪些区别于物质文化的特点？

**刘魁立**：第一，非物质文化具有弥散性。它是可以相互学习的，可以纵向和横向传承。物质文化的对象是唯一的，是固化了的文化事象，它的分类在文物界分成可移动的文物和不可移动的文物，这些是不能共享的。非物质文化是可共享的，是可以共同传承、享用、习得和掌握的，人们可以共同来保护和传承它。严格意义上说，"共饮一江水"是不可能的，有你的就没我的。而所有的非物质文化都是可以共享和相互借鉴的。人类从一开始就共享文化，因为有了非物质性的文化共享，世界才绚丽多姿。现在世界的文化交流，虽然有物质的交流，但更主要的应该是非物质文化的交流，科学技术可以拿过来为我所用。对非物质文化遗产来说，传承就是共享。有了共享，才会有文化的多样性，才有了再创造，才有了非遗事象的无限生命力。非物质文化的共享性推进了人类文化的繁荣发展，同时也把世界各民族联系在一起，相互借鉴，共同发展。

第二，非物质文化具有对时空变化的适应性。其中的根本原因就在于非物质文化的主体是人，或者可以这样说，人和非物质文化是一体的。非物质文化遗产在时间和空间不断发展变化的条件下，能够不断进行相应的调适，这种适应性、调适功能再扩大一点就是再创造能力，这也是它的生命力之所在。强劲的生命力体现在不断再创造的过程中。民俗学话语中所说的变异性是在传承过程中体现的，没有赓续、没有传承，自

---

① 《论语·八佾》。

然就不会变异。这种变异、演进是非物质文化遗产生命力的体现。

第三，人是非物质文化的主体。物质文化则不是，它被创造出来以后便独立于人，是外在于人的对象。人作为主体，可以把非物质文化延续下去，或者传递给别人。没有人，就没有非物质文化遗产。正是非物质文化的这个特点，构成了个人和社群的关系，比如很多仪式变成了群体性活动，进而体现民族性。在传承保护的问题上，我们做得很好，没有把传承人贵族化，而是把他们保存在、保护在人民群众当中。2007年，我国有了非物质文化遗产项目代表性传承人名录，这本身是一个很重要的范例。前些年，文旅部等部门又提出了传承人群研培计划，选择了 120 多所大学、机构来做。这项工作对非物质文化遗产保护提供了相当的助力。

**马强**：您认为非物质文化和非物质文化遗产是什么关系？

**刘魁立**："非物质文化"是一个更高层次的概念，至于说包含在其中的非物质文化遗产，无论是《保护非物质文化遗产公约》还是我国的《非遗法》都有明确的定义和范围规定。过去我们对这一部分非物质文化关注不够，而在今天，这些内容又是我们生活方式的重要组成部分，所以要特别给予关注和保护传承。要深入回答和理解这个问题，就请大家认真学习刚才说的这两个文件。这两个文件文字并不是很多，但是内涵极为深刻丰富，我们要仔细研究、深入理解。

**马强**：在您看来，"非物质文化遗产"这个概念的提出以及保护实践对中国乃至整个世界具有什么意义？

**刘魁立**：第一，民族性和全人类性，这是两个看似矛盾但却有紧密内在联系的概念。我认为，联合国教科文组织推出"人类非物质文化遗产代表作名录"，是把民族性和全人类性放在了一起。民族性是全人类性的体现，每个民族的文化创作也是对全人类的贡献，这样就打破了在认识上的民族间的壁垒。世界各民族彼此都是平等的，不应有优劣之分，同时也应反对文化霸权。要从全人类的视角认识每个民族的文化问题。

第二，"非物质文化遗产"概念的提出，使我们对人类文化产生了新的认识。我们以往的拜物观念，以物质世界为中心，现在，我们把过去忽略的、没有强调的智慧和技能，通过非遗保护特别强调出来。这是一种思维的开拓，当我们看见物的时候，我们联想到物的创造、物的设计和物的制作过程。保护了物，不足以真正保护它，应该保护解构出来的物背后的非物质性的文化内涵。

第三，作为社会进步重要依靠力量之一的科学技术，严格地说，就是非物质文化。这是一个国家和民族的软实力。要通过互联互通、文化共享构建人类命运共同体，造福世界。

马强：您多年致力于非遗保护工作的研究和实践，基于非遗的特点，您个人认为应该如何科学有效地进行非遗的保护和传承？

刘魁立：非物质文化遗产的保护和传承不能走样，要能够真正体现生活方式的特点。对于非物质文化遗产的保护和传承，我也曾经提出过一些个人的看法。

首先，要认识和保护基质本真性。事物发展变化中必须保持自己的最基本的内涵，这包括对象的性质、结构、功能、形态以及人对它的价值判断这五个方面。非物质文化遗产的形态和人对它的价值判断比较活跃，这些因素应该保持基本存真。非遗会随着社会的进步而发生变化，这里有一个度，如果变化太大，那个对象就不再是它了。比如韩国的端午祭，已经不是端午节的性质了，成了一种会演和游城隍活动，结构和功能也变了。

其次，要进行整体性保护。我们记录也好，研究也好，授徒也好，传播也好，在保护和传承的所有环节中，都需要贯彻整体性原则。我们最初就有这个观点。我曾经在 20 世纪 50 年代写过这样一句话，"活鱼要在水中看"，可以用来表达非物质文化遗产保护的整体性。这还有一个系统性的问题，要把非物质文化遗产放到社会整体条件下进行观察和对待。有关非物质文化遗产保护的整体性，我专门写过一篇文章。在整体性原则下，还应特别提倡文化生态保护区建设。第一个文化生态保护区是闽南文化生态保护实验区，我有幸参与了相关的调查工作。文化生态保护区贯彻的就是整体性保护原则。

最后，要保护非遗对象的当代性。在非物质文化遗产的保护传承中要有创造性转化和创新性发展，当代性非常重要。非物质文化遗产会因时代的社会条件的发展而发生变化，这些变化体现在它今天的功能、价值和意义上。否则，这些非物质文化遗产就应该放到博物馆了。可以说每一具体非遗事象都有三种时态，即过去时、现在时和将来时，过去时和现在时蕴含将来发展的基因。当代性也有两面性。过去有人说非物质文化遗产要原汁原味、原生态。也许，这种说法的初衷是追求真实，别走得太远。但我们不可能像昨天那样过日子。人和人群是主体，人和人群时时在变，人们的生活方式不可能永远停滞不动。人创造了非物质文化和非物质文化遗产，反过来它们又为人所用。人是核心和主体，这是非物质文化遗产保护的伦理原则，要关注社群和传承人群。

马强：您提到了非物质文化遗产的当代性，那么，非物质文化遗产有哪些当代价值呢？

刘魁立：我们这个时代，科学技术日新月异，人工智能、数字化、全球化飞速发展，在这样的背景下，非物质文化遗产仿佛可以拿别的东西来替代。我们的传统节日好像可以用别的热闹活动来替代，比如复活节、万圣节等；审美的东西也好像可以被替代。我在这里必须说，我们的非物质文化遗产绝对是不可替代的，因为它有无可替代的意义和价值。

首先，它提供认同感。我们的现代科技不能提供这个认同感，手机你有我也有，但不能说我们就相互认同了，现代的东西不提供这个。音乐可以提供认同感，每个民族都喜欢自己的民歌。食物也可以提供认同感，比如，我们以鸡为原料进行烹饪，对于其成品，不同的人感受是不一样的。同样的原料，以不同烹饪技术烹饪方法进行操作，其结果，对不同人引发的情感或者说勾起的"乡愁"是不一样的。宫保鸡丁、白斩鸡、烧鸡对中国人来说吃起来会感到亲切，那种感受全然不同于吃肯德基、麦当劳的炸鸡。我们的传统节日同样可以增强我们彼此间的认同感。说起过节，"每逢佳节倍思亲"，这也是认同感。同外国人谈重阳节，他们就会一头雾水，没有这种认同感。反过来说，我们国家的人对圣诞节也没有认同感，大多数人不了解圣诞节意味着什么。谈到节日，节日和假日是有区别的。假日是个人时间，而节日是社会时间，有共同的观念、共同的行为、共同的情感。我们的节日规范着每个人，这是群体教育和自我教育非常好的契机。这些就是认同感的体现。

其次，它还能加深我们的历史感。它把我们自己和祖先联系在一起，和传统文化联系在一起。这是一个纽带，我们是其中的一个环节。这让我们更有底气，有民族文化、传统文化的自豪感。

最后，非物质文化遗产还能提供幸福感、美感，这就不多说了。

**马强：**在您看来，非物质文化遗产保护工作与之前的民间文化保护工作有什么区别吗？

**刘魁立：**我认为，较之以前的民间文化保护工作，近20年来的非遗保护传承工作有几点本质性的推进。

第一，过去的工作虽也有全社会的号召，但多半限制在专业工作者范围内开展，而非遗的保护传承如今变成了全体人民的行动，成了群众广泛参与的、波澜壮阔的实践活动。

第二，过去在这方面所做的工作，多半限于记录和保存。而这些年来，最响亮、最深入人心的两个词，一是"保护"，二是"传承"。这不仅体现在口头上、文件上、媒体上，更成为全社会人人参与的实际行动。

第三，在观念上，我们往往把民间文化、传统文化看成历史，看成昨天的事，看成某种陈旧、过时的事。而非遗保护的过程中我们有了新的认识，把它看成当下的生活，看成我们存在于其中的生活方式，潜移默化地强调非物质文化遗产所代表的传统文化的当代性。

第四，过去在多数人的观念里，文化分成上层文化和底层文化。老百姓的文化是不登大雅之堂的底层文化，不足为训。应该说，在以往的历史朝代，文化享用、文化消费是有阶级性的。"牡丹原是富贵花，岂能落入野人家。"不要说衣食住行各个方面不能平等享用，甚至连色彩、符号等都有阶级的界限，不能滥用，不能越雷池一步。而非物质文化遗产保护传承的过程就打破了这种上层文化和底层文化的界限。严格地说，人民是历史的创造者，是文化的创造者，上层文化也有劳动人民的文化贡献。非遗保护过程就打破了文化享用、文化传承的层级界限。用北京的故事通俗地说，就是推倒了"四九门"的文化壁垒。凡是中华民族所创造的优秀传统文化都应受到很好的保护和传承。人民是非遗的主人，人人都是传承人。

**马强：**在您多年的经验里，非物质文化遗产保护和传承面临哪些困扰和问题?

**刘魁立**: 非遗保护传承是一项长期性的、历史性的工作。就历史总体进程而言,我们现在还处于初始阶段,还在前进当中,以后还有大量工作要做。现在的困扰和问题是会逐步改善和解决的。

就目前而言,有以下几点。

第一,我们仍然没有很好地处理全球化和非物质文化遗产之间的关系。一方面,全球化给我们带来了特别多的有利条件;另一方面,全球化本身还有很多问题。我们还没有来得及深入考虑在全球化当中,我们的非遗和非遗保护如何做出贡献,同时包括如何彰显我们民族文化的功能和价值。我们现在还很少介绍国外非遗保护的情况。

第二,我们还没有很好地深入思考当下科学技术的发展和非物质文化遗产保护有什么关系,如何协调处理其关系。我们在谈到保护的时候,要有清醒的认识。科学技术发展,人民生活水平提高,是全面系统性的工作,不是仅仅靠宣扬我们民族的传统文化精粹就能办到的。如果不把非遗保护传承工作放到适当位置上,而是片面地无限制地夸大非遗的价值和它在当下的地位,也会有碍于社会前进。文化遗产是我们生活方式中的一个组成部分,不能把它当成全部,否则我们就不是现代人了。我们要发展它,就要让它适应时代的前进步伐。

第三,我们似乎还没有完全处理好当代人和非物质文化遗产的关系,这关系到如何处理好当代人和传统的关系。观念不停地发展变化演进,人们对原来的传统会有新的权衡。我们是当代人,观念不断在变,要让这些民族的精粹具有适合我们的方式。而我们还没有很好地处理这个问题,没有给予非遗对当代人的意义和价值充分的说明和解释,或者让非物质文化遗产获得新的形式以适应和体现我们的当代观念。比如,我们需要过年,但不会像过去那样磕头,观念变了,过去的那些传统仪式有些已经不适合我们的当代生活了。但这些东西扔了以后,我们没有形成新的过年的节日仪式,剩下的就是吃,就是一张嘴。如果类似的问题和关系处理不好,非物质文化遗产就会和整个社会生活相矛盾、相脱节、产生悖论、互相困扰。比如,在市场经济条件下如何才能处理好手工生产和机器生产的关系?如何使旅游对非物质文化遗产起到积极的保护和促进作用？如何应对假民俗的危险？如何使非物质文化遗产保护工作合理有效地参与共同富裕和乡村振兴工作？解决好类似的问题和困扰，广大人民的日子就会增添更多的乐趣，广大民众的生活就会更幸福、更美好、更快乐。

# 中国非物质文化遗产学科建设问题[*]

王福州[**]

**摘　要**：非物质文化遗产作为文化遗产学的分支体系，必然涉及本体、价值、形态、发展规律等基本问题，以及保护与管理、传承与利用等一系列实践问题，甚至还有与文化遗产的关系等深层次问题，所有这些问题的回答都需要依托学科建设，获得系统的理论指导。

**关键词**：非遗保护；学科建设；口头传统；文化传统；文化遗产学

自 2001 年昆曲列入联合国教科文组织首批人类口头和非物质遗产代表作名录至今，20 年来，中国非遗保护取得了举世公认的成绩，许多经验被其他《保护非物质文化遗产公约》（以下简称《公约》）缔约国（以下简称"缔约国"）赞誉为非遗保护的"中国经验"，中共中央办公厅、国务院办公厅联合印发了《关于进一步加强非物质文化遗产保护工作的意见》（以下简称《意见》），擘画了到 2035 年的远景目标，《人民日报》还专门开辟了"传承之光"专栏加大报道力度，非遗工作可以说"好戏连台"。非遗作为中华民族最丰厚的文化积淀，其自身是一个完整系统的体系，除了传承保护还应该以科学和富有创意的学术思维进行补充完善。

今天借助北京师范大学的学术平台，谈谈非遗的学科建设问题。

---

[*]　此文为王福州先生在北师大首届"非遗高峰论坛"上的主旨发言。

[**]　王福州，中国艺术研究院副院长、中国非物质文化遗产保护中心主任。

# 一 围绕"观念理念"进行再审视

非遗作为与物遗相对应的另一极，其诞生历经了复杂的过程。非遗是从"口头传统"起步的。2003 年以前，即《世界文化多样性宣言》和《保护非物质文化遗产公约》两项重要国际文书颁布之前，非遗始终被称作"人类口头与非物质遗产"，非遗与口头传统存在事实上的关联。在某种程度上，"口头传统是人类最重要的、在不少情况下是唯一的信息传递方式"。人类文明的传承赓续主要依赖口头传统，即便是文字被发明并广泛使用之后，人们仍然难以割舍口传形式。无论东方还是西方，皆对口头传统认识不到位且评价不公允，常常将其与简单、粗鄙和啰唆混为一谈。表面看是重文字轻语言的倾向，深层看则是对精英文化的尊崇和对民间文化的鄙视，至于学术学科建设就更是路途遥远而曲折了。

联合国教科文组织（UNESCO）注意到了口头传统的特性，历经多次调整，将目光锁定于口头传统，并逐渐延伸至非物质文化遗产领域，最终涵盖口头传统及其表现形式，包括作为非物质文化遗产媒介的语言，表演艺术，社会实践、仪式、节庆活动，有关自然界和宇宙的知识和实践，传统手工艺。这里，口头传统成为非遗的第一领域且统摄着其他领域，表演艺术中如史诗、故事、歌谣、传说等文学形式，其文化特性和文化价值多通过口头语言进行歌咏、讲述和传唱。类似的情形也体现于民俗活动、传统知识和技能，以及与之相关的器具、实物、手工制品和文化空间等方面。或许，普通民众难以获得系统的学习机会，也没有条件接受正规的教育培训，这些口头传统来自民间，靠口耳相传，其思想、精神和感情被提炼整理成知识体系，并不断地被传承、赓续和创造，以反映人对自然、社会的适应及与之的互动。

事实上，口头传统的知识蕴藏和文化内涵与传统观念认知存在巨大差距。文明与野蛮曾经是横亘在口头传统与书写技术间的两座大山，随着论争渐渐露出端倪，对口传和非遗的污名化，不断得到人类学、民族学、社会学等多学科的匡正。

黑格尔曾将艺术定义为理念的感性显现，因此理念与感性事物间的联系成了对艺术进行分类的标准。无疑，理念归属精神范畴，通过艺术，我们就可以找到其与口传智慧之间的桥梁。艺术家通过作品，如音乐、美术、文学和建筑等表达思想和情感，在此逻辑上，艺术即语言，所谓的艺术语言属于广义的人类语言系统中的特殊形态。"艺术的这种作用不仅不亚于，有时甚至强于由自然语言所构成的第一语言系统。这一事实极其明显，而揭示这一点的意义又极其重大。"[①] 艺术所具有的这种语言功能，也被称为"艺术的元功能"，但非全部功能或唯一功能。纵观艺术发展，精神总是压倒物质，艺术发展，精神的比重就上升，物质的比重就下降。至近现代，艺术门类也开始挑战传统，人们不再热衷于分类，而是趋向综合，艺术门类间的壁垒开始倒塌，艺术由此而生活化和过程化，从学科看就是其交叉性和综合性。依此视角，我们也就理解了为什么古希腊荷马史诗《伊利亚特》《奥德赛》能成为欧洲文学的滥觞，《诗经》与藏族、蒙古族、柯尔克孜族的三大史诗，以及赫哲族的伊玛堪、达斡尔族的乌钦，还有难以计数的神话、古歌、叙事诗等成为流传千年而不衰的经典。

## 二 围绕"文化传统"进行再思考

文化背后的精神纽带则为文化传统，中华文化集"义理、心性、人民"于一体，价值上以义理为中心，道德上以心性为中心，在社会秩序上以人民为中心。在融合的趋势下，人类文化难掩民族文化的独特性，中西文化毕竟归属于不同的文化土壤，对应着不同的观念文化，绚丽多彩的文化背后凝结着不同的价值追求。随着非遗保护实践的深入，人们对非遗属性及特征的认知也在不断深化。2003 年《公约》主要遵循了欧洲的价值理念并考虑了西方的文化特性，以此为基础的非遗体系更多地体现了西方的文化理念。我国基于《公约》理念和规则制定的《非物质文化遗产法》也侧重不同社会群体的生活方式，更多重视"外化于

---

① 何新：《何新论美》，北京：东方出版社，2010 年，第 235 页。

行"层面的提炼，而缺少"内化于心"层面的概括。入选"人类非物质文化遗产代表作名录"（以下简称"非遗名录"）的非遗项目多以社会生活为原型进行提炼和抽象，中华智慧没有成为非遗框架体系和分类谱系的基准线，大量心智类、精神类、观念类、宗教类、伦理类、礼仪类文化遗产等难以纳入非遗名录，一些充满中华智慧的文化创造被疏忽和遗漏了。

中华民族文明自史前石器时代一直绵延至今，传衍几千年，创造了繁花似锦、姿采瑰异且机趣百出的中华智慧形态。主要表现为人类历史上创造并以活态方式传承至今，具有重要历史价值、艺术价值、文化价值、科学价值和社会价值的思想智慧（典籍）、工巧智慧和口传智慧集合。遗产作为文化累积和民族血脉常常以"物"的形态表现，无论有形无形都蕴含丰富而深刻的文化内涵，都是中华文明的重要承载。将非遗解构为具体的智慧形态，按照典籍、工巧与口传等类别进行详尽梳理，典籍文献浩如烟海，成为最为凸显的部分，经史子集从甲骨、简牍、帛书、碑刻、雕版一直到线装纸书，象形文字从甲骨文活态传承至今，古代语言音韵清晰可考，语言、文字、书籍等具体存在形式多得难以计数；工巧智慧最为恰当的比喻就是百工百业，以兵、农、医、艺四大实用文化为代表，地上地下的文化遗存浩如烟海；口传智慧作为非遗的身体性特征，没有文字，主要依靠口口或口耳相传，以三大史诗为传统样式，汇集成传统民间文学的庞大体系。口头文学口口与口耳相传，民俗、民风、史诗代有新出，形成民族传统。中华民族绵延不绝，文明历史代代续写，智慧因之充斥于习艺、治学、政商直至生产生活的诸"悟道"行为，并特别注重那些可具体化的思想、心智与精神成果，以传承的活态与不间断性，印证各民族文化的传统与经典，并显示文化传统的厚重与定力。非遗作为活态的文化体系，不但知识谱系厚重、宽博而开放，而且涵盖文化与文明、文化人类学以及马克思主义等相关内容，成为人们感知、领悟与吸纳的实在的智慧集合体。非遗必须映现传统文化本质。传统文化对人类行为进行规范和引导，内在规定性是"外化于行"的根基，外在行为则是"内化于心"的延伸。如若非遗的概念与定义以移植借鉴为前提，那么分类体系将很难确定明晰的内部形态和学科边界，也很难反映传统文化本质。

非遗的概念源自生活知识的累积，这是中西文化的共有特性。从差异性着眼，则归结于文化的深层"结构"。中国传统文化和制度的内核是义理，义是体且包含着利，其传承遵循学术和实践两个脉络，而非单纯的实践这一个维度。非遗本质上是人类代际传承的精神文化，其传承的代际性和主观性、观念性，使其与其他文化类型和遗产形式有本质的区别。智慧作为非遗的一个维度，不仅仅包含知识。日本学者野林厚志认为，"传统智慧"不仅包括传统的知识，还包括传统上继承而来的各种智慧以及据其创作产品的权利，这一概念包含了知识的整体，同时涉及使用知识创作的能力和技能，以及创作的作品。若从精神体系考量，智慧还表现为人格塑造、心灵表现、精神提振等价值理念，体现为思想、工巧和口传等智慧的外在呈现形态，是"外化于行"与"内化于心"的统一。"外化于行"与"内化于心"，二者相互依存，而非相互割裂，也远非物质功用所能比拟。从这一意义上说，智慧不仅是中国非遗体系建构的基准线，更是中华文化的特质品格。

从智慧角度对现有非遗分类体系进行补充完善，是中国非遗保护20多年实践探索的必然结果。非遗的呈现形态与人们的精神、情感和思维方式相联系，非遗无疑会通过生产方式和生活方式呈现，累积汇聚成"形而下"的知识体系，涵盖以常识和科学为主体的知识领域。同时，中华智慧作为心性修养的成果累积，则与以探求"形而上"之道为目标的传统文化相呼应，主要通过典籍、工巧和口传等智慧方式汇聚，以表达人类的思想和情感。中华文化的民族特性、价值取向以及精神气质等通过特定的形式化语言和艺术样式融入非遗的体系，共同构成传统文化的主体。如若站在民族文化主体性的高度，非遗的基础性、内在性和活态性将得到进一步凸显，其内容、地位、作用包括概念、定义和分类等均需进行重新审视。从知识和智慧两个维度，对非遗概念进行反思，对非遗分类体系进行补充完善，不但符合中华民族的思维习惯，而且契合中国人的文化心理，也彰显了中华文化的主体性、独特性和创造性。

## 三　围绕"文化遗产学"学科群进行再构建

移植、借鉴让我们在很短时间内便走上了非遗保护的"快车道",取得了令其他缔约国刮目相看的成绩,而非遗理论包括基础理论等的薄弱又制约并阻碍着非遗的可持续发展。非遗作为文化遗产学的分支体系,绝不只是"确认、立档、研究、保存、保护、宣传、弘扬、传承和振兴"等具体的"保护"工作所能涵盖,作为体系必然涉及本体、价值、形态、发展规律等基本问题,以及保护与管理、传承与利用等一系列实践问题,甚至还有与文化遗产的关系等深层次问题,所有这些问题的回答都需要依托学科建设,获得系统的理论指导。

《意见》要求,加强高校非物质文化遗产学科体系和专业建设,构建非物质文化遗产课程体系和教材体系,出版非物质文化遗产通识教育读本等。学科建设已提上议事日程。从学科发展历程看,2006 年,民俗学、美术学、艺术学等学科下开始设置非物质文化遗产学方向的研究生专业,非物质文化遗产学得以进入高校研究生教育序列。2021 年 2 月,教育部正式将"非物质文化遗产保护"列入普通高等学校本科专业目录,非遗学科建设迈出重要一步。2021 年 4 月,国务院学位委员会办公室同意学位授予单位开展非遗方向人才培养试点工作,高校及科研机构可以结合自身学科专业优势,在相关一级学科或专业学位类别下设置"非物质文化遗产"方向,有条件的单位也可设置"非物质文化遗产"二级学科,培养非物质文化遗产调查认定、传承保护、现代化及转化方面的高层次专业化人才。"非物质文化遗产"可以设置为二级学科,标志着在国家学科体制中正式确立了非遗学科的独立地位。同时,这也表明经过近 20 年的实践探索,非遗将从具体的"保护实践"逐步转向"学科建设",而这必将涉及非遗自身包括教育、学术、学科建设以及文化遗产的体系等问题。

作为文化遗产的存在形态之一,非遗的生长难以脱离文化遗产的根脉和土壤。文化遗产是巨大而动态的系统,物遗与非遗作为存在形态具有结构上的同一性,物质性文化同时具有精神性,二者共同存在于文化遗产的形成过程之中。作为涉及甚广的研究领域，文化遗产学从发轫之时就兼具跨学科色彩，交叉、融合、综合已成为文化遗产学的学科特征。"大遗产观"视域下，非遗学的学科建设有赖推进"文化遗产学"的学科建设来解决：或将"文化遗产学"升级为一级学科，从历史门类突破，从目前历史门类下的二级学科升为一级，将其纳入新设置的"交叉学科"门类；或着眼于长远将"文化遗产学"直接升格为独立的学科门类，从遗产的根本属性入手整合并扩充各类遗产形态，以物质、非物质属性进行统摄，跳出管理体制以及文化表现形式的束圈，统一于文化遗产的体系，建构具有中国特色的文化遗产体系。无论是立足交叉学科，抑或是跻身"文化遗产学"门类，文化遗产学作为非遗学的母体，在历史的时间和空间上，其学术范畴和视野都更为宽泛宏大。学科建设最终还是要服务于人才培养，无论是非遗政策导向还是具体操作，都应该向教育、学术和学科建设靠拢，以适应大量高层次创新型、复合型、应用型人才的培养。

中国非遗历经 20 年的实践探索，由单纯的保护行动向学科建构转向的时机已经成熟，应以文化遗产的独特中国范式向世界展示中华文化独具的传统智慧。没有基本的文化自信就无法构筑必要的文化建设安排，而缺少足够的理论支撑，一个民族的文化自信就无从谈起。如今的非遗，虽融合了西方历史上的相关价值，还体现了不同国家、民族自身的认知、价值、观念、表述，但其概念和分类也随着人们认知的深化在不断发生变化。可以预见，这种变化还将持续存在。站在新的起点上，与时俱进地发展马克思主义世界观和方法论的指导价值、传统人文智慧的当代价值和西方理性精神的历史批判价值，既是马克思主义同中华传统文化相结合的必然，也是我们面对多元文化趋势的正确选择。这或许还不够，还需依据世界文化遗产事业的知识谱系，按照联合国教科文组织对文化遗产的操作性形制，对中国现有的非遗体系进行补充完善，甚或重新建构，包括概念、定义的重新界定和分类谱系的补充完善等。

# 非物质文化遗产与现代都市内源性发展策略

## ——以潍坊风筝与杨家埠木版年画为例

张继焦　孙晓晨*

**摘　要：**非物质文化遗产的保护和利用一直是学界争论的焦点。文章通过对潍坊风筝文化与杨家埠木版年画文化及其各自相关产业的实地考察并结合两者历史发展脉络，基于新古典"结构－功能论"，提出风筝、年画等非物质文化遗产诞生于城市并与城市发展相辅相成，是增强经济竞争力和推动社会和谐发展的内源性动力。在"传统—现代"转型中，若利用得当并加以创新，完全可以在实现创造性转化、创新性发展的基础上发挥其独特的竞争优势，借"结构遗产"之力推动城市的内源性可持续发展。

**关键词：**非物质文化遗产；风筝文化；年画文化；新古典"结构－功能论"；结构遗产

## 一　问题的提出

党的十九大报告中的"推动中华优秀传统文化创造性转化、创新性发展"为中国非物质文化遗产的保护和利用指明了方向。但是非物质文化遗产在"传统—现代"转型过程中如何实现创造性转化、创新性发展仍是当前需要深入思考的焦点问题。这不禁让笔者想到自己的家乡山东省潍

---

＊　张继焦，中国社会科学院大学教授、博士生导师，中国社会科学院民族学与人类学研究所二级研究员；孙晓晨，中央民族大学民族学与社会学学院博士研究生。

坊市，它拥有两项享誉国内外的非物质文化遗产——风筝和年画。在潍坊市，不仅能看到古色古香的传统手工扎制的风筝与木版年画，也能看到各种以风筝与年画为主题的现代博览会、节庆活动、民俗文化园以及衍生文创产品。可以说，风筝和年画在这座现代都市的每个角落都留下了印记。本文尝试回答以下问题：以风筝与年画为代表的非物质文化遗产在"传统—现代"转型过程中究竟走了一条什么样的道路？它们是如何实现创造性转化、创新性发展的？它们对现代城市发展起了什么作用？

## 二　相关研究与分析框架

### （一）非物质文化遗产研究的思路

非物质文化遗产的保护和利用一直是学界的热点议题之一。以往有关非物质文化遗产的研究中，学界存在两种明显对立的态度：一种是主张对非物质文化遗产进行原真性保护；另一种是倡导对非物质文化遗产进行积极利用，如旅游开发。很明显，这两种旗帜鲜明的、相互对立的看法都带有本位主义倾向，即从自身的立场和利益考虑问题或采取行动，所以他们的观点是就非物质文化遗产谈非物质文化遗产，至多是就非物质文化遗产谈旅游发展和商业经营，这种思路"只见树木，不见森林"，带有明显的局限性。[1]

我们应该换一种角度去看待非物质文化遗产的"传统—现代"转型，既不能纠结于非物质文化遗产是不是文化资本或资源、是否可以开发利用的问题，也不能只是停留在分析非物质文化遗产的原真性和主体性等议题的层面。在推动中华优秀传统文化创造性转化和创新性发展的过程中，除了保护与利用的对立、现代对传统的替代外，还存在并存、联结等不同方面，这便是非物质文化遗产"传统—现代"转型的"四分法"或"多元分析法"。[2]与此同时，我们也不能把对非物质文化遗产的认识

---

① 张继焦：《换一个角度看文化遗产的"传统—现代"转型：新古典"结构－功能论"》，《西北民族研究》2020年第3期。

② 张继焦：《文化遗产的"传统—现代"转型——从"二分法"到"四分法"》，《西北民族大学学报》（哲学社会科学版）2020年第2期。

与保护局限于"本体结构"之内，更应该把非物质文化遗产放在布尔迪厄所谓的场域或吉登斯所谓的结构（如城市老街道、特色小镇、传统村寨等）中考察分析。① 即把非物质文化遗产的"传统—现代"转型放在现代都市的经济社会结构中进行动态的、综合的研究，将其与所在城市的发展相联系。

### （二）本文的分析框架

我国学者对非物质文化遗产保护与开发的研究一般基于马林诺夫斯基的"文化功能论"② 和费孝通的"文化开发利用观"③，前者更关注文化的静态功能，后者则承认非物质文化遗产作为一种社会资源在社会中具有社会功能，可以被开发利用。基于中国处于经济社会结构转型阶段的现实背景，张继焦等在联合国教科文组织提出的"内源发展战略"④、迈克尔·波特提出的"国家竞争优势"⑤ 以及李培林提出的"另一只看不见的手"⑥ 等理论基础上，提出了新古典"结构－功能论"分析法。⑦ 他们认

---

① 张继焦：《换一个角度看文化遗产的"传统—现代"转型：新古典"结构－功能论"》，《西北民族研究》2020 年第 3 期。
② 〔英〕马林诺夫斯基：《文化论》，费孝通等译，北京：中国民间文艺出版社，1987 年。
③ 费孝通：《西部开发中的文化资源问题》，《文艺研究》2001 年第 4 期。
④ 联合国教科文组织编：《内源发展战略》，北京：社会科学文献出版社，1988 年。
⑤ 〔美〕迈克尔·波特：《国家竞争优势》，李明轩、邱如美译，北京：中信出版社，2012 年。
⑥ 李培林：《另一只看不见的手：社会结构转型》，《中国社会科学》1992 年第 5 期。
⑦ 参见张继焦：《城市复兴与老字号的文化价值——基于首尔与北京的比较分析》，《民族论坛》2016 年第 5 期；张继焦：《城市复兴与文化遗产——韩国首尔挖掘餐饮老字号价值的经验与启示》，《城市》2016 年第 6 期；张继焦：《让文化遗产在城市发展中绽放活力》，《群言》2017 年第 11 期；李宇军、张继焦：《城市复兴：让历史文化遗产焕发新动力》，《云南民族大学学报》（哲学社会科学版）2017 年第 6 期；张继焦、李宇军：《"城市复兴"研究：五个发展阶段及其未来展望》，《贵州社会科学》2017 年第 10 期；李宇军、张继焦：《历史文化遗产与特色小镇的内源型发展——以新古典"结构－功能论"为分析框架》，《中南民族大学学报》（人文社会科学版）2019 年第 6 期；李宇军、张继焦：《从历史文化遗产角度，探讨特色小镇的内源型发展》，《宁夏社会科学》2019 年第 3 期；张继焦、宋丹：《民族地区的新型城镇化——以特色小镇为例》，《广西大学学报》（哲学社会科学版）2019 年第 3 期；张继焦、吴玥：《民族八省区的文旅融合发展——以历史文化名城的"传统—现代"转型为例》，《贵州民族研究》2020 年第 7 期；张继焦、侯达：《民族传统节日：结构遗产的"传统—现代"转型与文旅融合发展》，《贵州民族研究》2020 年第 12 期；张继焦、侯达：《民族地区历史文化名镇的"传统—现代"转型与"文旅融合"发展》，《贵州民族研究》2021 年第 3 期。

为，非物质文化遗产在一个地方或一个城市一旦形成，就具有一定的结构性，成为可以进行资源配置的结构性因素，称为"结构遗产"。"结构遗产"不仅是文化资本和文化资源，可以能动地自我发展，自主地发生一些结构性和功能性变化，形成一些自生结构或自扩结构（如各种企业、组织甚至产业集群结构）以及一些自在功能或自扩功能，而且可以影响外在结构（如国家、地区、城市、小镇、乡村等）。[①] 也就是说，非物质文化遗产不是静止不变的，而是不断变化着的。风筝、年画等非物质文化遗产，在经济社会结构转型过程中，不仅具有结构性，更具有功能性。对城市发展而言，非物质文化遗产是可供利用的内源性资源与动力，可以在实现创造性转化与创新性发展的基础上，进而发展为地方特色品牌与城市名片乃至推动现代产业集群发展，以独特的竞争优势来推动现代城市的内源性可持续发展。

基于此，本文做出这样一个假设：年画、风筝等非物质文化遗产，不但诞生于城市，还在潜移默化中形塑着当地的社会风俗习惯，并与城市历史发展相辅相成。在经济社会结构转型的过程中，风筝与年画作为"结构遗产"发挥着不可替代的作用，它们不仅传承着优秀传统文化，还产生着新的结构与功能，并运用传统文化的创造性转化与创新性发展产生一定竞争力，从而推动非物质文化遗产、现代产业乃至整个城市的内源性发展。

## 三　风筝与年画："结构遗产"的历史发展脉络<br>与当代转型路径

本文所涉及的调查地是位于山东半岛西部的潍坊，该地扼内陆腹地通向半岛地区的咽喉，东接蓬莱，西连岱岳，凭山负海，是登、莱、青古道的交通枢纽，素有"胶东走廊"之称。潍坊历史悠久，是我国东夷文化的发祥地。早在新石器时代，东夷人就在这一地区创造了大汶口文

---

① 张继焦：《换一个角度看文化遗产的"传统－现代"转型：新古典"结构－功能论"》，《西北民族研究》2020 年第 3 期。

化和龙山文化。夏商两代，潍坊境内有斟灌、斟鄩、寒、三寿等封国。春秋战国时期，潍坊管辖地大部分属齐国，五莲、诸城等地属鲁国。当时，因擅盐铁之利，"太公用之而富，管子因之而霸，固海帮之一大都会也"[1]。西汉时，潍坊境属北海郡。东汉末期，"建安七子"之一的孔融曾任北海相，在任期间，"广城邑，兴学校，表儒术，举贤良"[2]，使北海郡成为山东半岛的经济文化中心。此后，潍坊历属北海郡、青州等，至明洪武十年（1377），改称潍县。明中叶时，潍县已发展成鲁东重镇，有"南苏州，北潍县"之说，其经济发达、商业繁荣，手工业产品大量流通，素有"二百盘红炉，三千砸铜匠，九千绣花女，十万织布机"之美誉。但是，这样一个拥有良好的经济基础、浓厚历史文化和传统民间技艺的历史文化名城，也在经济社会结构转型过程中遇到了一个问题：靠什么来提高城市的知名度，吸引海内外资金，推动城市可持续发展？具有鲜明地方特色、浓郁乡土气息的风筝与年画成为该地发展经济、实现可持续发展的内源性动力。

**（一）潍坊风筝：清明节活动—国际盛会—风筝文化产业园与城市名片**

据考，潍坊放风筝的习俗兴起于宋代，至明清时，风筝活动已在民间普及，且与清明节的各种活动紧密联系在一起。民国《潍县志稿》这样记载道："清明　前一日为寒食，前二日为一百五日，人家各祭其墓，或于坟头添土，小儿女作纸鸢秋千之戏。纸鸢其制不一，于鹤、燕、蝶、蝉各类外，兼作种种人物，无不惟妙惟肖，奇巧百出。或以苇作弓，缚纸鸢背上，风吹之有声如筝，故又名风筝。"[3] 风筝最初是自制自放，或馈赠亲朋。随着需求量增多与手工业的进步，风筝才逐渐发展为商品，

---

[1] 乾隆《潍县志》卷1《舆地志·沿革》，《中国地方志集成·山东府县志辑》，南京：凤凰出版社，2004年影印本，第40册，第31页。

[2] 民国《潍县志稿》卷39《金石志·石类》，《中国地方志集成·山东府县志辑》，第41册，第165页。

[3] 民国《潍县志稿》卷14《民社志·风俗》，《中国地方志集成·山东府县志辑》，第40册，第388页。

大量进入市场。清诗人裴星川曾在《潍县竹枝词》中描写当时风筝市场的盛况："风筝市在东城墙，购选游人来去忙。花样翻新招主顾，双双蝴蝶鸢成行。"① 曾任潍县知县的郑板桥在《怀潍县二首赠郭伦升》中这样描述放风筝的场景："纸花如雪满天飞，娇女秋千打四围。五色罗裙风摆动，好将蝴蝶斗春归。"② 至 20 世纪 30 年代，每年清明节前一个月，风筝即先后上市。潍县城里以大十字口为中心，沿东门大街到城外的坝崖大街，以及县城与东关之间的白浪河两岸，形成了风筝竞卖市场，著名的风筝铺子有唐家风筝铺子、王家风筝铺子等。

显然，潍坊已形成清明节时放风筝的民俗文化和季节性市场。随着时代发展，这一民俗文化又成为推动城市发展的"结构遗产"，迸发出巨大的能量。从 20 世纪 80 年代中期开始，潍坊依托风筝文化，成功举办了国际风筝会，塑造了"世界风筝之都"城市品牌，并将风筝与文化、旅游、招商相串联，进而实现了社会各业的发展。

从实地考察所得资料来看，政府作为一只"看得见的手"，在非物质文化遗产创造性转化过程中发挥着关键性作用。1984 年，为适应对外开放和加快经济发展，地方政府审时度势，依托地方特色风筝文化，举办了第一届潍坊国际风筝会。当时共有 11 个国家、地区的 18 支风筝代表队来潍坊进行放飞表演。1988 年，在第五届潍坊国际风筝会期间，经各国风筝协会代表会议推举，潍坊被确定为"世界风筝之都"。1989 年，国际风筝联合会在潍坊成立，意在通过举办国际风筝会，促进风筝文化传播、风筝运动普及、风筝产业发展等。至今，国际风筝会已连续举办 40 届，政府凭借自身"伞式"之力，将其打造为固定节庆盛会与城市品牌，并投入大量资本使之产生新的结构。现如今，秉承着"政府主办，市场运作，社会参与"的模式，潍坊已打造出全球规模的万人风筝放飞表演、世界风筝锦标赛、潍坊风筝大赛等品牌赛事与活动。风筝已成为潍坊走向世界的一张名片，不但大大提升了潍坊的知名度、美誉度，也使潍坊与世界上 160 多个国家、地区建立了广泛的联系。与此同时，地方政府

---

① 曲东涛主编：《山东省二轻工业志稿》，济南：山东人民出版社，1991 年，第 71 页。
② 王庆德注：《郑板桥诗文集注》，北京：文化艺术出版社，2014 年，第 249 页。

还以国际风筝会为龙头，整合全市非物质文化遗产与物质文化遗产，推出民俗旅游一条龙服务，以实现文旅融合发展。

借助于国际风筝会的召开，风筝产业也迎来发展的新时期。可以说，潍坊国际风筝会的召开给了风筝产业第二次生命。过去，风筝产业主要集中在杨家埠村，呈现比较分散的手工式、零星的生产布局。在官方的大力扶持下，民间风筝产业向着规模化、集团化、高端化发展。目前，风筝产业形成以杨家埠村为核心的传统风筝生产加工基地和以潍坊凯旋风筝厂、坊子区王家庄子村等为代表的现代风筝生产加工基地。前者以传统技艺进行扎制，是"前店后坊"的家庭式作坊经营范式，其生产的风筝主要用于旅游、纪念等目的的内销；后者主要通过拿订单，组织生产运动类、广告类、大型软体类等风筝，大多用于外销。1959 年潍坊风筝第一次走出国门时，年出口量只有 500 只左右。截至 2019 年，潍坊风筝的年出口量至少在四五十万只，仅上规模的风筝生产厂家就有 300 多家，从业人员达 2.2 万人，风筝及衍生产品年销售额已达 10 亿元，市场占有率约为全国的 75%、世界的 60%。[①] 风筝产业对其他手工艺行业的拉动作用也十分明显，在它的带动下，年画、核雕、嵌银等手工艺美术行业逐步复苏，其他手工艺行业仿效风筝产业发展模式，开始走向"文体搭台、经贸唱戏"的路子。

国际风筝会对本地经济发展具有重要推动作用。每届国际风筝会在举办期间，也会顺势举办各种展销会、推介会、洽谈会以吸引中外客商参与。例如，2005 年的第二十二届潍坊国际风筝会共签订合同项目 256 个，合同利用市外资金 175.6 亿元，其中境外资金 9.8 亿美元，投资过 5000 万元的项目 70 个，[②] 这些数字背后是风筝这一"结构遗产"之力。近年来，每届国际风筝会举办期间，潍坊都会签订大批重点招商引资项目，合同总额都在 200 亿元以上，可谓一会聚千金。此外，国际风筝会对整个城市的建设推动作用也十分明显。为高质量举办国际风筝会，提升国内外游客体验感，地方政府依托国际风筝会建设了一大批硬件设施，

---

① 张崇高主编：《潍坊风筝传奇》，北京：中国戏剧出版社，2013 年，第 253 页。
② 张崇高主编：《潍坊风筝传奇》，第 251 页。

如体现地方风筝文化特色的世界风筝博物馆、世界风筝都纪念广场、浮烟山国际风筝放飞场等。

现如今，风筝已不仅仅是潍坊的一张城市名片，它早已融入城市生活的方方面面。其"国际盛会＋商贸＋旅游＋文化"四位一体发展模式，恰恰证明了新古典"结构－功能论"的观点：非物质文化遗产作为本地所特有的民俗文化，不但诞生在这座城市，且在城市的不同发展时期都具有一定的价值与功能（见图1）。特别是在经济社会结构转型过程中，地方政府与民间力量共同介入，以自上而下为主、兼顾自下而上的方式，促使其结构发生适应性转变，进而催生了诸多地方特色品牌、国际性节庆活动等文旅融合的产业群，从而推动城市文、经、旅等全面发展。

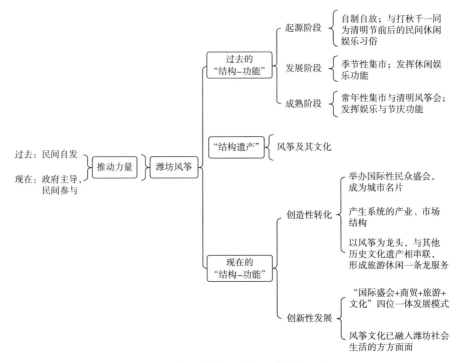

图1　潍坊风筝的"结构－功能"示意

## （二）杨家埠木版年画：年节习俗—民俗旅游—"六位一体"发展

作为潍坊的另一张城市名片，杨家埠木版年画也在经济社会结构转型过程中成为一笔宝贵的"结构遗产"，不断催生一系列新的结构与功能，产生了具有竞争力的年画产业链以及其他衍生行业，从而推动城市内源性可持续发展。

杨家埠木版年画大概兴起于明代，其具体年份已不可考。据《杨氏宗谱》记载，杨氏始祖于洪武二年（1369）由成都府梓潼县迁居寒亭泹河西岸，后开枝散叶，绵延至今。据考，成都府在宋代时雕版业较为繁荣，曾刻印过十几万套《大藏经》，因此杨氏始祖可能掌握雕版印刷技术。杨氏始祖迁居寒亭后，结合本地乡土特色，创造了"构图饱满，造型夸张"的木版年画。至明中叶时，杨家埠木版年画刻印已臻于成熟，当地题材以神像类、写实类为主，如《门神》《天地全神》等。清乾隆年间，杨家埠已有公茂、永盛、吉兴、吉盛、广盛太、万顺等百余家画店，逾千画种，上万画板，年画题材也十分丰富，主要有神像类、戏曲类、故事类、山水花卉类、美人童子类、生活时事类等几大类。清末至民国初，杨家埠木版年画产业达到鼎盛时期，年用纸两万令左右，年销量可达七千多万张。每年秋收一过，杨家埠村民便开始刻板，忙时可一直持续到腊月二十三。腊月二十四到春节期间，各种集市、山会上到处都是叫卖的画商、四方前来购买的百姓，杨家埠俨然已成中国三大年画市场之一。

应该说，经过长时间的发展，年画以其驱凶避邪、祈福迎祥、祈祷丰收、祭祀祖宗等功能，成为潍北乡土社会的年节民俗文化之一。从当地流传至今的俗语"有钱没钱，买画过年"中亦可窥见年画在民间流行之盛况。即使在战乱年代，年画业整体走向衰退，画店纷纷倒闭，潍北地区的百姓也会想方设法张贴年画来迎接新年。

新中国成立以后，年画作为反映农村生活、农民审美心理的一种年节民俗文化，受到党和政府的高度关注。1949 年 11 月，文化部曾发布《关于开展新年画工作的指示》，1951 年文化部又颁发《关于改造山东潍北县旧年画的指示》，要求对传统年画进行系统挖掘和研究改革，以适应时代发展的需要。随后潍坊成立了杨家埠木版年画改进委员会与杨家埠木版年画研究所，专门从事年画的搜集整理与改革创新工作，以推动年画行业的现代化发展。其间，杨家埠创造了不少反映新中国成立初期农村新生活的作品，如《除四害》《农业大丰收》《送货上门》等。应该说，20 世纪 80 年代前，杨家埠木版年画作为传统手工艺品的代表，主要活跃在文化交流与学术研究等层面，如作为中国优秀传统手工艺的代表受到联合国驻华使团团长维克多、柬埔寨西哈努克亲王和夫人等高度赞赏，再如作为中国优秀传统文化的代表与日本进行文化交流等。

20 世纪 80 年代以来特别是进入经济社会结构转型期以来，年画因带有浓郁乡土特色且符合农民审美心理，重新获得社会各界的青睐，开始大量涌入市场。制作与销售年画再次成为杨家埠村民的主要谋生手段。其间，民间力量积极编织自己的"蜂窝"，推动木版年画创造性转化。他们纷纷成立画店，推动年画产业链的形成与发展，逐渐走出了"文旅融合实现经济腾飞"的路子。截至 2020 年，杨家埠共有民间画店 40 余家，从业人员达 1200 人，年产 230 万幅画，销售额 2600 万元。通常，每个画店都有"采购原料—制作年画—销售成品"的完整产业链。画店采取传统的家庭式经营模式，由夫妻及其子女经营。画店房屋为一进式四合院建筑，并采取"前店后坊"的布局，沿街房屋为售卖各种年画的门市，东西两厢房为工作室，正屋为全家人的住宅区。这种传统家庭式作坊既可节约成本，减少浪费，又能最大限度地利用劳动力，可以说是杨家埠木版年画行业最基本的结构。画店主要分布在村内主干道两侧，年画需求量增多，画店随之增多，并带动了布艺、嵌银等地方传统手工艺品的需求增加，久而久之便形成了一个专门销售年画、风筝及其上下游产品的商业街区。与此同时，年轻的年画传承人也开始思考如何推动传统年画创造性转化的问题。其中较为成功的一位传承人是 YYM①，他是和兴永画店传承人，其父是杨家埠木版年画大师，一直致力于传统年画的改革工作，曾创作大量反映当代农村农民生活的现代年画。受父亲影响，YYM 积极钻研现代年画及其衍生品，并于 2021 年制作了"百年党史"系列作品。该系列一经推出，便得到社会各界广泛好评。据了解，因有感于过去杨家埠木版年画产业分散性、趋同性等特点，YYM 萌生了"将大伙（画店与技师）召集起来"的想法。在他的积极奔走下，杨家埠组

---

① YYM，男，汉族，1965 年生于木版年画世家，其父 YMZ 是杨家埠村前任村支书，也是杨家埠木版年画大师，曾创作大量广受好评的作品。

建了年画工作室,其成员包括12家画店和十几位技师,形成了"合作共赢"性质的行业联盟。据介绍,他本人负责统筹工作室整体规划,各加盟画店则分别承担不同题材年画的生产制作任务,其成品由工作室统一包装后推向市场。在他的带动下,越来越多的画店加入工作室,杨家埠木版年画行业逐步向规模化、系统化方向发展。截至2019年,年画工作室年营业额已达500万元。

由于风筝与年画均为诞生于杨家埠的非物质文化遗产,两者之间关系密切。这里还流传着这样一则反映年画与风筝间特殊关系的故事:"早年间,杨家埠出了一个漂亮的姑娘。不巧,一天姑娘出去玩,被前埠的一个恶霸相中了,姑娘宁死也不愿意嫁给恶霸。怎么办呢?村里的一个老画师想了个办法。他按照姑娘的模样,刻了幅年画,将年画贴在用麦秆做的骨架上,使其逆着风飞到天上去了。恶霸来,没找到姑娘,一问才知道姑娘已飞上天了,也只好作罢了。"[①] 杨家埠村民将年画文化、风筝文化等"结构遗产"加以整合,建立了包括年画风筝遗产文化艺术展示区、古村文化展示区、民俗文化实景演绎展示区等民俗景点的民俗大观园。到这里,游客不仅可以亲手刻印木版年画、扎制风筝,也可以观赏风筝、年画等传统手工艺产品,学习以风筝与年画为代表的地方民俗文化。据了解,每年以杨家埠民俗大观园为核心的民俗旅游项目可以吸引50多万名中外游客。

在民间力量积极建构"蜂窝"以发挥"结构遗产"之力时,官方"伞式"之力也在以不同方式支持杨家埠木版年画朝产业化方向发展。2019年,在地方政府牵头下,区属国有企业潍坊滨城投资开发有限公司与山东好客山东文化旅游发展控股有限公司共同收购杨家埠民俗大观园,以统一管理、整体经营、独立开发的形式,对景区及其他文化旅游项目进行结构优化、项目打造和业态开发,将其打造为"民俗景观游"、"遗产观赏游"、"生态休闲游"和"农家欢乐游"的民俗旅游文化园。当年,共接待中外游客149万人次,收入达1980万元,实现利税133万

---

① 该传说由寒亭区杨家埠文旅事业发展中心 ZL 讲述。

元。① 此外，以杨家埠节会文化为契机，地方政府提出"大产业，大杨家埠"的理念，建立杨家埠民俗文化产业园，园区包括以创意研发、制作培训、市场营销为主题的产业创意园，以民俗大观园景区为核心的旅游观光园，以风筝、年画生产销售为主题的工艺品产销园，以民俗客栈为内容的餐饮文化服务园，以民俗文化特色社区建设为载体的民俗风情住宅园，从而形成"吃住行旅游购"六位一体的特色"梦想小镇"，并成为山东千里民俗旅游线上的一大热点。

在地方政府"伞式"支持下，2002年，杨家埠被列为"山东省历史文化名村"，2005年被列为"特色民俗文化旅游村"，同年，经中国民间文艺家协会协定，命名寒亭区为"中国年画之乡"。这也在一定程度上打响了杨家埠木版年画的品牌，带动了市场对木版年画的需求，也提高了地方知名度。综观杨家埠木版年画创造性转化、创新性发展的实践路径可以看出，杨家埠木版年画走出了一条自下而上为主、兼顾自上而下的发展路子：在社会经济结构转型过程中，在官方"伞式"支持下，民间力量积极建构自己的"蜂窝"，积极参与市场竞争，带动年画市场的形成与壮大，形成从生产到加工再到销售的完整产业链以及以民俗大观园为核心，包括周边商街、手工艺作坊的产业集群，并推动大型主题灯会、文化庙会等具有潍坊文化特色的项目展览活动的产生与发展，进而拉动地方经济社会发展（见图2）。其文旅发展的道路值得借鉴。

## 四 结语

回到本文最初的问题，我们可以看到，对于风筝、年画等非物质文化遗产，人们既没有采取原封不动的原真性保护策略，也没有进行过度商业性开发，而是在实现非物质文化遗产创造性转化和创新性发展的基础上，推动其"传统—现代"转型。这也说明风筝、年画与潍坊经济社会发展相协调，风筝与年画等非物质文化遗产自古就是城市社会发展中的重要元素，并在经济社会结构转型过程中成为一笔宝贵的"结构遗

---

① 该数据来源于杨家埠文旅事业发展中心公开资料。

产"，聚合并迸发出巨大能量，将过去的传统节日习俗转化为节庆活动、将休闲娱乐项目变为国际性盛会，并使非物质文化遗产与旅游业结合从而产生一系列新兴产业集群，进而推动城市内源性发展。与此同时，我们也应该看到，由于"结构遗产"的类型不同，它们在推动城市内源性发展过程中采取了不同发展策略：以风筝文化为首的"结构遗产"是在政府与民间双向力量介入下，通过自上而下为主、兼顾自下而上的方式进行资源配置；以木版年画文化为首的"结构遗产"则是民间力量在政府"伞式"支持下，积极建构"蜂窝"，以自下而上为主、兼顾自上而下的方式进行资源配置（见图2）。虽然两者的实践路径不尽相同，但都印证了新古典"结构－功能论"的观点，即深厚的文化底蕴和丰富的人

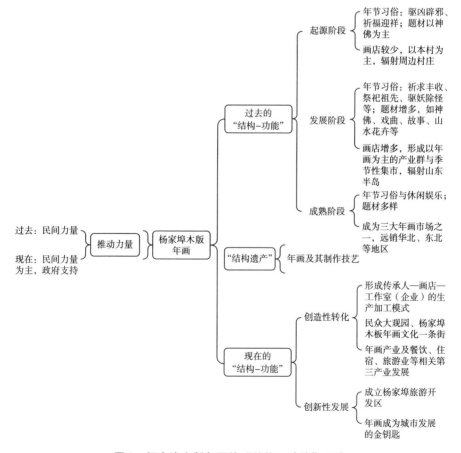

图2　杨家埠木版年画的"结构－功能"示意

文资源是取之不尽的"结构遗产",是现代都市可持续发展的内源性动力,能够增强地域经济竞争力和推动社会和谐发展。因此,在经济社会结构转型过程中,发挥"结构遗产"之作用以推动城市内源性可持续发展,不失为城市发展的可行之路。

# 语言、物理、艺术生产

## ——中国非物质文化遗产事业的三个特殊视角[*]

牛　乐[**]

**摘　要**：中国的非遗事业是兼顾文化传承、经济建设、生态环境建设的综合实践，其基于中华传统文化的语言内质和社会物理机制，利用传统文化的冗余特性，用社会文化的熵减效应在商品经济环境中再造了传统文化的传承场域，具有鲜明的艺术生产特征，体现了中国非物质文化遗产独特的文化创新与价值创新。

**关键词**：非物质文化遗产；语言学；物理学；艺术生产

中国的非物质文化遗产事业始于政府主导的一系列文化保护行动。2004年，文化部、财政部联合发起由政府主导、社会参与的"中国民族民间文化保护工程"，为中国非物质文化遗产的传承与保护奠定了扎实的工作基础。2005年，我国作为《保护非物质文化遗产公约》缔约国印发了《关于加强我国非物质文化遗产保护工作的意见》，并于同年设立"文化遗产日"以加强民众对于文化遗产保护的关注。2011年，我国政府颁布了《中华人民共和国非物质文化遗产法》，为非遗保护传承工作奠定了坚实法律基础。从2006年至2021年，国务院公布了五批共1557个国家

---

　\* 本文系2020年度国家社科基金重大项目"中华传统伊斯兰建筑遗产文化档案建设与本土化发展研究"（项目编号：20&ZD209）、西北民族大学中央高校基本科研经费项目"西部文化景观建设与中华文化符号共享研究"（项目编号：31920220051）相关成果。

\*\* 牛乐，西北民族大学美术学院教授、博士生导师。

级非遗代表性项目，文化和旅游部（2018 年 3 月前为"文化部"）认定了五批共 3062 名国家级非遗代表性项目代表性传承人。目前，我国已有 42 个非遗项目入选联合国教科文组织非遗名录，总数位居世界第一。

"非物质文化遗产"在当代中国是一个总体性概念，由政府、学者、民众三种不同主体的实践交互构成，政府主导和制定一系列决策规划，这些决策有明确的目的和导向，致力于文化传统的价值化进程。在学术界，非物质文化遗产被学者所关注，学者进行具有鲜明社会价值取向的理论探索，并主导了与非遗事业相关的话语体系。对于文化企业和传承群体而言，非物质文化遗产具有明确的功利性，是建构社会身份的有效路径，也是与经济利益密切相关的生存之道。基于不同的价值面向和利益需求，以上三种身份的主体用差异化的实践形成密切的互构关系。

# 一 语言学视角：中国非遗的增殖网络

## （一）作为语义场的非物质文化遗产

语言与文化的对应关系显而易见，维特根斯坦（Ludwig Wittgenstein）将语言视为"人类存在的文化模式和基本状态"[①]。自索绪尔（Saussure）开创现代语言学以来，语言研究并未成为实际意义上的科学研究，却显然已经成为连接自然科学研究和社会科学研究的桥梁，由语言研究展开的知识创新成为继自然科学研究之后又一个极富实证意味的研究领域。在科学表征主义备受挑战的当代知识界，语言研究仍旧体现出其可供开掘的实践潜力。

在社会学界，希尔斯（Edward Shils）关于"传统"的理论事实上表达了人类对于"过去"的伦理化审视和价值重塑，并借此从理论上贯通了人类生活史和知识史。[②] 相对于希尔斯统御全新文化史观的"传统"概念，非物质文化遗产是对于全球化时代物质生活、文化传播以及个人和

---

① 江怡：《维特根斯坦：一种后哲学的文化》，北京：社会科学文献出版社，1998 年，第 99 页。

② 牛乐：《知识史与生活史——口述史研究的理论转向与实践策略》，《民族文学研究》2022 年第 2 期。

集体权利的具体调适和实践，其缘起可能基于多种不同的诉求，但是其核心要义无疑合乎 21 世纪以来世界政治、经济、文化格局的总体变迁。在一定意义上，非物质文化遗产的实践表现为丰富的语言活动，其在尊重历史惯序的同时，将文化作为一个共时、连续的时空整体，使之充分资源化，强化了生活与知识建构的一体性，策应了社会生产的生态性，这无疑是世界非物质文化遗产事业最突出的时代价值。

尽管已经成为家喻户晓的名词，"非物质文化遗产"在中国民间仍旧是一个不容易被准确理解的词，这并不意味着其本身的内涵过于模糊，而是因为其跨文化的知识背景和开放的意义空间。除相对固定的公约文本之外，关于非遗的知识体系始终处于建构过程中，其中不乏政治权力的制衡与博弈，亦具有鲜明的政治经济学特征，表现为典型的反身性（self-reflexive）实践。

与当代人类学、社会学借用自然科学理论的学术惯习一样，"语义场"理论（the theory of semantic fields）由德国学者伊普生（G. Ipson）和特里尔（J. Trier）于 20 世纪 30 年代创立。基于鲜明的跨学科性，"语义场"理论充斥了对物理现象的类比，用于描述语言结构的类聚性、层次性、内联性。在此意义上，《保护非物质文化遗产公约》本身就是一个复杂的语义场，其中任何一对词语所代表的要素只有置于具体的语义场中才可以被理解和把握。

非物质文化遗产是一个西方语言与中文互嵌的语义场，从一开始即具有文明对话的性质，含有潜在的文化冲突，又具有多元交融的文化意涵。作为从英文转译成中文的词语，中文语境中的"非物质文化遗产"不可能与英语原文（intangible cultural heritage）具有完全对等的含义，也由此形成了不尽相同的语义场。

"非物质文化遗产"是由三个词项构成的复合词，其中"文化"是主根，"非物质"和"遗产"两个词项定性并修饰了"文化"一词。在实际运用中，"文化"是一个中性词，在不同场合有约定俗成的理解，而"非物质"作为"负词项"修饰"文化"则较难获得民众的普遍理解，因为其与中文惯常的构词方式和逻辑思维方式相悖，以至于在民间常被理解为"非文化"。相对而言，"遗产"一词更容易造成分类的困惑，甚至引起争议。这几个词项结合产生复杂的语义关系，衍生出一个涵盖了多重知识谱系以及丰富内涵的庞大语义场。

"非物质"这一词语是非遗保护体系中最具有能动性的词语，也是语义场中所有词语共有的义素，而"物质"与"非物质"这一对相反的概念则构成最基本的关系义场，围绕"非物质"发生的意义生产成为非物质文化遗产传承的实质动力。作为语义场的延伸，不论是"物质文化"还是"非物质文化"，其本身仅仅代表一系列滑动的语言能指，其最终结果则表现为语言活动创造文化事实的过程。

可以肯定的是，在中国语言世界中，不论是物质还是非物质，大多数关于保护与传承非物质文化遗产等的争议都始于潜在的语义对立，非遗工作遇到的多数问题则始于语义关系造成的逻辑矛盾。

非物质文化遗产衍生出的多层次语义集合，不可避免地具有中国语言文化"词"与"物"对应的逻辑结构，具有"音－形－义"结构①的生成方式和符号特征，并因此形成典型的"关系义场"和"类属义场"。非物质文化遗产的语义场总体上有序而活跃，其分类丰富，合乎非物质文化遗产的多样性和高度开放的涵括力，各个子集之间时常发生意义的交流、置换或冲突，尽管其中很多词语的所指宽泛、意义模糊不定，例如"传承""保护""发展"经常造成认识观的矛盾、理论和实践的冲突，但这些矛盾和冲突无疑会成为解决问题的动力。

非物质文化遗产的语义场同时具有"场域"特征，其并非一个有形无界、空洞无物、充满暗能量的自然范畴，而是符合布尔迪厄（Pierre Bourdieu）对"场域"（field）一词的描述，和资本的转化密切相关，充满积极的潜力和竞争性。尽管强调对习俗、知识、记忆、技艺、文化空间等非物质性因素的保护和传承，但在"非物质"一词的动力黏结下，丰富的物质文化顺理成章地填充了非物质文化遗产的语义空间，类似于巨大的物品仓库和意义生产车间，为其充分的价值转化提供了合理的结构和道德保证。

---

① "音－形－义"结构为笔者提出的三元符号理论，用于解释中国语言文化的符号生成机制。参见牛乐：《博古图像的符号演进与行动者实践》，《民族艺术》2021年第5期。

基于开放的语义空间，历史性、民间性、民族性、民俗性、生活性在非遗语义场中均匀分布，强化了中国非遗的传统性。"断代""延续""保护""传承""创新""产业""消费"等词语则动态分布于各个语义节点，表征了中国非遗的发展性。二者共同建构了中国非物质文化遗产的语义网络，其较高的宽容度容纳了民间艺术、民族史诗、民间仪式、民间医学和特殊知识体系等既往存在价值争议或者无法纳入主流文化体系的文化形式，并将其上升为优秀传统文化的范畴，有效赓续了中华文化的生活空间和多元文脉。

中国的非遗事业是在中国语言环境中萌生和传播的，尽管非物质文化遗产保护是一项涉及诸多领域的社会事业，但是在当代中国，无论其内涵还是实践均表现出鲜明的语言化特征，非遗理论和实践的发展、知识的传播、概念的组织与延伸均与其自身语义场的变动和重构密切相关。在某种意义上，"非遗"的语义增殖和社会实践互为表里，形成互动，其自身的文化空间亦获得了持续的拓展。尤其在 21 世纪以来的网络世界，与"非遗"这一概念相关的关键词和热点越来越多，且充满有创意的词语和语义。此种语言网络的增殖并不意味着其规约性和内质的改变，而是从一个侧面反映了其生存语境的变迁、价值化路径的拓展。[1] 在此过程中，中国语言文字对"非遗"概念的建构作用十分显著，体现出中华文化特有的知识谱系和精神内质。语言活动推动了中国非遗事业一系列创新价值观、伦理基准的建立，也催生了多元的实践策略和行动方式。也可以认为，中国语言文化塑造了中国非遗的本土特色，使之具有了中华文化特有的行动观、特立独行的思考模式和实践路径。

### （二）非物质文化遗产的文化标出性

所有的非遗形式自被收入非遗名录开始，就不可避免地受制于日新月异的技术语境和文化传播环境。相对于非物质文化遗产的语义场特征，其显著的文化"标出性"（markedness）更能表征文化的传播活性和动力机制。"标出性"作为语言学概念由布拉格学派的俄国学者特鲁别茨柯伊

---

① 牛乐：《主持人语》，《兰州文理学院学报》（社会科学版）2022 年第 3 期。

（Trubetzkoy）和雅各布森（Roman Jakobson）在 20 世纪 30 年代共同提出，属于兼具思辨性和实证性的理论范式，至近代已经成为语言学、符号学、叙事学及新闻传播学的重要概念。① 近年来，中国学者赵毅衡、陆正兰进一步发展了这一理论，使之在中国文化语境中更具解释效力。作为典型的三元符号理论，"标出性"理论用"正项 – 中项 – 异项"解释动态的符号动力机制，具有更实际的社会实践价值。

2015 年之前，非物质文化遗产定义解释权属十分有限，"非遗产品""非遗扶贫"等当下常见的词尚未获得学者们的认可，官方媒体也很少使用。2015 年，联合国教科文组织通过了《保护非物质文化遗产伦理原则》（Ethical Principles for Safeguarding Intangible Cultural Heritage），"该决议采纳了 12 项伦理原则，旨在防止对非物质文化遗产的不尊重和滥用，涉及道德层面、立法层面或是商业利用层面"。② 从实际影响来看，该原则产生的社会效益极为显著，其强化了非遗工作以个人和社区利益为中心的伦理原则，强化了非遗公约的实践性、创造性指向，制约了过度的规范性解释和商业化发展，缓和了非物质文化遗产保护与发展的矛盾。

与此同时，该原则进一步支持了我国政府以人为本的文化创新理念，并体现在我国政府随后颁布的一系列法律、法规和政策中，使中国非物质文化遗产的保护与发展事业不仅上升为国家意志和全民共识，同时也得到了国际社会的广泛认可。

作为对该原则的响应，2015 年，文化部、教育部联合发起了"中国非物质文化遗产传承人群研修研习培训计划"（以下简称"研培计划"）。研培计划在夯实非遗保护工作的基础上致力于非遗传承人的培养，具有鲜明的人本指向，旨在强化非遗传承人的文化自觉与文化自信，提升其创新创意能力，促进非物质文化遗产的可持续发展。研培计划项目覆盖了民间手工艺、音乐舞蹈、戏曲艺术、民俗节日等非物质文化遗产类别，

---

① 参阅赵毅衡：《文化符号学中的"标出性"》，《文艺理论研究》2008 年第 3 期。
② 《联合国教科文组织：〈保护非物质文化遗产伦理原则〉》，巴莫曲布嫫、张玲译，《民族文学研究》2016 年第 3 期。

以提升非遗传承人的创新能力为基础，通过多重渠道为非遗"赋能"，以此实现非物质文化遗产的创新性发展。在此过程中，原生态保护和封闭式保护广受质疑，"非遗走进现代生活"、"见人见物见生活"和"生动实践"成为中国非物质文化遗产保护与发展工作的创新实践理念。

中国的非遗工作脱离学术话语的束缚，进入生活世界并赋能于个人无疑是一个巨大的进步。在语言世界，这一进步同样体现了语言技巧的社会效用。在"标出性"理论中，符号中项并不能自我显现和界定，而在于正、异两项对其的争夺，即所谓"中项偏边"。[①] 在此过程中，主流与非主流、官方与民间的差异性被弱化，权力关系被倒置，对话关系被进一步强化，无形中契合并延续了中国传统礼俗互动的固有社会机制。在中国的非遗工作中，标出策略的运用通常是双向的，民间文化（传承人）常依赖并获得政府、学者或商业机构的道德侧重和实质性扶持，标出与非遗精神相悖的产品、论调或活动，值得注意的是，被标出的非主流一方并非一直处于劣势，有时也会利用这一策略反转为主流一方并获得实际的利益，尤其在网络自媒体高度发达的中国当代社会，这种娴熟的标出策略对每一个参与者而言均成为机会。

当代中国的非物质文化遗产是文化标出性操作得以实现的理想场域，无论是政府宣传、舆论导向，还是传承人个人的作品推介、产品包装，独立或者抱团发展都体现了鲜明的标出策略。例如，非遗项目名录的编制和传承人的评审，一方面是利益再分配并赋能于人的过程，另一方面则体现了政府对文化符号的操作实践。

在当下中国非物质文化遗产的话语体系中，"民族""民间""原生态"等词语具有相当的操作潜力，其不仅表征了文化多样性，亦与文化生态建设密切相关，这些词语争夺符号中项的胜利也成为文化活性的重要指征。在符号学意义上，这种标出策略的实施并不局限于政府一方持续的政策介入，亦来源于社会各界共同的符号操作。在实际工作中，这种符号操作使民族民间文化与传统主流文化形成合理的交融与制衡关系，

---

① 田野、赵毅衡：《文化标出性中的符号意义变迁与回应》，《广西师范学院学报》（哲学社会科学版）2018 年第 2 期。

弱化了"大文化"与"小文化"、"雅"与"俗"的二元对立，形成了具有良好生态的文化传承场域。在深层的意义上，这也是生活方式和社会变迁造就的文化事实，其超越价值合理性，契合了普遍的社会伦理和生活诉求。

此外，为个人和媒体赋能是非遗标出性操作的又一表征。近年来，文化和旅游部联合地方政府举办的非遗节渐趋常态化，为非物质文化遗产的当代发展提供了新的平台，其中政府主导的"中国非物质文化遗产博览会"成为全国非物质文化遗产传承人竞相参与的展示平台。自 2017 年开始，光明网每年推出"致·非遗　敬·匠心"系列直播活动，联合多家直播平台以网络直播的形式进行非遗传承人线上技艺展示，观看人次破亿。2018 年"文化和自然遗产日"期间，中央电视台推出的《非遗公开课》系列节目邀请国内知名专家、传承人讲述非遗的相关知识。① 上述举措显著提升了非物质文化遗产的社会影响力，使其文化传承功能、传播功能、生活功能进一步拓展，加快了非物质文化遗产融入社会生活的进程。与此同时，自媒体平台上非遗作品的影像创作与传播有效地提升了非遗传承人对于自身文化的解释权，此种提升使非遗的言说权很快突破了阈值，强化了非遗多元主体的间性互动。

## 二　物理学视角：中国非遗的生长机制

### （一）非物质文化遗产的"冗余"

孔德（Comte）的实证主义哲学将人类社会视为自然界的组成部分，将人类的社会秩序看作自然秩序的延伸。这一观点尽管弱化了人类对文化的主体建构价值，但是由于契合了近代自然科学的实证研究传统，制约了社会科学漫无边际的人文解释，对近代社会科学的发展影响甚深，至今仍为研究社会文化重要的认识论基础。

---

① 牛乐、张洁：《行动赋能与价值创新——中国民族手工艺保护与发展的当代实践》，《兰州文理学院学报》（社会科学版）2021 年第 6 期。

"冗余"在信息技术领域指数据的重复存储、编码或备份以增强数据的安全性。在信息传播理论中，冗余"直接影响到一个讯息的可预测性和可理解性"。① 在语言文学领域，"冗余"意指"多余"或"重复"，含有一定的贬义成分。在文化研究领域，"冗余"则表征物理定律作用于文化场域以增强其稳定性的普遍机制。

有学者认为，冗余也是消费社会的重要表征，其消费逻辑是对商品使用价值的解构和对符号价值的再造。② 作为对规模化、集中化生产的对抗，非遗事业的发展始终致力于用新的符号价值制衡文化产品无处不在的商品价值。需要思考的是，对商品化的对抗并未赋予传统文化任何实质性的活力，反而是文化本身的冗余特性（并不局限于商品化）在商品经济环境中再造了其自身的传承场域。

赵毅衡从符号学角度解析了艺术生产的"冗余"机制，认为艺术文化的张力即在于冗余度最大值和最小值之间的张力，③ 此说同样适用于非遗的社会生产机制。非物质文化遗产是一个冗余度十分显著的文化场域，社会化传承、技术革新与进步、文化产业发展、文化遗产消费在提高生产效率的同时导致了人力成本和材料成本的控制，使低质量、低创新性的冗余制作不可避免。在非遗相关领域，文化的冗余度并非可以总体量化的指标，而是渗透在诸多子领域，例如非遗项目的名录管理、传承人的评审体系、知识界的学术生产，并形成一系列与非遗相关的绩效指标，其中既包括旅游文化、手工艺生产、广告传媒业的直接产值，也包括相关学术经济获得的间接效益，其总体呈现了政府、传承人、经营者、研究者共同的利益关系，亦从中实现了对非遗冗余度的调控。

在主流艺术文化领域，迪基（George Dickie）认为"惯例"的形成与文化的冗余度息息相关。在非物质文化遗产领域，这种惯例效应使民族民间文化更加经典化、官方化，有效提升了其社会认知度，并以此建构了独特的文化身份。

---

① 翁再红：《艺术传播视野下的"冗余"与经典建构》，《民族艺术研究》2017 年第 3 期。
② 武中哲：《冗余时代的消费文化及社会整合逻辑》，《烟台大学学报》（哲学社会科学版）2006 年第 4 期。
③ 赵毅衡：《艺术与冗余》，《文艺研究》2019 年第 10 期。

　　尽管利弊兼有，仍不能否认此种冗余现象在文化传承中的合理性。从目的合理性角度分析，非物质文化宽泛的冗余度来自民间文化固有的传承机制和传播特点，是其人民性最直观的体现。相对而言，民间文化并不是一种自下而上的、具有严密知识层次和逻辑结构的文化体系，其并不专注于知识生产的创新性，而更关注稳定性，此种特征既受制于其较低的资本转化效率，亦基于民间文化生态的非制度化和多样性，这些条件使民间文化的生产更趋向于高冗余度的符号生产。

　　在民间社会，实用性目的和有限的利益诉求决定了一种非遗形式有限的传承面和传播性，其只能采用尽可能稳定的、模式化的维持机制。例如，与官方艺术将冗余度降到最低的做法相反，民间艺术常借助高冗余度充实其文化能量，重复性和高容错度的作品普遍存在，增强了民间文化传承的活性与稳定性，成为民间文化传承发展的重要机制。

　　在非遗工作中，对于此种冗余模式的调控常被置换为"保护"与"发展"的矛盾关系，以此维持大环境下文化和经济生态的平衡。其既表现为政治话语和学术话语的博弈，也体现于社会生产领域的竞争和协作关系。最终，文化的"活性"和价值转化效能成为均衡二者的底线和标准，也成为破局的关键，而要实现这一点，通过一系列方式为其赋能、赋魅，扩充其知识能量储备，用文化策略和经济手段破除文化的对立性即成为最具实效性的实践。

　　尽管非物质文化遗产保护的初衷具有某种潜在的反现代性，其仍不可避免地具有了一切现代性特征。只有在技术文明与物质文化协同发展的时候，非物质文化遗产作为一种经济资源才有价值化的可能。随着非物质文化遗产传播面的持续拓展，新媒体技术推动全民参与非物质文化遗产传播的效能日益凸显。除官方提供的展销平台以外，民间非遗传承人也在积极寻求价值转化的渠道，抖音、快手等自媒体平台迅速成为传承人自我展示、推广和销售的平台，在烘托出文化氛围感的同时增强了文化遗产的器用性。这些民间实践有效拓展了非物质文化遗产的受众面，提升了非遗传承的参与性和社会活性。在此过程中，文化传播成为操作非遗冗余度的有效手段。

　　如前文所述，非物质文化遗产高度冗余的信息既保证了其传承的稳定性，也使其具有了丰富的情感穿透力和充实的价值特征。在现实生活中，这种柔性的文化内质凸显了强大的文化兼容性，更符合当代网络化传播的技术手段和原理，尤其适合于异质化的受众共享。甚至可以认为，"非遗"这一概念显然包含丰富的技术性操作，其本身就是全球化时代大数据网络环境的产物。

### （二）非物质文化遗产的"熵增"与"熵减"

系统论者将社会视作一个巨型的系统，此说兼顾了当代自然科学和社会科学共同的认识观，已经成为一种学术共识。物理学意义上的"熵"简而言之就是指系统内部的"混乱程度"，增效（entropy increase）定律是由物理学家克劳修斯（Rudolf Julius Emanuel Clausius）提出的热力学第二定律，用于描述热量由高温向低温流动的不可逆过程。文化体系的熵增效应同样来自内部渐趋无效的能量交换，这一趋势虽然无法量化实证，却是不争的经验事实。与物理学所设定的孤立系统不同，文化环境是一个开放的社会系统，其可以将内部的熵增效应向环境释放转移，由此趋向熵减而达到内部的有序状态。

熵增效应具有极大的普遍性，故一度被认为同样可以成为哲学定律，其被用于社会文化研究也已经有较长的历史，虽缺乏严格意义上的实证研究，但对于社会文化的变迁与发展颇具解释效果。熵增理论用于社会研究时主要指社会系统在组织、制度、政策、能源、空间等方面表现出的功能失效，以及由此引起的社会无序。[①] 此外，文化系统"熵"最重要的表征不只是其内部有序化的程度，也包括其与外部环境秩序之间的能量交换和平衡，这一过程尽管很难进行微观的量化分析，但是可以从宏观层面获得可信的因果判断。

从熵理论视角来看，文化的活性与其系统内外的熵值平衡息息相关。传承久远、高度体系化的封闭文化系统必然不能避免熵增效应，会面临系统内部要素失去活性、运行失序和效率低下的问题，与此相应的词语

---

① 陈至杰、陈建新：《基于社会熵增效应的和谐社会理论初探》，《华南理工大学学报》（社会科学版）2007年第3期。

可以表达为"陈腐""保守""固化",或者因其无法转化为更好的结构模式而称作"内卷化"(involution)。与技艺和文化的传承之虞相比,解决传统文化肌体失活、发展迟滞的问题成为非物质文化遗产保护更深层的实践面向。

尽管社会各界对非物质文化遗产有一以贯之的价值预期,要求其在原真性和适度的创新发展之间取得平衡,即兼顾其系统内外秩序的平衡性,但是在社会文化层面,熵增效应不再是纯粹的自然定律,而是与个人和社会的能动性、主动调控机制密切相关的行动结果。在这个角度,非遗政策法规的制定、非遗学术研究的展开、非遗的推广、非遗产业的发展均成为具有积极意义的探索。从实际情况看,非物质文化遗产的保护与发展不仅成为非遗领域内平衡熵值、维持系统秩序的必要手段,更因其激活了丰富的上下游生产(包括物质生产和文化生产)而有效调控了与之相关的整体环境生态,这是中国非遗事业对于文化生态、社会生态乃至自然生态建设的特殊贡献。

在非物质文化遗产的封闭性保护中,熵增效应与附加值的产生息息相关。高端非遗产品与工业化生产品不同,其考虑的不是单位能耗的降低,甚至会刻意增加单位能耗以增加附加值,一件高端非遗产品的产生常以劳动者本人及相关系统的熵增为代价,当个体生产的单位能耗被无限增大时,其附加值才能相应最大。通盘考虑,这种有局限的高能耗可以平衡规模化生产带来的熵增效应,获得总体的熵减效应,这一现象从科学角度验证了熵理论用于社会生产的合理性和可操作性。

反之,在非物质文化遗产的生产性保护中,使非遗融入生活,与现实社会重新建立联系成为传统文化活态传承的重要基础。对中国非物质文化遗产事业而言,嵌入国家战略和社会工作既是其语义网络生成的重要表征,也是扩展其冗余度,增加熵减效应的具体实践。

2013年"一带一路"倡议提出后,非物质文化遗产成为共建"一带一路"国家文化交流与协作的重要媒介。同年,精准扶贫思想的提出和相关政策的实施又使非物质文化遗产成为民族地区脱贫攻坚的重要抓手。文化部于2011年、2014年先后公布两批共计100个国家级非物质文化遗产生产性保护示范基地,强化了中国非物质文化遗产保护的生产实践。

2017 年 3 月,《中国传统工艺振兴计划》进一步开掘了非物质文化遗产的经济价值,激励了非遗传承的市场机制建设。

2016 年,住房和城乡建设部、国家发展改革委、财政部联合实施的"特色小镇"培育工作为文化和旅游的深度融合提供了基本思路。2018 年,文化部和国家旅游局整合组建文化和旅游部,启动了"文旅融合深度发展"的战略计划。"文化"与"旅游"的结合曾引起文化界和知识界的普遍争议,焦点仍然在于旅游商品经济对于传统文化"道器关系"的冲击。从实际情况看,文旅融合尽管难以避免过度商业化的弊病,但是为非物质文化遗产的传承提供了更广阔的文化空间和更坚实的经济保障,在很大程度上激活了非遗活态发展的内生动力。在当下的政策与实践中,"文化"与"旅游"相融合已经成为道器相成的社会实践,二者的协同创新使"体验经济"和"绿色消费"渐成热点,在非物质文化遗产的传承与消费市场之间搭建了桥梁,促进了传统文化的活态性、共享性和价值转化。简而言之,这就是文化系统利用大环境交换能量,实现熵减效应的生动体现。

2018—2021 年,非物质文化遗产先后介入"三区三州"脱贫攻坚和乡村振兴工作,其间形成了多种灵活的发展形式,成为区域经济新的增长点。2018 年 6 月,文化和旅游部办公厅印发《关于大力振兴贫困地区传统工艺助力精准扶贫的通知》,支持高校、企业和相关单位在贫困地区设立传统工艺工作站。此后,各地文旅部门、企业和高校设立的非遗工作站、非遗扶贫工坊、非遗扶贫车间(亦称"社区工厂")获得了快速发展,非遗传承人亦在政府支持下广泛建立个人非遗工作站。

非物质文化遗产介入扶贫工作取得了显著的综合效益,其同样利用了熵减效应。这些新的发展形式赋能于广泛的社会力量,凝聚了非遗保护的智力投入,拓宽了资金来源和价值转化渠道,并成为合理配置非遗资源、调控非遗管理过度集中化的有效手段。在物理层面,以非物质文化遗产为主题的文化生产活动促进了贫困地区与经济大环境之间的能量交换,优化了民族地区和深度贫困地区内卷化的社会结构,有效推动了乡村振兴事业的持续开展,对中国乡村社会的转型产生了积极的影响。除在脱贫攻坚和乡村振兴工作中持续发挥力量之外,上述形式兼顾了非遗保护、文化传承、促进就业等多种功能，已经成为中国非物质文化遗产保护与传承重要的基础。

在商业领域，非物质文化遗产的品牌化运作和网络化营销是熵减策略的另一成功实践。作为文化遗产的资源转化形式，具有鲜明地域民族特色的非遗品牌层出不穷，跨界融合蔚然成风，传统审美元素、民族文化观念与当代设计的融合更新了大众对民间传统工艺的固有印象，成为非物质文化遗产创新发展的重要趋势。此外，"大众创业、万众创新"①的"互联网＋"模式充分利用了互联网对制造业、金融、商业贸易的集成优势，使非遗电商平台快速发展，成为非遗领域的新实践。

## 三　艺术生产视角：中国非遗的文化创新与价值创新

在社会领域，非物质文化遗产是由一系列规约、策略、权利联结而成的行动网络和社会事实。在日常生活中，非物质文化遗产是由"人""物""社会"共同表征的生活事实。对于文化传承而言，非物质文化遗产则是一个社会容器，用以容纳多元的文化生产。马克思认为，"道德、科学、艺术等等，都不过是生产的一些特殊的方式"②，他从资本、价值转换角度阐释了文化艺术的生产特性，并将理论视角延伸至科学技术、政治、经济领域。马克思的艺术生产理论阐明了文化艺术的社会生产特性，使之成为社会意识形态和经济基础之间互构与转化的行动中介，可以有力解释非物质文化遗产保护作为社会生产的重要功能。

在中国传统文化中，文学艺术活动是礼俗互动的重要中介，体现了社会文化形而上下道器相生的依存关系，其文化生产特征在中国非物质文化遗产中得到了活态的传承。2017 年 1 月，中共中央办公厅、国务院办公厅印发了《关于实施中华优秀传统文化传承发展工程的意见》，该意见正式将非物质文化遗产纳入中华优秀传统文化的分类体系之中，使非

---

① 2014 年 11 月，李克强出席首届世界互联网大会时指出，互联网是大众创业、万众创新的新工具。

② 《马克思恩格斯全集》第 42 卷，北京：人民出版社，1979 年，第 121 页。

遗保护和利用成为国家重大战略的组成部分。

民间社会是非物质文化遗产传承的基础场域，以布尔迪厄的场域理论理解，政府视野以及行政权力控制中的非物质文化遗产保护属于限定生产场域，而民间非物质文化的转化与生产则属于大规模的生产场域，①其很难被"传统—现代""中心—边缘"这种二元关系所限定，而表现为受到更多外部因素影响，被多元社会力量和世俗力量渗透，具有开放性的社会生产场域。

2021 年 5 月，文化和旅游部印发《"十四五"非物质文化遗产保护规划》，将非遗保护融入国家重大战略体系。2021 年 8 月，中共中央办公厅、国务院办公厅印发《关于进一步加强非物质文化遗产保护工作的意见》，强调了非物质文化遗产对延续历史文脉、坚定文化自信、推动文明交流互鉴、建设社会主义文化强国的重大意义。

在中国的历史进程中，非物质文化是多民族文化传播交流的重要介质，表现出鲜明的跨民族、跨文化传承性，体现了中华文化求同存异的包容性，以其充沛的活性参与了中华文化共同体的建构。

在非物质文化遗产保护工作中，中华各民族非物质文化表现为兼具个性和共性的创造性活动，其不仅具有多元的形式和内涵，亦从审美性、创造性、生态性等多种角度参与了中华传统文化创造性转化与创新性发展，表现出强劲的创新潜力和充沛的实践活力，成为文化发展活态的动力源。在此过程中，非物质文化的媒介性和工具性得到了充分的发挥，表现出强劲的文化整合作用，参与建构了新时期中华文化特有的精神空间和道德秩序。

在中国非物质文化遗产保护与传承的事业中，多元社会群体的参与强化了中华文化的多元一体性和文化共性，中华多民族、阶层和社会领域的知识、文化得以跨界共享，文化的传播性和共享性充分发挥，有力地拓展了中华文化的历史空间和生活维度。在此基础上，非物质文化遗产的保护与传承事业成为强有力的情感纽带，强化了多民族文化的交流

---

① 王胜利、石贝宁：《布迪厄"场域"与"惯习"中的制度思想探析》，《西安社会科学》2011 年第 3 期。

互鉴和文化互嵌，有效促进了各民族交往、交流，塑造了新时期中国多元共生的社会文化格局。

# 四　结语

从中国非物质文化遗产发展的社会机制来看，其以文化传承为起点，以文化创新为手段，嵌入多元社会的整体实践，具有显著的文化生产特征，既表现为对多元文化传统的整合与重构，亦体现在中华文化资源的价值化过程中。与此同时，非物质文化遗产自身的内涵亦在快速发展，其并未受限于公约文本和政策框架，亦未止步于学者话语和非遗研究的学术进程，而是依附于科技语境和生活方式的变迁持续演进，其创造活性使非遗与诸多社会事业的结合成为可能，以丰富的实践形式扩充了自身的意义空间。

基于特殊的历史内涵与精神指向，非物质文化遗产正在成为当代中国社会中一个特殊的发展领域，其不仅具有突出的经济价值和文化传承价值，亦成为具有鲜明中国特色的文化标志，推动了中华优秀文化的赓续与创新，表现出显著的文化创新与价值创新潜力。在此基础上，中国的非物质文化遗产已经成为中华文明的活态载体与生活形式，彰显了中华文化的多元性、丰富性和一体性内涵，对于中国政治、经济、社会、文化的生态化发展起到了重要的推动作用。[①]

---

① 牛乐：《在保护传承中绽放迷人光彩》，《中国民族报》2022 年 9 月 23 日，第 6 版。

# 论非物质文化遗产学科理论体系的建构*

汪　欣**

**摘　要**：非物质文化遗产学科建设是我国近 20 年非物质文化遗产保护实践经验和理论研究成果累积的必然结果。非物质文化遗产研究是一个交叉研究领域，文化人类学、民俗学、艺术学等学科是其主要的理论渊源。非物质文化遗产学科应在保护实践的基础上，融会贯通这些基础学科理论与方法，逐渐构建起具有贯通性、实用性和灵活性的理论体系。在方法论上，非物质文化遗产研究要秉持"整体论"的学术立场和研究范式，借鉴人类学民族志方法，建构起以田野作业为基础的非物质文化遗产民族志方法。以非物质文化遗产保护实践中出现的实际问题为研究对象的专题研究，是非物质文化遗产学科理论的重要组成部分。"基础理论＋方法论＋专题研究"共同构成三位一体的非物质文化遗产学科理论体系。

**关键词**：学科建设；非物质文化遗产研究；整体论；民族志；专题研究

## 一　非物质文化遗产学科建设现状

近两年，"学科建设"成为非物质文化遗产保护领域和学界的热门关

---

* 本文系 2021 年度国家社科基金艺术学重大项目"中国艺术人类学的理论与实践研究"（项目编号：21ZD10）、2021 年度国家社科基金艺术学重点项目"黄河国家文化公园基础理论研究"（项目编号：21AH017）相关成果。
** 汪欣，中国艺术研究院艺术学研究所副研究员、硕士生导师。

键词。尤其是在国家提出"新文科""交叉学科"建设的政策背景下,非物质文化遗产学科建设被提上日程并迅速推进。

## (一) 非物质文化遗产学科建设的现实因素

有关非物质文化遗产及其保护的理论研究,一直是非物质文化遗产保护实践的组成部分,在非物质文化遗产的传播与保护中起到了重要作用。21世纪初期我国非物质文化遗产保护工作开展之初,"非物质文化遗产"还是一个陌生的舶来概念,有关非物质文化遗产保护的政策、措施的制定也尚无先行经验可循。因此,从对"非物质文化遗产"概念的解析和宣传,到保护措施及法规政策的制定和解读,都有赖于对非物质文化遗产保护实践的理论总结和指导。研究并解读、宣传"非物质文化遗产"概念以及保护政策、措施成为早期非物质文化遗产保护工作的重要内容。

随着非物质文化遗产保护工作的全面、深入推进,对非物质文化遗产保护专业人才的迫切需求促进了非物质文化遗产专业教育的发展。我国的非物质文化遗产保护工作是建立在以县域为单位的田野调查以及数据收集与建档等基层工作基础之上的系统工程,需要投入大量的人力、财力和物力。组织机构和人才队伍建设是这项系统工程的基础。当前的官方非物质文化遗产保护机构,主要有文化和旅游部非物质文化遗产司和各省、市、县自上而下的非物质文化遗产处(科/办公室),以及文化和旅游部直属的中国非物质文化遗产保护中心和各省、市、县非物质文化遗产保护中心。近20年来,社会上还涌现了众多以非物质文化遗产传承、传播、创新为宗旨的公益团体和企业。与此同时,随着非物质文化遗产社会影响力的扩大,非物质文化遗产元素及产品在市场经济中的份额不断扩大,为非物质文化遗产相关企业的市场化发展创造了契机。这些因素都极大地增强了对非物质文化遗产专业人才的需求。

在非物质文化遗产保护工作开展过程中,为了培养专业人才,自2007年开始,中国艺术研究院在艺术学系下设立了非物质文化遗产保护专业,招收硕士和博士研究生。中山大学和中央美术学院也是较早开设非物质文化遗产(学)专业的高等院校。中山大学于2002年12月将古代戏曲研究所、民俗研究中心和文体学研究中心整合为中山大学古代戏曲与人类口头和非物质文化遗产研究所，并于 2005 年 3 月改为中山大学中国非物质文化遗产研究中心。中央美术学院于 2002 年 5 月经教育部批准设立非物质文化遗产研究中心。2015 年，首都师范大学经教育部审批，成为全国首家特设文化遗产本科专业的高校，该专业隶属于历史学院，将物质和非物质文化遗产作为核心内容和培养方向。

2021 年 3 月，教育部将非物质文化遗产保护纳入普通高等学校本科专业目录，隶属于艺术学理论。同年 4 月，国务院学位委员会办公室下发《关于推动部分学位授予单位开展非物质文化遗产方向人才培养试点工作的通知》；8 月，中共中央办公厅、国务院办公厅印发《关于进一步加强非物质文化遗产保护工作的意见》，提出"加强高校非物质文化遗产学科体系和专业建设，支持有条件的高校自主增设硕士点和博士点"。这一系列举措推动了我国高层次非物质文化遗产人才培养计划的完善。各地高等院校也积极响应国家政策，完善非物质文化遗产人才培养体系。2021 年 10 月，天津大学设立全国首个非物质文化遗产学交叉学科硕士学位授权点，并积极推进非物质文化遗产学科与教材建设。2022 年 7 月，山东大学非物质文化遗产研究院揭牌成立。根据教育部高等教育司印发的《关于开展 2022 年度普通高等学校本科专业设置工作的通知》，山东艺术学院、西安美术学院、山东工艺美术学院、浙江师范大学、山西晋中理工学院、山西传媒学院、大连工业大学、晋中学院等 8 所院校增设了非物质文化遗产保护专业。

国家关于非物质文化遗产人才培养政策的出台和各高等院校人才培养计划的完善，为推进我国非物质文化遗产学科建设营造了积极良好的环境。

**（二）非物质文化遗产学科建设的理论准备**

非物质文化遗产学科建设并非突发奇想的理论假设，而是近 20 年的非物质文化遗产研究成果积累和理论准备的必然走向。

非物质文化遗产理论研究与保护实践相伴而生。自非物质文化遗产保护工作开展以来，各高等院校和科研机构相关领域的专家、学者就针对保护实践中的现实问题进行了理论研究和探讨。尤其是国家非物质文化遗产保护工作专家委员会中的各组专家，是进行非物质文化遗产理论研究的先驱。他们积极参与我国非物质文化遗产保护实践，对实践中遇到的实际问题进行研究并提供理论指导。2003 年以来，刘魁立发表了《培育根基　守护灵魂——中国各民族民间口头和非物质文化遗产概述》①《关于非物质文化遗产保护的若干理论反思》②《非物质文化遗产及其保护的整体性原则》③《从人的本质看非物质文化遗产》④《论全球化背景下的中国非物质文化遗产保护》⑤《非物质文化遗产的共享性、本真性与人类文化多样性发展》⑥ 等；乌丙安先后发表了《非物质文化遗产保护：由来与发展》《非物质文化遗产保护的科学管理及操作规程》《非物质文化遗产的概念界定与分类认定》《学习国际先进经验，做好我国非物质文化遗产保护工作》《非物质文化遗产文化空间保护中文化圈理论与方法的应用》《在非物质文化遗产保护中实用文化圈理论与方法的说明》⑦ 等；刘锡诚发表了《非物质文化遗产的文化性质问题》《非物质文化遗产与民族文化精神》《非物质文化遗产保护与可持续发展（以西部为例）》《抢救性保护和生态性保护》《非物质文化遗产的价值判断问题》《对几个非物质文化遗产理论问题的思考》《非物质文化遗产保护的四大关键》⑧ 等；田青发表了《非物质文化遗产保护三议》⑨《鲁迅错了吗？——兼谈"非物质文化遗产"概念的内容》⑩《从保护非物质文

① 刘魁立：《培育根基　守护灵魂——中国各民族民间口头和非物质文化遗产概述》，《中国民族》2003 年第 3 期。
② 刘魁立：《关于非物质文化遗产保护的若干理论反思》，《民间文化论坛》2004 年第 4 期。
③ 刘魁立：《非物质文化遗产及其保护的整体性原则》，《广西师范学院学报》（哲学社会科学版）2004 年第 4 期。
④ 刘魁立：《从人的本质看非物质文化遗产》，《江西社会科学》2005 年第 1 期。
⑤ 刘魁立：《论全球化背景下的中国非物质文化遗产保护》，《河南社会科学》2007 年第 1 期。
⑥ 刘魁立：《非物质文化遗产的共享性、本真性与人类文化多样性发展》，《徐州工程学院学报》（社会科学版）2010 年第 2 期。
⑦ 乌丙安：《非物质文化遗产保护理论与方法》，北京：文化艺术出版社，2010 年。
⑧ 刘锡诚：《非物质文化遗产：理论与实践》，北京：学苑出版社，2009 年。
⑨ 田青：《非物质文化遗产保护三议》，《文艺研究》2006 年第 5 期。
⑩ 田青：《鲁迅错了吗？——兼谈"非物质文化遗产"概念的内容》，《音乐研究》2006 年第 1 期。

化遗产的角度谈民族音乐的出路问题》①《非物质文化遗产保护中的田野
考察工作》② 等；祁庆富发表了《多元文化视野中的少数民族非物质文
化遗产保护》③《非物质文化遗产真魂在于"活态传承"——由"徽州祠祭"
引发的一点思考》④《存续"活态传承"是衡量非物质文化遗产保护方式
合理性的基本准则》⑤ 等；贺学君发表了《关于非物质文化遗产保护的理
论思考》⑥《非物质文化遗产"保护"的本质与原则》⑦《韩国非物质文
化遗产保护的启示——以江陵端午祭为例》⑧ 等。这些文章多是在我国
非物质文化遗产保护工作开展之初理论研究尚未深入的背景下完成的，
对我国非物质文化遗产保护从工作实践到理论研究起到了引导作用，对
"非物质文化遗产"从陌生概念到成为全社会耳熟能详的热点话题产生
了积极影响。此后，"非物质文化遗产"逐渐成为学术研究的重要方向
和热门主题。

非物质文化遗产生产性保护和文化生态保护区在早期非物质文化遗
产研究中也受到关注。

"生产性保护"在早期非物质文化遗产保护实践中是最具争议性的话
题。学者主要对"生产性保护"的概念、本质、途径、可行性以及与产
业化的关系等问题进行解读和探讨。如，吕品田的《重振手工与非物质
文化遗产生产性方式保护》⑨ 指出，激活传统手工技艺在当代社会实践中

---

① 田青：《从保护非物质文化遗产的角度谈民族音乐的出路问题》，《福建艺术》2006 年
　第 1 期。
② 田青：《非物质文化遗产保护中的田野考察工作》，《南阳师范学院学报》（社会科学版）
　2010 年第 2 期。
③ 祁庆富：《多元文化视野中的少数民族非物质文化遗产保护》，《民族遗产》（第一辑），
　2008 年 4 月。
④ 祁庆富：《非物质文化遗产真魂在于"活态传承"——由"徽州祠祭"引发的一点思
　考》，《共识》（2009 年春刊 01），2009 年 4 月。
⑤ 祁庆富：《存续"活态传承"是衡量非物质文化遗产保护方式合理性的基本准则》，《中
　南民族大学学报》（人文社会科学版）2009 年第 3 期。
⑥ 贺学君：《关于非物质文化遗产保护的理论思考》，《江西社会科学》2005 年第 2 期。
⑦ 贺学君：《非物质文化遗产"保护"的本质与原则》，《民间文化论坛》2005 年第 6 期。
⑧ 贺学君：《韩国非物质文化遗产保护的启示——以江陵端午祭为例》，《民间文化论坛》
　2006 年第 1 期。
⑨ 吕品田：《重振手工与非物质文化遗产生产性方式保护》，《中南民族大学学报》（人文社
　会科学版）2009 年第 4 期。

的活力，才是非物质文化遗产获取生存空间的根本，也是生产性保护的重要任务。陈华文在《论非物质文化遗产生产性保护的几个问题》① 一文中指出，在进行生产性保护时，要避免过度开发，避免出现非物质文化遗产保护的商业化、产业化、旅游化，并要坚持生产性保护的原生态原则、就地保护原则、政府扶持原则、技能传承原则。汪欣在《对非物质文化遗产生产性保护理念的认识》② 一文中，通过梳理"生产性保护"的概念、实质以及其在非物质文化遗产项目和文化生态保护区建设中的运用，阐述了对非物质文化遗产生产性保护理念的认识。马盛德《非物质文化遗产生产性方式保护中的几个问题》③ 理清了非物质文化遗产生产性保护方式适用中的实际问题。王海霞《非遗生产性保护之我见》④ 探讨了生产性保护对于非物质文化遗产传承的意义。李荣启在《非物质文化遗产生产性保护的途径》⑤ 一文中指出，非物质文化遗产生产性保护的有效途径是：坚持政府主导、社会参与，审慎处理好保护传承与开发利用的关系，坚持可持续性的保护原则，走正确的生产性保护之路，正确处理好继承与创新的关系，与时俱进地传承发展。徐艺乙在《传承人在非物质文化遗产生产性保护中的作用》⑥ 一文中指出，传承人在非物质文化遗产生产性保护过程中有重要的作用，在传承、传授、总结和整理传统的技艺和艺能的同时，应该注重项目本体的恢复与重建，要选好和带好徒弟，创造经典的作品，注意资料、档案的收集以及经验的总结，特别是传统技艺和艺能的经验之总结。

我国自 2007 年开始实施"文化生态保护区"建设工程。早期学者对文化生态保护区建设的一系列问题进行了研究，如《文化生态保护区建

① 陈华文：《论非物质文化遗产生产性保护的几个问题》，《广西民族大学学报》（哲学社会科学版）2010 年第 5 期。

② 汪欣：《对非物质文化遗产生产性保护理念的认识》，《艺苑》2011 年第 2 期。

③ 马盛德：《非物质文化遗产生产性方式保护中的几个问题》，《福建论坛》（人文社会科学版）2012 年第 2 期。

④ 王海霞：《非遗生产性保护之我见》，《中外文化交流》2012 年第 4 期。

⑤ 李荣启：《非物质文化遗产生产性保护的途径》，《文化学刊》2012 年第 5 期。

⑥ 徐艺乙：《传承人在非物质文化遗产生产性保护中的作用》，《贵州社会科学》2012 年第 12 期。

设应有科学思路》①《立文化生态保护区为"文化特区"》②《文化生态保护区建设存在的问题及对策》③《文化生态的区域性保护策略探讨——以徽州文化生态保护实验区为例》④《文化生态保护区区域性整体保护模式研究》⑤ 等。早期研究为文化生态保护区内涵的界定和方针措施的制定与完善提供了理论指导。

早期的非物质文化遗产研究，除了针对非物质文化遗产保护实践中遇到的现实问题的学术论文，还有关于非物质文化遗产保护理论与实践综合性研究的学术著作。乌丙安的《非物质文化遗产保护理论与方法》⑥、刘锡诚的《非物质文化遗产：理论与实践》⑦《非物质文化遗产保护的中国道路》⑧，以及方李莉的《"文化自觉"视野中的"非遗"保护》⑨ 等论文集，汇集了作者们多年从事非物质文化遗产保护研究的成果，总结了我国开展非物质文化遗产保护工作以来的经验和教训，为日后的非物质文化遗产保护实践提出了建设性意见。汪欣的《传统村落与非物质文化遗产保护研究——以徽州传统村落为个案》⑩，通过考察徽州传统村落中的非物质文化遗产及其保护情况，探讨非物质文化遗产与传统村落的关系，探索徽州传统村落保护的途径，进而研究以村落为单位保护非物质文化遗产的实践模式；《中国非物质文化遗产保护十年（2003～2013年）》⑪ 系统梳理了十年间我国非物质文化遗产保护实践的主要事件和成果，并以专题的形式探讨了这十年间我国非物质文化遗产研究的主要话

---

① 乌丙安：《文化生态保护区建设应有科学思路》，《中国文化报》2012 年 1 月 6 日。
② 吕品田：《立文化生态保护区为"文化特区"》，《光明日报》2010 年 11 月 24 日。
③ 宋俊华：《文化生态保护区建设存在的问题及对策》，《中国文化报》2011 年 8 月 30 日。
④ 张松：《文化生态的区域性保护策略探讨——以徽州文化生态保护实验区为例》，《同济大学学报》（社会科学版）2009 年第 3 期。
⑤ 李彪：《文化生态保护区区域性整体保护模式研究》，《山西财经大学学报》2012 年第 S1 期。
⑥ 乌丙安：《非物质文化遗产保护理论与方法》。
⑦ 刘锡诚：《非物质文化遗产：理论与实践》。
⑧ 刘锡诚：《非物质文化遗产保护的中国道路》，北京：文化艺术出版社，2016 年。
⑨ 方李莉：《"文化自觉"视野中的"非遗"保护》，北京：北京时代华文书局，2015 年。
⑩ 汪欣：《传统村落与非物质文化遗产保护研究——以徽州传统村落为个案》，北京：知识产权出版社，2014 年。
⑪ 汪欣：《中国非物质文化遗产保护十年（2003～2013 年）》，北京：知识产权出版社，2015 年。

题。麻国庆、朱伟的《文化人类学与非物质文化遗产》① 将非物质文化遗产保护的现实与文化人类学的理论视角相结合，将非物质文化遗产保护实践纳入文化人类学理论体系之下进行探讨、对话和反思。王福州的《非遗文化形态学》② 从中华智慧入手阐释非物质文化遗产的内涵，将作者的保护实践经验与理论研究相结合，探讨非物质文化遗产本体及其内涵。李荣启的《非物质文化遗产科学保护论》③ 系统阐释了非物质文化遗产的定义、价值、保护理念与原则、保护方式以及分类保护等问题。此外，自 2011 年开始出版的"非物质文化遗产蓝皮书"系列丛书《中国非物质文化遗产保护发展报告》，以年度为单位，对每年的非物质文化遗产保护和研究现状进行综述和分析，对我国非物质文化遗产保护和研究具有重要的参考价值。

教材编写是非物质文化遗产学科建设的基础工作之一。非物质文化遗产专业教育开展已有十多年，但教材建设仍处于滞后状态。当前，最权威的非物质文化遗产专业教材是《非物质文化遗产概论》（2006）④。该书由中国艺术研究院学者集体撰写，对非物质文化遗产的概念、特征和价值、国内外保护现状、保护原则和方针等基本问题做了系统的论述，是非物质文化遗产保护工作的理论和实践指南，也为非物质文化遗产专业教育奠定了理论基础，是迄今为止最具权威性的非物质文化遗产专业教材。此后，陆续出现了不同学者著述的多个版本的《非物质文化遗产概论》⑤。还有学者以"非物质文化遗产学"为主题编著教程，如苑利、顾军著述的《非物质文化遗产学》⑥，黄永林、肖远平主编的《非物质文化

① 麻国庆、朱伟：《文化人类学与非物质文化遗产》，北京：生活·读书·新知三联书店，2018 年。
② 王福州：《非遗文化形态学》，北京：中国文联出版社，2019 年。
③ 李荣启：《非物质文化遗产科学保护论》，北京：中国文联出版社，2020 年。
④ 王文章主编：《非物质文化遗产概论》，北京：文化艺术出版社，2006 年。
⑤ 牟延林、谭宏、刘壮主编：《非物质文化遗产概论》，北京：北京师范大学出版社，2010 年；王巨山：《非物质文化遗产概论》，北京：学苑出版社，2012 年；柯小杰、童光庆主编：《非物质文化遗产概论》，北京：电子工业出版社，2019 年；陈淑姣编著：《非物质文化遗产概论》，北京：中国人民大学出版社，2022 年。
⑥ 苑利、顾军：《非物质文化遗产学》，北京：高等教育出版社，2009 年。

遗产学教程》①等。各院校对于非物质文化遗产专业教材的选择，主要依据专业所隶属的学科门类，进而教授艺术学、民俗学、文化人类学、历史学等基础学科理论与方法。非物质文化遗产由民间文学、民间艺术、民俗等多种文化和艺术表现形式构成，具有交叉学科属性，因此，其教材建设需贯通相关学科领域知识。非物质文化遗产学科教材应既具有非物质文化遗产学科独属的专业性，又具有贯通相关学科知识的融合性、交叉性和通识性。

学术期刊是推广学术研究成果的核心阵地，对非物质文化遗产学科建设起到了巨大的推动作用。中山大学主办的《文化遗产》、中国民间文艺家协会主办的《民间文化论坛》、广西民族文化艺术研究院主办的《民族艺术》、山东大学主办的《民俗研究》、广西民族大学主办的《广西民族大学学报》（哲学社会科学版）等学术期刊通过开辟非物质文化遗产研究专栏，推广非物质文化遗产研究成果。2020 年 9 月，中国艺术研究院（中国非物质文化遗产保护中心）主办的《中国非物质文化遗产》创刊，成为我国首种专注非物质文化遗产研究的学术期刊。

综上，近 20 年的非物质文化遗产研究成果，以及众多学者和院校对非物质文化遗产专业教材建设的探索，为我国当前的非物质文化遗产学科建设奠定了基础。学术期刊为非物质文化遗产研究搭建的平台，成为非物质文化遗产学科建设的坚实后盾。

## （三）当前非物质文化遗产研究的特征以及学科建设的理论方法诉求

非物质文化遗产学科建设应立足于非物质文化遗产研究。非物质文化遗产研究是以非物质文化遗产项目本体及其生存发展的文化生态环境以及非物质文化遗产保护、传承与发展的方法和措施等为研究对象和内容的一套理论和方法论体系。

非物质文化遗产研究包括非遗保护理论研究和非遗保护实践研究。非遗保护理论研究主要涉及非遗的概念解析、保护原则、文化生态等基础理论问题；非遗保护实践研究侧重保护方式、传承教育、宣传推广、

---

① 黄永林、肖远平主编：《非物质文化遗产学教程》，武汉：华中师范大学出版社，2021 年。

创新发展等针对实际问题的对策研究。

除了针对非物质文化遗产保护中理论实践问题的综合性研究，个案研究是当前非物质文化遗产研究的主要趋势。个案研究以田野调查资料为依据，考察该项目的发生、发展过程以及其与周边环境之间的关系。非物质文化遗产个案研究最多的是艺术类项目，其关注点从门类艺术学中对项目艺术本体特征的研究扩展到对传承人及环境整体的研究，从注重艺术文本研究拓展到从田野作业中记录、挖掘艺术实践的价值。

由此可见，无先行理论指导、以实践为依据、以专题研究为主导是当前非物质文化遗产研究的主要特征。因非物质文化遗产研究的跨学科性和交叉学科属性，其一直被置于相关学科的研究范畴之内，如文化人类学、民俗学、艺术学等基础学科为其提供了理论和方法论指导。文化人类学倡导尊重不同文化独立性和价值对等性的文化相对论、整体观的学术立场、文化视角的研究范式等理论以及田野调查与民族志方法，是非物质文化遗产研究的基础理论和方法来源。民俗学是最早介入我国非物质文化遗产保护工作的学科之一，其对民俗事象的研究为民俗类非物质文化遗产的保护和研究积累了翔实、系统的资料并提供了成熟的方法论；其民俗整体研究注重民俗事象与民众生活内在关联性的特点，奠定了非物质文化遗产整体性保护和研究的基础——将民俗文化视为非物质文化遗产生存发展的环境土壤以及修复区域文化脉络的纽带；其"社区研究"和"村落调查"为非物质文化遗产研究，尤其是文化生态保护区建设和传统村落保护，提供了理论和方法论指导。艺术学以及音乐、舞蹈、戏剧、美术等门类艺术理论中的艺术本体研究和对"艺术语境"的整体研究，是艺术类非物质文化遗产研究的重要方法。此外，其子学科如将人类学理论与方法引入艺术研究的艺术人类学（属于艺术学）和从民俗学角度阐释艺术活动的艺术民俗学（属于民俗学），都为非物质文化遗产研究提供了多元化的理论与方法视角。

文化人类学、民俗学、艺术学等学科都为非物质文化遗产研究提供了一定的理论和方法论支撑，是其研究的重要理论渊源。然而，这些基础学科仅是从各自的理论视角解读非物质文化遗产，为我们展示了非物质文化遗产不同的解剖面，却无法完整系统地构建起独立的研究体系。

在当前"新文科"建设的时代背景下，非物质文化遗产研究必将走向专业化、学科化，在实践中不断形成独立成熟的理论和方法论体系。

## 二 非物质文化遗产研究的理论渊源及学科理论建构

在积极推进非物质文化遗产专业教育和学科建设的背景下，非物质文化遗产学科理论建设是当务之急。

非物质文化遗产专业教育经过十多年的实践，已经培养了不少具备非物质文化遗产保护专业知识的人才。他们或进入非物质文化遗产保护机构，成为保护工作者和管理者；或进入中高等院校及科研机构，成为非物质文化遗产教育者和研究者；或以创业者身份推动非物质文化遗产的传播、传承和创新发展。这些人才输送方向，也将成为未来非物质文化遗产专业教育人才培养的目标。

人才培养目标是非物质文化遗产学科建设的重要考量标准。作为一门新兴的应用型学科，非物质文化遗产学科理论建构应充分考虑人才培养目标因素，使教授的理论知识体系能够运用于保护和研究实践。

非物质文化遗产学科理论建构还应尊重其学科特征——学科交叉性。在我国非物质文化遗产分类体系中，非物质文化遗产被分为民间文学，传统音乐，传统舞蹈，传统戏剧，曲艺，传统体育、游艺与杂技，传统美术，传统技艺，传统医药和民俗等十类。这十类涵盖了口头传统与民间文学、传统表演艺术、传统手工技艺和民俗文化。不同类别的非物质文化遗产研究，需要运用相关学科领域的不同理论方法。

本文立足于非物质文化遗产研究的交叉学科属性，通过对文化人类学、民俗学、艺术学等学科理论以及文化遗产保护理论实践的梳理，探讨其在非物质文化遗产研究中的应用，构建非物质文化遗产学科基础理论体系。

### （一）文化人类学理论方法与非物质文化遗产研究

文化人类学是以人类文化现象为研究对象的社会科学。中国文化人类学者运用文化人类学的理论和方法解决中国的实际问题，促进了文化人类学的中国化。非物质文化遗产研究本质上是文化研究。在当前的非物质文化遗产研究中，文化人类学是其最重要的理论渊源。文化人类学为非物质文化遗产研究提供了理论和方法论体系，非物质文化遗产则拓展了文化人类学的研究领域，是当前文化人类学家普遍关注的研究话题。非物质文化遗产保护工作者和研究者，需要从文化人类学理论和方法论的角度，理解和阐释非物质文化遗产。

**1. 非物质文化遗产的"文化"属性**

非物质文化遗产在本质上属于"文化"的范畴。根据当前官方文件对"非物质文化遗产"的定义和分类，非物质文化是以非物质形态的文化表现形式为核心，与相关的物质载体和空间环境相互依存的文化形态。非物质文化遗产即这些文化形态在当代社会的历史遗存。在文化人类学中，"文化"包含物质、语言符号、制度、精神、艺术、风俗习惯等元素。按照存在形态来看，这些文化元素可分为物质文化和语言符号、制度、精神、艺术、风俗习惯等非物质文化。"物质文化"是文化人类学研究的一个重要关键词，它"因人类克服自然并借以获得生存而产生，故主要表现为'技术的'文化，是人与自然关系的反映。它包括人类在生产、生活以及精神活动中所采用的一切物质手段和全部物质成果，从衣食住行所需以至于现代科技均涵盖在内，所以它的内容丰富而多样"①。物质文化解决的是人与自然的关系问题，是一个民族适应自然环境的生产和生活方式的表现。一般来说，一切可以表现为具体形态的东西都是物质文化。但物质文化研究不仅仅关注物品本身，还注重研究人工制品的制作者的活动，抑或是实物背后所包含的"人"的活动或行为，以及人们如何用"物品"来再现"文化"。研究物质文化的目的是了解人及其所处的社会文化。从这个角度来说，物质文化研究蕴含了对物质实体和依附于之的非物质文化的研究。其重心是物质实体，对依附于之的非物质文化的研究是为了更好地识别、描述、分析和解释物质实体。

非物质文化遗产保护所强调的物质载体和环境，是非物质文化遗产附着或产生的"物品"和所生存的自然地理环境，如与表演艺术类非物

---

① 庄孔韶主编：《人类学通论》，太原：山西教育出版社，2002 年，第 151 页。

质文化遗产相关的乐器、曲谱、剧本、戏服、戏楼或戏园等，与传统技艺类非物质文化遗产相关的工具、手工艺品等，与民俗类非物质文化遗产相关的特定文化场所等。非物质文化遗产与物质文化的关系恰如硬币的两面。"文化传统的成功传承需要硬币两面的永恒存在——物质与非物质文化。"①

非物质文化遗产在本质上是文化，非物质文化遗产保护是为了促进文化的传承与发展。因此，非物质文化遗产研究要立足文化研究的立场，从文化整体的角度解读非物质文化遗产。

**2. 非物质文化遗产的"自者"与"他者"**

文化人类学是研究他者文化的学问。"他者"是文化人类学的关键术语，也是其研究的基本视角。与"他者"相对应的是"自者"。

从非物质文化遗产角度来看，"自者"即非物质文化遗产的创造者、持有者、使用者，"他者"即非物质文化遗产的保护者、研究者。"自者"与"他者"构成了非物质文化遗产保护和研究中的两个群体，同时也是进行非物质文化遗产研究的两种视角。

从非物质文化遗产保护的角度来看，"自者"与"他者"主要探讨非物质文化遗产传承主体和保护主体的问题。传承主体即通过口传心授使非物质文化遗产得以世代相传的个人和群体，一般称为"传承人"和"传承群体"。他们代表着某项遗产深厚的民族民间文化传统，掌握着具有重大价值的可以延续和发展某项非物质文化遗产的技艺、技术、本领，并且是具有最高水准层次的个人或群体。传承人是非物质文化遗产的重要承载者和传递者。传承主体是非物质文化遗产的"自者"。他们不仅是非物质文化遗产的创造者、持有者、使用者，也是非物质文化遗产的传承者、发展者。他们对于自己所掌握的非物质文化遗产具有天然的情感和使命，因此，他们的积极性和主观能动性对于非物质文化遗产的传承与发展有直接的影响。在非物质文化遗产研究中，要将传承主体作为重要内容，不仅要研究他们的技艺或艺能、传承谱系、传承活动，还要研究他们对自己所持有的非物质文化遗产的认知、理解和阐释。保护主体

---

① 麻国庆、朱伟：《文化人类学与非物质文化遗产》，第5页。

指负有保护责任、从事保护工作的国际组织、各国政府相关机构、团体和社会有关部门及个人,如联合国教科文组织、文化和旅游部、各省市县非物质文化遗产处(科/办公室)、各级非物质文化遗产保护中心、社区与民众。保护主体是非物质文化遗产的"他者"。

从非物质文化遗产研究的角度来看,"自者"与"他者"是关于主位研究和客位研究的问题。主位研究采用局内人(研究对象)视角,是研究对象对自身文化的看法;客位研究即以局外人(研究者)的视角看"他者"文化。二者分别是内部看文化和外部看文化的角度。非物质文化遗产研究要将主位研究和客位研究相结合。首先,要研究作为文化"自者"的传承人、传承群体等传承主体对自己所持有和代表的非物质文化遗产项目的看法、认知和态度,他们所掌握的技艺或本领,以及他们学习这些技能的过程和授艺传承的方法途径。主位视角的研究可以帮助研究者更好地理解研究对象的思维方式和情感表达,以达到对文化现象更为深刻全面的认识。其次,非物质文化遗产保护主体相对于传承主体来说,是非物质文化遗产的"他者"。但对于研究者来说,他们同传承主体一样,是非物质文化遗产项目保护和传承的直接参与者、观察者,是研究者眼中的"自者"。他们对于自己参与保护的非物质文化遗产项目有同传承主体不一样的看法、认知以及不同的参与方式(如制定保护规划和措施、督查传承工作等)。最后,研究者要通过参与观察的田野实践,将传承主体、保护主体以及自身对所调查的非物质文化遗产项目的看法和理解相结合,从主位和客位相结合的双重视角,进行综合分析和研究。

非物质文化遗产的"自者"与"他者"是相对的,无论是传承、保护还是研究,都要秉持内外、主客双重的观察角度,实现对非物质文化遗产的整体认知。

**3. 文化相对论的认识论立场**

文化相对论是文化人类学博厄斯学派最重要的理论贡献,也成为文化人类学研究的基本学术立场。文化相对论认为,各民族文化的价值都是平等的,没有绝对统一的衡量评判标准,不可用高低等级对其进行划分。文化相对论倡导世界文化多样性发展,这也是国际非物质文化遗产保护运动发起的逻辑起点。我国是一个多民族的统一国家,在中华文化一体化的格局下，各民族文化异彩纷呈；我国疆域广袤，东西南北区域文化也各放异彩。各地区和民族的非物质文化遗产正是这些区域文化和民族文化的优秀代表。作为研究者，不管面对的是具有深厚情感认同的家乡文化，还是其他地区和民族的"异文化"，都要保持充分的尊重，予以客观的描述与解读。

**4. 文化整体观**

文化整体观是文化人类学研究重要的认识论基础和方法论，指将社会文化系统的各要素视为一个文化整体，研究各要素的意义、功能及与系统之间的关联，同时研究作为整体的文化系统的整合性功能以及对各要素的作用。考察非物质文化遗产，一方面，要将非物质文化遗产项目视为一个整体的文化形态，要将其置于文化历史语境，考察其历史变迁和当前的存在形态，还要将其与周边的其他相关文化要素或文化形态进行比较研究，如与传统音乐相关的舞蹈、服饰、乐器、民俗等，与传统美术相关的传统技艺、民俗等；另一方面，要将非物质文化遗产项目与周边的自然地理、经济、社会、文化环境视为整体，注重非物质文化遗产及其文化生态环境的整体性研究。在非物质文化遗产研究中，应将文化整体观作为一个重要的研究范式。

**5. 文化变迁理论**

变迁是社会文化发展的永存现象。文化变迁是文化人类学研究的重要课题之一。非物质文化遗产是社会文化的组成部分，必然也会随着社会文化的变迁而发展变化。非物质文化遗产的本质属性——活态流变性，是非物质文化遗产变迁的重要表现形式。非物质文化遗产研究中出现的一些重要命题，如"变与不变""传统与现代""保护与发展""传承与发展"等，看似二元对立，归根结底是对非物质文化遗产变迁的探讨。

**6. 跨文化比较**

跨文化比较是文化人类学研究的基础方法之一。非物质文化遗产研究中的跨文化比较主要体现在以下几个方面。第一，将同一区域相同或相关联的项目进行比较研究，或将不同区域的相同项目进行比较研究。第二，将文献记载或相关保护主体、传承主体的口述史中记录的非物质文化遗产项目的历史形态与田野调查中观察到的现存状态进行比较研究。

第三，将其他研究者对于项目的研究资料与田野考察中观察和记录的第一手资料进行比较研究。总之，要将比较研究作为非物质文化遗产研究的重要方法，通过历史性和共时性的比较研究，达到对非物质文化遗产的全面、深入了解。

**7. 田野调查与民族志方法**

田野调查与民族志方法是文化人类学的学科标志，也是非物质文化遗产的基础性工作。各个领域在开展非物质文化遗产保护与研究之初，都要进行专业而详尽的田野调查，并撰写、编纂和出版调查报告。当前的非物质文化遗产研究也主要建立在田野调查基础之上，有关非物质文化遗产的民族志文本也是当前非物质文化遗产研究成果的主要形式。在这个过程中，文化人类学的田野调查与民族志方法起到了重要的指导和示范作用。我国当前的非物质文化遗产田野调查和民族志研究还存在诸多问题，亟须建构起专业系统的非物质文化遗产民族志方法论体系。

## （二）民俗学理论方法与非物质文化遗产研究

民俗学是一门研究民间风俗习惯的科学，其主要任务是"以科学的态度，对历史与当代的民俗事象，进行调查、收集、整理、描述、分析和论证，探求它的本质结构、特点与社会功能，揭示其发生、发展、传承、演变、消亡的规律，为人类社会的健康发展服务"①。民俗学是最早介入我国非物质文化遗产保护工作的学科之一，民俗学方法也是我国非物质文化遗产保护实践中采用的重要方法。

民俗学有两种研究取向，即民俗事象研究（文本研究）和民俗整体研究。民俗事象研究将民俗视为文化传统的具体表现或文化传统的一个组成部分，以及一种相对稳定的、静止的、抽象的文化形式。这种研究方法注重历史文献的搜集与整理，是建立在已有民俗资料的基础之上的研究，不注重在田野作业中获取第一手资料，也不注重对民俗事象之间以及民俗事象与其他相关文化事象之间的关联性进行研究。民俗整体研究是强调民俗事象与民众生活内在关联性的研究方法，是对民俗学上一

---

① 钟敬文主编：《民俗学概论》，上海：上海文艺出版社，1998年，第6页。

种新的研究取向的理论概括。民俗整体研究作为一种整体性的研究方法，以"生活过程"为研究取向，注重民俗与民俗主体以及民俗发生情境所构成的动态活动整体，也就是民俗本体与人和环境之间的互动关系。民俗整体研究需要进行田野作业，在动态的活动之中充分认识和体验复杂的民俗生活整体。在民俗学研究中，民俗事象研究与民俗整体研究各有所长、互相补充。

民俗学方法运用于非物质文化遗产保护主要体现在以下几个方面。

第一，我国非物质文化遗产的分类方法借鉴了民俗学研究对象的分类原则。

第二，民俗整体研究将民俗事象置于特定语境之中进行整体观照的方法，也是非物质文化遗产整体性保护和研究的基本原则与方法之一。非物质文化遗产研究不仅注重将项目本体置于当地的文化生态环境中予以综合考察，还注重项目本体与当地民俗文化之间的关联性，将民俗文化视为项目本体的文化土壤，尤其注重民俗文化对于当地文化脉络的修复作用。

第三，民俗学田野民俗志方法对非物质文化遗产调查和研究具有重要的指导意义。钟敬文吸收国外民族志理论，提出"民俗志"概念，将其界定为"搜集、记录民俗资料的科学活动和对民俗资料的具体描述"[①]。现代民俗学继承钟敬文的"民俗志"学说，并发展出"田野民俗志"理论和方法。田野民俗志包括田野作业和理论思考两部分，以田野作业为基础，以民俗志文本为工作成果。其工作方法是"以民俗学者为工具，考察和研究民众对方，也把自己当成研究对象的一部分，营造平等、互动的对话氛围，从中认识民众的知识，正确地诠释民间社会"[②]。田野民俗志借鉴了人类学民族志的理论和方法。首先，传统的民俗学以本土文化为研究对象，田野作业多在本土文化中开展，人类学民族志的"异文化"和"他者"视角，使民俗学能够跳出既有框架，拓宽研究视野。其

---

① 董晓萍：《田野民俗志》（第二版），北京：北京师范大学出版社、北京出版社，2015年，第1页。
② 董晓萍：《田野民俗志》（第二版），第5页。

次，传统民俗学田野作业以搜集资料为主要内容，研究者的工作是单向度的，与研究对象缺乏"对话"交流，对于搜集资料的过程也无过多关注；现代人类学民族志则强调研究者与研究对象之间的互动关系，并将田野作业过程呈现于民族志中，田野民俗志吸取这一观点，"把现代民俗学者放到民众中间去，让他们在民间社会的原环境中，建立资料系统，考察民众，反观自己，然后在双方认同的条件下，进行理论提取，指认文化脉络，阐释民俗和保管民俗"①。最后，人类学民族志的整体视角弥补了民俗学在定性、个案和基层社会研究中宏观视野的不足，因此，田野民俗志倡导在田野实践中对社会运行、文化体系整体框架进行关注。田野民俗志方法对于非物质文化遗产的田野调查和民族志文本写作都具有可行且易于操作的指导性。

此外，在民俗学田野调查实践中，刘铁梁根据费孝通提出的"社区研究"理论，提出了"村落调查"。"社区研究"理论认为，"联系着各个社会制度的是人们的生活，人们的生活有时空的坐落，就是社区"②。社区研究的初步工作就是"在一定时空坐落中去描画出一个地方人民所赖以生活的社会结构"③。在民俗学中，这个"时空坐落"就是"村落"。"中国的民俗文化根本上说具有农耕社会的性质，而农耕民俗文化研究的田野作业几乎都是从进入具体的村落开始的。"④ 因此，村落是民俗文化传承的生活空间，也是民俗学调查的基本空间单位。这种村落调查对于非物质文化遗产保护研究中调查区域的确定具有启发作用。当前，我国实施的以非物质文化遗产为主题的"文化生态保护区"和"传统村落"，都是进行非物质文化遗产区域性整体保护的实践，旨在将非物质文化遗产置于其生存发展的"语境"之中。村落就是非物质文化遗产最基本的生存"语境"。在非物质文化遗产保护实践和研究中，以村落为调查和研究区域，最具可操作性。

---

① 董晓萍：《田野民俗志》（第二版），第 6 页。
② 费孝通：《乡土中国》，北京：人民出版社，2013 年，第 85 页。
③ 费孝通：《乡土中国》，第 85 页。
④ 刘铁梁：《村落——民俗传承的生活空间》，《北京师范大学学报》（社会科学版）1996 年第 6 期。

非物质文化遗产中的艺术类项目，多数是具有民俗文化特征的民间艺术形式，而非纯粹的审美性艺术形式。对于这些具有民俗文化色彩的民间艺术的研究，艺术与民俗的交叉学科——艺术民俗学和民俗艺术学也为其提供了更为直接有效的理论和方法指导。

艺术民俗学是从民俗学角度展开对于艺术活动的阐释，并探索艺术活动与民俗整体之间内在关联的学科。[①] "艺术民俗" 概念的提出，"意在提倡从生活-文化整体的角度去解读艺术"。[②] 艺术民俗学的研究对象是作为民俗现象的艺术活动，关注艺术在民俗生活整体中发生、发展、运动、变化的根本规律。其主要任务是对艺术活动与民俗整体之间的关系进行双向的动态研究，不仅关注在社会生活中艺术如何产生，还关注艺术怎样影响社会生活的变迁，社会生活的变迁对于秉承传统的艺术系统来说又意味着什么，以此呈现艺术与其所属社会整体的互动关系。在研究方法上，艺术民俗学强调个案研究，以个案为基点，追求对具体艺术表现形式的"深描"，追求"以小见大"的理论旨趣。此外，艺术民俗学提倡突破学科界限，以艺术学和民俗学两个学科为基点，综合文学、历史学、社会学、人类学、心理学、宗教学等各学科知识和理论，进行多学科交叉互补。艺术民俗学以田野作业和民俗志书写为学科基础方法。

民俗艺术，是指依存于民俗生活的各种艺术形态；作为具有传承性的下层艺术现象，它又指民间艺术中能融入传统风俗的部分。民俗艺术学是以"民俗"和"艺术"为研究对象的交叉学科，旨在建立民俗艺术研究的理论体系，即在学科发展的语境下构建艺术学总体框架中的一个重要分支，并使其具有独立学科的形式。[③] 就学科归属来说，它属于艺术学的分支学科，而艺术民俗学属于民俗学分支学科。

艺术民俗学和民俗艺术学在非遗研究中有以下体现：对非遗艺术类项目与民俗环境的整体性研究；将个案研究与专题研究相结合，融入了民俗学视角的艺术研究，突破了传统艺术学研究中的宏大叙事模式，在

---

① 张士闪、耿波：《中国艺术民俗学》，济南：山东人民出版社，2008 年，第 1 页。

② 张士闪、耿波：《中国艺术民俗学》，第 1 页。

③ 陶思炎等：《民俗艺术学》，南京：南京出版社，2013 年，第 1 页。

方法论上追求"以小见大"的研究旨趣,注重个案的聚焦分析;通过总结个案研究经验,对某一类属的艺术项目归纳出一般性的规律和理论方法。

跨学科研究是艺术民俗学和民俗艺术学研究的共同方法论特征。除了艺术学和民俗学的理论与方法指导,对于非物质文化遗产艺术类项目,还要综合文学、音乐学、舞蹈学、美术学、人类学、社会学、心理学等多学科的理论与方法,实现跨学科的研究。

综上所述,民俗学理论与方法是非物质文化遗产研究重要的理论和方法论渊源。在非物质文化遗产研究中,要秉持具体问题具体分析的态度,对不同类别的项目采取相应的研究方法。其中,对于与民俗文化相关的项目,应采用民俗学以及与民俗学相交叉的学科理论与方法。

### (三) 艺术学理论方法与非物质文化遗产研究

非物质文化遗产的分类系统中,艺术类项目占据了主体部分,如传统音乐,传统舞蹈,传统戏剧,曲艺,传统体育、游艺与杂技,传统美术,传统技艺等。在艺术类非物质文化遗产项目的研究中,研究者多采用艺术学的方法。

艺术学"以整个艺术为研究对象,又包含着音乐学、舞蹈学、戏剧学、电影学、美术学等具体的艺术理论学科"[1]。在普通艺术学(或一般艺术学)形成独立、完善的理论和方法论体系之前,我国的艺术研究主要集中于门类艺术研究,如音乐、舞蹈、戏剧、电影、民间美术等。这些门类艺术的研究,除了传统的美学基础上的艺术研究,还引入了人类学、社会学、文化学的方法,发展出了交叉性的门类艺术学科,如民族音乐学(或音乐人类学)、舞蹈人类学等。多学科方法的引入,是当代门类艺术学研究的一个重要特征。普通艺术学的研究方法,除了传统的美学范畴的思辨研究和艺术形式本体研究,近年来还引入了文化学视角和文化人类学的研究方法。

用文化学的方法研究艺术,就是"把艺术世界放在它的一个最切近

---

① 彭吉象:《艺术学概论》,北京:北京大学出版社,2015年,第2页。

的上位系统即文化的系统，也就是精神生活、精神文明、精神生产的语境来观照、透视艺术的种种规律性现象，探讨艺术在一定时代、一定民族、一定社会环境下的精神创造活动中的地位及意义"①。

文化人类学理论和方法深刻影响了人文社会科学的各个研究领域，艺术学也不例外。其中，整体性研究和田野工作方法被艺术学学者广泛应用。艺术学的整体性研究，突出地表现在"艺术语境"的研究上。有艺术学学者认为："任何一个'文本'都是特定历史文化、政治经济条件下的产物，而要解读这个文本，则势必会关涉到具体的社会历史文化语境……艺术品的意义的形成受语境的制约，这已成为艺术理论研究领域的一个共识。"② 也就是说，艺术理论研究，应从整体上思考艺术与语境的关系。这里的"语境"，同民俗学、文化人类学中的"语境"概念是相同的，即具体文化事象的社会、历史、文化环境。放在艺术学中，"语境"就是指艺术品是如何被生产的，又是如何被接受的。简言之，艺术学的整体性研究，就是将艺术品以及艺术行为置于具体的社会、历史、文化环境中进行整体观照。

田野工作方法是艺术学脱离美学范畴的重要特征之一，使艺术学不再只是进行书斋中的哲学思辨研究，而是迈向实证研究的艺术科学。艺术学成为独立学科之前，在音乐、舞蹈、戏曲、民间美术、曲艺等具体门类艺术研究中，田野工作方法已经成为基本研究方法。艺术学成为独立理论体系之后，一些研究者也开始采用田野工作的方法，以田野资料来补充理论思考，实现理论研究的完整性。

非物质文化遗产之所以成为艺术学的研究对象，主要是因为非物质文化遗产中包含了众多民间艺术形式，极大地拓展了传统艺术学以"高雅艺术"为中心的研究范畴。在研究方法上，具体的门类艺术学方法是非物质文化遗产保护研究中最为普遍采用的方法。具体而言，艺术学研究中的文化学研究方法、整体性的艺术语境研究方法以及田野工作方法，

① 李心峰：《在精神生活语境中观照艺术——艺术研究文化视角之我见》，《开放的艺术——走向通律论的艺术学》，北京：中国文联出版社，2014 年，第 134 页。
② 李心峰：《艺术理论应关注艺术语境研究——〈艺术语境研究〉序》，《开放的艺术——走向通律论的艺术学》，第 148 页。

都被非物质文化遗产保护研究普遍采用。就文化学研究方法而言，非物质文化遗产保护研究注重将艺术事象置于其赖以生长发育的"生态环境"中进行观照；就整体性的艺术语境研究方法而言，研究整体观照非物质文化遗产所处的具体的社会、历史和文化环境；就田野工作方法而言，对于非物质文化遗产中的艺术类项目，不只是进行纯理论思辨研究，而是从田野中获取第一手的、真实的资料，参与观察和体验，进行实证研究。

艺术学与人类学的交叉学科——艺术人类学也一直将非物质文化遗产作为主要研究内容之一。艺术人类学的理论方法也在非物质文化遗产研究中得到广泛运用。艺术人类学融合了艺术学和人类学的双重研究特征，既是一门有关艺术的理论，也是一种实践性的研究方法。简言之，其研究对象和内容是艺术，研究方法是人类学的，最终学术落脚点是艺术学。

艺术人类学的方法论特征主要表现在四个方面：①文化整体观，强调艺术与社会文化结构之间的关系是局部与整体的关系；②对不同区域和族群的艺术进行跨文化比较研究；③以田野作业和艺术民族志为学科标志；④跨学科方法的运用。

艺术人类学与非物质文化遗产研究的关系主要体现在以下几个方面。

第一，二者在研究对象上有一致性。艺术人类学以艺术为研究对象，研究内容涉及民间艺术、民俗文化等。非物质文化遗产研究以非物质文化遗产为研究对象，研究内容为包含表演艺术、造型艺术以及民俗文化在内的所有非物质文化遗产。非物质文化遗产中的艺术不是纯粹的审美艺术，而是具有本土文化色彩的生活化的艺术。对这种艺术形式的研究，不仅要有艺术学视角，还要有文化学视角。艺术人类学的双重视角能为其提供更为系统全面的理论支撑。

第二，艺术人类学研究以文化整体观为基本学术立场，对艺术进行整体性研究，不仅研究艺术本体，还将其置于社会文化环境中进行系统考察。整体性也是非物质文化遗产保护的基本原则。艺术人类学不仅能从理论上为非物质文化遗产保护提供整体性研究的体系框架，还能在实践中指导其将整体性保护原则落实到具体措施中。

第三，艺术人类学与非物质文化遗产研究都注重对"人"的研究。艺术人类学注重考察艺术家及其群体的生存状态，以获取第一手民族志资料，了解研究对象与社会文化的关系。非物质文化遗产研究则以传承人为非物质文化遗产传承发展的核心要素。

第四，田野调查是民俗学、文化人类学、艺术学和艺术人类学都采用的研究方法，但在不同的学科背景下，田野调查的方式和内容各不相同。民俗学田野调查注重对民俗文化事象的过程细节进行细致描述；文化人类学田野调查注重对文化事象与环境之间的互动关系进行描述和分析；艺术学田野调查注重对艺术本体及过程的记录，并在特定背景中挖掘其文化内涵；艺术人类学田野调查强调在民间的生活中认识艺术与文化的关系，并进行艺术民族志研究。在对非物质文化遗产的民间文学、民俗类项目进行调查研究时，应充分运用民俗学调查研究范式来对文化事象进行描述和解读；在对非物质文化遗产的艺术类项目进行调查研究时，应采用艺术人类学的方法，从艺术和文化的双重视角来认识该项目的内在价值，探讨其与所处社会环境之间的关系。

### （四）文化遗产保护理论实践与非物质文化遗产研究

以物质遗产为核心的文化遗产保护在国内外都具有较成熟的理论和实践体系。在国际文化遗产保护领域将物质遗产与周边历史环境进行整体性保护的发展趋势之下，非物质文化遗产被认为与物质遗产是不可分割的整体。在整体性保护理念之下，文化遗产区域整体性保护模式被广泛实践。这些实践经验和保护理论都构成了非物质文化遗产研究的组成部分。

从国际视野来看，文化遗产是一个不断演进的概念，其内涵和外延都随着时代的变迁而不断拓展。非物质文化遗产作为历史积淀流传下来的优秀传统文化，是人类社会创造的历史文化遗存在当代社会的映射和存续。因此，非物质文化遗产是文化遗产的组成部分。"遗产"是非物质文化遗产的重要属性。非物质文化遗产的保护也应遵循文化遗产保护的一般原则和规律。研究非物质文化遗产，首先应了解"文化遗产"的内涵以及文化遗产保护的一般原则和发展规律，以期为非物质文化遗产保护提供经验借鉴。

在国际文化遗产保护领域，"文化遗产"依据历史发展顺序，经历了文物和建筑、遗迹—历史街区—历史地段、历史城镇—乡土建筑—工业遗产—线型文化遗产—文化景观遗产—20世纪遗产—非物质文化遗产—文化遗产历史环境①这样从单一到整体、从物质形态到非物质形态的发展阶段。

20世纪中期以来，国际文化遗产保护事业经历了这样的发展趋势：从保护可供人们欣赏的艺术品，发展到保护各种作为社会、文化见证的历史建筑与环境，进而保护与人们当前生活休戚相关的历史街区乃至整个历史城镇。这种从文化遗产单体保护演进到对自然环境、历史环境、人文环境进行区域整体性保护的理念和实践，成为世界上文化遗产保护先进国的共识。我国非物质文化遗产与文化生态的整体性保护，与文化遗产及其历史环境的整体性保护有异曲同工之妙。

整体性保护是非物质文化遗产保护的基本原则和方式，主要体现于两个方面。一方面，非物质文化遗产自身的整体性保护，即对综合性的文化形态的保护；另一方面，非物质文化遗产本体与历史环境（文化生态）的整体性保护。我国实践非物质文化遗产整体性保护的途径是建设"文化生态保护区"。文化生态保护区是为了实现非物质文化遗产的整体性保护，对特定区域内的非物质文化遗产及其赖以生存、发展的自然环境、经济环境和社会组织环境进行综合保护的实践。其特点有：第一，非物质文化遗产较为集中；第二，区域文化特色鲜明，历史积淀深厚；第三，文化生态环境保存较为完整。这三个特点体现了作为文化要素的非物质文化遗产与其所处的文化生态环境之间的互动关系。非物质文化遗产的文化生态环境与文化遗产的历史环境在本质上是一致的。

"村落"是我国人类学、民族学、民俗学、社会学、建筑学等学科以及文化遗产保护的重要关键词，村落研究也是其研究传统。在人类学和民俗学的田野调查中，"村落调查"是最基础的研究方法。在文化遗产保

---

① 单霁翔：《从"文物保护"走向"文化遗产保护"》，天津：天津大学出版社，2008年，第6—26页。

护领域，历史文化名村、古村落（传统村落）、乡土建筑等都是以村落为单位制定保护规划和措施的。村落是我国非物质文化遗产最基本的生存环境。村落文化是我国乡土文明的基础。研究非物质文化遗产，以及以非物质文化遗产为核心的文化生态保护区等区域性文化遗产保护实践，不应脱离村落文化环境。

在我国文化遗产保护领域，中国历史文化名村、生态博物馆、民族文化生态村、传统村落以及民间社会发起的艺术乡村建设等，都是以村落为单位的文化遗产保护模式。这些实践都形成了各自的理论体系和规划措施，其共同点是都遵循物质文化与非物质文化、村落文化与文化生态环境（历史环境）的整体性保护原则。这些理论和方法在多年的实践中有成功的经验，也有失败的教训。这些都为非物质文化遗产的区域整体性保护提供了宝贵的借鉴。

非物质文化遗产多数扎根于乡村社会。作为我国乡村社会基础的传统村落，更是非物质文化遗产产生、发展和存续的原始土壤。鉴于非物质文化遗产与传统村落的依存关系，将其作为村落文化整体的一部分，置于村落环境系统中进行综合分析、整体保护和研究最具可行性。从理论上来说，传统村落是由物质和非物质形态文化构成的环境系统，非物质文化遗产是传统村落的组成部分，将产生、发展于传统村落的非物质文化遗产置于村落环境中进行保护，就如同活水养鱼。从可操作性上来说，村落范围小，没有不同管理机构跨行政区域、权限相互牵制的困扰，因此在制定保护规划和实施保护措施的过程中受到的牵绊较少；村落文化环境较为单一，各文化要素之间的关联性强，因此更易于建立各类非物质文化遗产项目之间的联系，形成"点、线、面"循序渐进的保护模式；村落中有良好的群众基础，人们有共同的情感记忆和价值认同，因此能够更好地发挥群众参与非物质文化遗产保护和村落复兴的积极性、主动性，也可以使保护力量更为集中。

以传统村落为单位保护非物质文化遗产的实践模式，可以从以下几个方面思考。第一，以村落为单位进行资源整合；第二，以整治村落环境为基础修复自然生态环境；第三，以发展特色产业为基础修复经济生态环境；第四，以弘扬民俗文化为基础修复社会人文生态环境。

综上所述，非物质文化遗产学科理论不是凭空而起的理论假设，而是在非物质文化遗产保护实践的基础上，融会贯通文化人类学、民俗学、艺术学等多种学科理论与方法以及文化遗产保护理论实践，逐渐构建起的具有贯通性、实用性和灵活性的理论体系。

# 三　非物质文化遗产学科方法论的建构

研究方法是学科理论体系的重要内容。成熟的学科必然具备系统的方法论体系。非物质文化遗产学科方法论体系是其学科体系建构的重要内容。

如前文所述，非物质文化遗产学科建设立足于非物质文化遗产研究。非物质文化遗产研究则是以非物质文化遗产项目本体及其生存发展的文化生态环境，以及非物质文化遗产保护、传承与发展的方法和措施等为研究对象和内容的一套理论和方法。其以田野调查为基础，以非物质文化遗产的保护、传承和发展为学术旨归，以文化整体观为学术立场和认识论基础。

本文从非物质文化遗产"整体论"研究范式和非物质文化遗产民族志方法两个方面建构其学科方法论体系。

## （一）非物质文化遗产"整体论"研究范式

"整体论"（holism）是关于人类整体性的认识论，也是人文社会科学研究的基本学术立场和观察视角。在非物质文化遗产研究中，整体论也是重要的研究范式。

文化人类学理论中的"文化整体观"认为，任何一种文化都是由部分组成的系统，各组成部分之间相互制约和配合，形成特定的模式或格局，反过来这种模式或格局会影响和制约其组成部分；在一个文化系统中，整体重于局部，研究作为文化要素的局部是为了认识文化整体；社会和文化是不可分割的统一整体，任何一种文化对其所处的社会都具有特定的功能。

随着人类学在人文社会科学领域影响的扩大，民俗学、艺术学及其衍生学科，如艺术人类学、艺术民俗学等，都将"整体论"作为基本的研究范式。

民俗学除了研究民俗文化的具体表现形式，还强调"生活过程"，注重在民俗活动发生的具体情境中进行动态整体研究。在研究方法上，民俗整体研究以田野作业为基础，要求在民俗活动现场语境中考察民俗文化整体。其中，"村落调查"就是民俗整体研究的实践模式。衍生于民俗学的艺术民俗学，以"生活－文化整体观"的概念来实践"文化整体观"，从生活－文化整体的角度解读艺术，即以艺术本体、艺术活动及其所处的民俗生活整体为研究对象，探讨"艺术活动与民俗整体之间的关系"①，即社会生活如何产生艺术，艺术又怎样影响社会生活变迁。在田野作业中，首先要考察艺术活动背后作为民俗语境的整体性社会生活文化，其次要考察艺术活动与民俗语境之间的内在关联。

艺术学的"文化整体观"主要体现于其文化学和文化人类学视角的"艺术语境"研究，即将艺术本体置于特定的历史文化系统之中进行研究。艺术人类学的"整体论"研究范式则体现在两个方面。第一，不仅研究艺术品，而且注重对艺术行为的研究，整体观照艺术的生产、流通和接受等系列行为过程。第二，在研究艺术本体时，强调将其置于所属的社会文化系统中进行内涵、意义和价值的阐释。艺术人类学将艺术活动作为社会结构和文化体系的组成部分，强调艺术与其他文化要素以及社会文化语境之间的互动关系。

此外，门类艺术研究也在人类学理论和方法的影响下，发展出一系列艺术交叉学科，如民族音乐学、舞蹈人类学、戏剧人类学等。这些学科将人类学的研究方法与本学科的理论相结合，为学科的发展注入了新的理论视角和方法论。其中，文化整体论成为这些学科共同采用的研究范式，即将艺术本体作为社会文化系统的组成部分，置于其所属的社会文化语境中进行整体性研究。

非物质文化遗产"整体论"研究范式以文化整体观的视角，从共时性和历时性两个向度研究非物质文化遗产本体及其保护实践。

---

① 张士闪、耿波：《中国艺术民俗学》，第5页。

非物质文化遗产作为一种文化形态，是其所处社会的组成部分，具有特定的功能和意义。在选定作为研究对象的项目后，首先要考察和研究该项目作为当地的一种文化形态在当地社会中的功能和意义，以此来整体观照或重构当地的区域文化脉络。

从共时性来看，非物质文化遗产不是孤立的文化形态，而是与其所处社会环境中的其他文化形态以及区域文化生态环境具有不可割裂的关联性。因此，要从区域文化整体的角度研究作为文化要素的非物质文化遗产项目。在非物质文化遗产保护中，"社区"是一个重要概念，指某一非遗生存、发展的物质空间以及共同拥有该非遗并形成稳定认同的人的集合体。非物质文化遗产保护语境中的"社区"是一个有"人"有"物"的文化空间，可以是一个村落、一个城镇街区，也可以是一座或几座城市。在研究过程中，可以将非物质文化遗产项目作为当地文化最小单元的"文化特质"，将村落或城镇街区作为基本研究单位。以村落或城镇街区为基本研究单位，缘于村落或城镇街区作为人口集中的生活聚落，具有完整的文化生态环境，对于调查研究最具可操作性。在文化生态保护区建设和研究中，以村落或街区为基本单位，则可以改变其因所涉地域过大而无法形成整体视域、落实"整体性"保护措施的困境。

从历时性来看，非物质文化遗产具有活态流变性。所谓"活态流变性"，即非物质文化遗产不是一成不变的活化石，而是在历史长河中随着时代变迁而不断发展变化的活态文化。非物质文化遗产整体研究要尊重其活态流变性，从历史与现状相结合的角度探究其传承、发展脉络。这具体体现在两个方面。

第一，在保护非遗传统性的同时要尊重其现代性和发展性。非物质文化遗产是传统文化在当代社会的表现形式，传统性是其受到当代人关注的核心要素。然而，保护非物质文化遗产的目的是促进其在当下社会的存续和发展，而不是要其停止发展成为文化标本。研究非物质文化遗产，要认识到其是现代社会的文化形态，需要适应和融入现代社会发展的实际；要尊重其时代发展的需求，在保护、传承的基础上寻求发展的途径。

第二，要认识到非物质文化遗产发展的过程性，关注其在特定语境中的动态发生过程。语境研究是非物质文化遗产"整体论"研究范式的重要方法，即在具体的活动情境中研究非物质文化遗产如何生产、如何呈现、如何被接受、如何消费以及如何传播等问题。语境研究要求研究者进入田野现场，在活动情境中动态考察非物质文化遗产的呈现过程。如考察一项传统技艺，不仅要记录传承人制作物品的技艺流程，还要追踪其作品的销售、流通以及被接受和评价的情况；考察一项传统表演艺术，不能只是记录其最终的舞台呈现方式，还要观察表演活动发生的时间和地点、演员的即兴表现以及与观众的互动、观众的评价等过程性内容；考察一项民俗活动，则要完整记录起始时间、活动场域、参与人员、参与途径和模式、活动物品、仪式以及表演活动过程等方方面面的内容。

### （二）非物质文化遗产民族志方法

民族志（ethnography）是一种人类学文化研究方法，具有研究范式和文本书写范式的双重属性：既是以田野作业为基础的调查研究范式，也是呈现田野作业成果的一种文本书写范式。关于民族志的研究，主要围绕其作为研究范式和文本书写范式展开。民族志研究范式是指选取特定的地点，在不少于一年的时间周期内，研究者亲自参与当地的生活实际，实地观察和体验当地的社会制度和文化体系，以获取第一手田野资料。民族志文本书写范式是在获取第一手田野资料的基础上，将田野资料进行梳理、分析、整合，通过记述、阐释、对话等多种写作手法，呈现当地社会制度和文化体系的全貌，并阐释这些文化蕴含的意义，发现乃至重构本土文化传统。

民族志作为与田野作业组合而成的学科方法，不仅具有记述田野知识、呈现社会事实的功能，还有发现和重构民族文化的功能。民族志不仅是人类学的基本研究方法，也被社会学、民俗学、艺术学等学科作为学科方法论。民族志方法为这些学科提供了新的研究范式，为学科理论的创新和发展拓展了研究视野和研究路径。

非物质文化遗产保护和研究都是建立在田野调查基础之上的。各个领域在开展非物质文化遗产保护和研究之初，都要对其进行专业而详尽的田野调查。21 世纪初期，由文化部组织开展的全国非物质文化遗产资源普查就是一次全面系统的非物质文化遗产田野调查工作。非物质文化遗产研究领域的田野调查比非遗保护工作中的资源普查式的田野调查更为深入具体。其普遍性特征，是以某一项或某一类非遗项目为核心，调查其历史发展、表演或技艺流程、传承谱系、保护措施以及存在的问题，调查报告除了呈现以上调查内容，还兼及该项目所处的自然地理环境、历史背景，最后提出保护措施和政策建议。此外，调查报告还会附上调查问卷、表格、地图、照片以及访谈速记等内容。

当前，非物质文化遗产研究领域的田野调查主要存在以下问题。

第一，形式单一，内容模式化。无论是政府部门和专业机构开展的工作性调查，还是研究领域的田野调查，调查的内容和方式往往都流于形式。如根据事先搜集整理的信息资料，寻找对应的传承人或艺人，程式化记录其展示、表演流程，拍摄、访谈，文本写作内容主要由历史文献和田野调查记录文字构成，并以问题和建议结尾；关于问题和建议，多数以保护措施与政策、资金扶持、人才队伍、机构设置等模式化内容为主。

第二，文化整体观体现不足。虽然每个研究者都试图在田野调查和文本书写中呈现整体社会文化体系，但在实际操作中很难跳出"就事论事"的框架。在调查某个项目时，主要着眼于项目本体的历史衍变、整体流程、传承谱系以及一些相关的习俗等，而难以抓住其"文化生态"环境的整体。

第三，缺乏历时性比较研究，没有体现非遗的活态流变性。活态流变性是非遗的本质属性之一，意味着非遗是随历史发展不断演变的，而非一成不变的活化石。当前的田野调查和文本书写，主要着眼于历史形态和当下存在状态，缺乏"中间形态"的比较研究。所谓"中间形态"，是指介于有史可循的历史形态和当下状态之间的演变过程中的形态，这种形态可以通过不同阶段的文献记载获得，也可以通过不同时期研究者的研究资料获得。只有将非遗的历史形态、中间形态和当下状态进行历时性比较研究，才能勾勒出其流变的脉络，探索出其变迁规律。

第四，意义阐释和理论提升不足。当前非遗保护工作者和研究者进行田野调查的指向都是考察、描述项目本体，探寻项目保护、传承、发展途径，却忽视了田野调查的另一个重要目标即非遗作为文化形态的意义阐释和非遗研究理论的提升。

要解决当前非物质文化遗产田野调查和文本书写中存在的问题，需要对其田野作业方式和文本书写范式进行科学规范。民族志作为一种研究范式和文本书写范式，不仅能为非物质文化遗产研究提供科学有效的田野作业方法，也能为其文本书写提供科学范式。

**1. 非物质文化遗产民族志研究范式的建构**

以田野作业为核心的民族志研究范式对非物质文化遗产研究具有科学的指导意义。非物质文化遗产民族志研究范式的建构需遵循以下原则和方法。

（1）整体性原则

社会文化整体观是民族志研究范式的重要特征。民族志研究者将研究对象置于其所处的社会文化环境系统进行整体观照，力图完整勾勒与之相关的所有文化现象的全面图景，涉及环境、历史、政治、经济、宗教、风俗等各方面因素。在非物质文化遗产民族志研究中，除了要观照非物质文化遗产项目本体，还要观照其本体与社会文化环境之间的交互关系。

实现非物质文化遗产民族志研究中的整体观照，要从以下几个方面着手。

第一，全面考察非物质文化遗产项目本体。基于其活态流变性，应通过历史文献考察和对前人研究成果的整理，梳理出作为研究对象的非物质文化遗产项目本体的起源历史与表现形态、历史演变过程及中间形态，再通过实地田野调查，记录具体情境下所呈现的表现形态，由此，从源流关系的历史维度整体呈现项目本体的表现形式。非物质文化遗产作为一种文化表现形式，除了外在的表层结构形态（如音乐、舞蹈、技艺、民俗等具体非物质文化遗产项目的具体呈现形式），还有蕴含在表层结构之中的深层结构，只有通过逻辑推演才能挖掘非遗的象征内涵。在田野调查过程中，在记录项目本体的具体呈现形式的同时，要通过对周边信息的观察、记录和分析，推导出其叙事逻辑和象征内涵。另外，我国非物质文化遗产数量众多，流布广泛，同一题材会表现在不同的项目中，如神话故事会出现在民间文学、传统戏剧、传统音乐和传统舞蹈中，也会出现在传统美术和传统技艺的作品中；同一项目在不同区域流传会具有不同的表现形式和意义内涵，如我国各级非物质文化遗产代表作名录中的扩展项目就是同一类型项目由不同的行政区域申报单位进行申报和管理的。对于作为研究对象的非遗本体来说，这些都是其"异文"形式，需要纳入研究范围作为参照系，与研究对象进行比较研究。

第二，全面考察与非物质文化遗产项目本体相关的其他社会文化因素。没有一种文化现象是孤立存在的，必然有相关的其他文化要素与之相依相辅，相互印证彼此存在的价值，凸显彼此的意义内涵。在田野调查中，要以项目本体为核心，寻找与之发生关联的文化事象。

第三，考察非物质文化遗产项目本体所在地的区域文化生态环境。文化生态保护是我国非物质文化遗产保护的重要内容。在考察非物质文化遗产项目本体时，也要有区域文化生态保护的整体视野。如前文所述，村落是我国乡土社会的基本单元，也是众多非物质文化遗产的原生土壤，具有较为完整的文化生态环境系统。在调查过程中，应以项目本体所在的村落或城镇街区为单位，将其置于村落或城镇街区环境之中，考察非物质文化遗产与文化生态环境之间的互动关系。在设立了文化生态保护区的区域，要将非物质文化遗产项目本体、社区与文化生态保护区进行统筹考察。

第四，考察非物质文化遗产项目代表性传承人和传承群体。非物质文化遗产保护的目的是实现传承，传承的核心是人。考察非物质文化遗产要将传承人和传承群体作为重要内容。考察传承人和传承群体的主要方式是传承人口述史，通过口述史呈现项目的传承谱系和传承方式。

（2）主位与客位相结合的研究视角

"主位"（emic）与"客位"（etic）是人类学研究的一对基础性范畴。主位视角即局内人（研究对象）的视角，考察研究对象对自身文化的看法。客位视角即局外人（研究者）的视角，主要内容为研究者对研究对象的文化进行解释。

非物质文化遗产民族志研究要采用主位与客位相结合的研究视角。

在田野调查过程中，一方面，要采取主位视角，贴近调查对象，参与到调查对象的生活中，亲身体验和观察他们从事的非物质文化遗产实践活动，通过访谈记录他们对所持有项目的渊源、传承谱系的认识，以及他们对自身所持有非物质文化遗产的看法及文化内涵、象征意义的解读；另一方面，实地调查之后，要抽离出现场，采取客位视角，反观所观察和体验的实践活动，从观察者和研究者的角度去解释调查对象。如此，才能综合局内人和局外人的双重视角，既能切身体会调查对象的文化，又能以旁观者身份客观全面地观察其文化。

（3）"深描"式观察和记录

"深描"是格尔兹（Clifford Geertz）在阐释人类学理论时提出的文化阐释路径。格尔兹认为，人类学要在具体"情境"（context）中阐释文化，只能通过"深描"的方法，即"记录一系列转瞬即逝的文化事件，特别注意描述这些事件发生的背景和环境信息，从而由细节抽丝剥茧出文化的意义"①。所有的文化现象都是象征符号，都有其背后的不同层次的意义。深描就是要对不同情境中的文化现象尽可能地进行描述和还原。"情境"或"语境"也是艺术学、民俗学的重要范畴，强调将研究对象置于当下具体情境或语境中进行动态观察与记录。在非物质文化遗产民族志研究中，对于艺术类项目（如民间文学、传统音乐、传统舞蹈、传统戏剧、曲艺）和民俗类项目，尤其要采用"深描"式观察和记录。艺术类项目和民俗类项目多数与当地的民俗节庆活动相关联，都是当地民俗文化的一部分。在调查过程中，要根据民俗节庆活动的时间和空间安排，在民俗情境中对非物质文化遗产项目与民俗过程进行整体观察和记录。

（4）田野作业方法

田野作业是民族志研究的核心，是获取研究资料的直接方法。田野作业是非物质文化遗产研究的基础。要做好非物质文化遗产田野调查，就要做好以下工作。

第一，选题与选择田野地点。个案研究是当前非物质文化遗产研究

---

① 转引自刘玉皑：《民族志导论》，北京：民族出版社，2018年，第60页。

的主要趋势。研究选题与研究者田野地点的选择紧密相关。选择作为研究主题的非物质文化遗产项目，要考虑到前往当地进行实地考察的可行性，包括对当地语言的理解程度和翻译问题、调查者对当地文化的熟悉程度，以及项目相关人（如传承人、当地村民或村干部）对调查者的接纳情况等。我国地域广袤、民族众多，各地方言和民族语言差异较大，如果调查者对当地语言没有一定程度的理解或没有合适的翻译人员，会直接影响调查效果；调查者作为当地文化的"他者"，在对当地文化完全陌生的情况下，很难对其中的项目做深入的调查；语言和文化的差异又会导致当地人对调查者的排斥态度。因此，在选择研究对象和田野地点时，应优先考虑自己熟悉的区域和项目。对于调查者来说，选择"家乡非遗"具有天然优势。

在非物质文化遗产名录体系中，一个项目会有多个子项目，这些子项目来自不同的区域和申报单位。同一个项目，会在不同的地点流传、发展，并表现出不同的区域特征。在调查某个研究对象时，要对与之同源或同一题材的"异文"进行考察。因此，田野工作要选取多个地点，进行多点调查，以获得对项目的完整记录，进行多点调查对象的比较研究。

第二，参与观察与口述史记录。参与观察即融入一种文化，要求研究者深入调查对象所在社区，与调查对象共同工作和生活一段时间，反复、全面观察他们的生产生活实践，进行资料搜集。马林诺夫斯基（Malinowski）提出的"参与观察"要求一年以上的时间周期，非物质文化遗产田野调查的时间则可以更为灵活，采取集中时间段的蹲点调查和间断性定点追踪调查相结合的方式。在调查之初要集中一段时间进入社区，全面观察研究对象的"日常"生活状态，之后再选择特殊时间点（如传统节日、民俗节庆活动、政府或民间机构主办的大型展演或赛事活动等）进行定点追踪调查。这种调查方式，既可以观察非物质文化遗产的常规状态，也可以观察其在特殊情境中的状态。

在观察技巧上，应采取"无焦点式观察"和"焦点式观察"。[1] 无焦

---

① 刘玉皑：《民族志导论》，第161—162页。

点式观察即全面、无差别地观察和记录与调查对象相关的所有信息，焦点式观察即聚焦于调查对象参与的关键或特殊事件进行观察和记录。在对调查对象进行全面观察的基础上，尤其要聚焦于调查对象参与的事件。例如，调查传统音乐、舞蹈类项目，要重点观察其参与的仪式性活动，如婚礼、祭祀、传统节日活动、民间赛事等。对于这些关键或特殊事件，要予以聚焦式重点观察和记录。

口述史在非物质文化遗产调查中至关重要，也是参与观察实践中的重点工作。在田野调查中，要围绕项目的主要传承人或传承群体做口述史记录。在做口述史记录时，不能仅仅对调查对象进行简历式的从业经历、获奖状况罗列，而要深入挖掘其人生经历和进入非物质文化遗产行业的契机，以及其对自己所持有的项目的观念和态度。要将调查对象的生命史和从业史相结合，深入精神层面探讨他们与所持有非物质文化遗产项目的关系，从而勾勒出个人与非遗以及当地社会文化发展的关系图景。

第三，调查资料的记录与整理。非物质文化遗产田野调查资料主要有田野笔记、地方资料和影音记录。田野笔记是对田野调查过程进行详细记录的文字资料，为后期的民族志文本书写提供条理性思路和详细写作素材，包括以描述性记录为主的观察和访谈记录以及记录调查者在调查过程中感受和思考的田野日记。观察和访谈记录是对调查过程中线索和细节的记录，是民族志文本写作的基础。田野日记是观察和访谈记录的重要补充，一般是调查者更为深入的思考和提出的问题。无论是观察和访谈记录还是田野日记，都要在调查当日及时整理，以免造成重要信息遗漏。地方资料是当地官方、民间对调查对象的记录或研究性材料，包括影音和图文材料，是田野笔记的重要印证材料。影音记录是田野调查文字记录的重要补充和真实性证据，尤其是对于以口传心授为主的非物质文化遗产项目，要充分利用现代数字技术，完整、真实地记录调查过程。

**2. 非物质文化遗产民族志文本书写范式的建构**

民族志文本是基于田野调查资料运用一定的方法进行逻辑性表述的知识谱系，有调查报告、民族志论文与著作等多种形式。非物质文化遗产民族志文本书写主要体现以下几个方面内容。

第一，呈现田野过程及其所获取的资料，描述文化现象。基于社会文化整体观，对非物质文化遗产本体及其相关文化现象和文化生态环境进行整体性描述，是非物质文化遗产民族志文本书写的首要任务。以作为研究对象的非遗本体为核心，将非遗本体的表现形式、技艺或表演程式、传承谱系、传承活动、物质载体等所有与之直接相关的资料做系统梳理，并予以条理化书写，将与研究对象相关的其他文化现象以及所在社区（村落或城镇街区）的文化生态环境进行整体呈现。实现整体呈现的手法是"分类"的逻辑。民族志通过"分类"，分门别类地描述社会生活的方方面面，借此达到对社会文化现象的整体认知。对于与研究对象相关的其他文化现象，按照物质形态和非物质形态进行分类。物质形态文化，如山脉、河流、气候、物产等自然环境和资源，历史文化遗迹、民居街巷、商业街区等建筑，城市的几何形状、城市布局、交通组织功能分区及其历代形态等空间布局形式。非物质形态文化，如生活方式和文化观念所形成的审美、饮食习惯、娱乐方式、节日活动、礼仪、信仰、习俗、道德、伦理等。按照我国非物质文化遗产代表作名录的分类法（民间文学，传统音乐，传统舞蹈，传统戏剧，曲艺，传统体育、游艺与杂技，传统美术，传统技艺，传统医药和民俗），可将与研究对象相关的非物质形态文化进行分门别类的描述。对于研究对象所处的文化生态环境，可以从自然地理环境、历史背景、经济环境、社会政治组织形式等角度进行分类描述。

非物质文化遗产民族志文本书写除了呈现田野资料，还要呈现完整的田野作业过程，以体现田野资料的科学性、客观性。一般在文本开篇，研究者即叙述研究选题的背景和意义，田野地点选取的缘由和目标任务，研究方法如文献研究、参与观察、深度访谈、问卷调查等，以及所运用的理论基础。在行文过程中，会穿插研究者田野现场的所见、所思。最后，将田野调查中所获取的访谈与口述史记录、调查问卷、地图、照片等资料作为民族志文本附录。叙事性记述是非物质文化遗产民族志文本书写的基础，民族志文本既要有逻辑性的篇章布局又要有行云流水的语言，要平实而客观地展现田野调查过程和田野知识全貌。

第二，阐释意义，构建文化脉络。在叙事性记述田野事实的基础上，对田野知识背后的文化逻辑和意义进行阐释，是民族志文本的重要价值。非物质文化遗产民族志文本也要将意义阐释作为重要内容，并构建非物质文化遗产背后的文化脉络。对濒危性非物质文化遗产进行抢救性保护是其保护工作的初衷和首要目的。在现代文明的冲击下，植根于农耕文明的非物质文化不断消逝是当今现实，其背景是乡土社会的解构与传统文化的式微。非物质文化遗产民族志研究，不仅要抢救非遗本体，还要寻求重建其背后的社会文化机制的路径。

根据阐释人类学观点，文化是意义之网，是人们对自身文化和社会的理解和认知。因此，要用"深描"的手法来解释当地人对自身文化和社会的看法与表达。"深描"，一方面将文化现象和行为放在具体情境之中进行描述和还原，另一方面阐释文化现象背后隐含的社会内容和文化意义。因此，非物质文化遗产民族志文本书写要注意以下三点。首先，要分析访谈记录和传承人口述史，从中解读当地人、非物质文化遗产项目传承人和传承群体对作为研究对象的非物质文化遗产及相关文化现象的看法、认知和理解。民族志文本的书写不能简单罗列访谈对象的采访记录，而是要从访谈内容中分析、解读出他们的价值观和对自身文化的判断，体现民族志文化批评的功能。其次，要以局外人的客位立场对调查项目的象征意义进行解释。要将田野作业获取的资料、历史文献以及多地点田野作业获取的"异文"进行比较研究、综合分析，全面解释研究对象的象征意义和文化内涵。最后，要将调查项目置于具体"情境"（如民俗活动现场）之中，在文化语境中阐释其文化内涵。要突出"情境"现场，让研究者对文化的解释具有当下性和体验性，是切切实实的感知，而非仅从文献中得来的理性总结。

非物质文化遗产民族志文本书写还要力求重构非物质文化遗产所在文化系统的文化脉络（文脉）以及非物质文化遗产本体的现代价值。非物质文化遗产濒危性的重要体现是其现代价值的失落，以及由此导致的生存空间的压缩。非物质文化遗产是各地本土传统文化的重要表现形式，其式微是当地文脉中断的表现。保护非物质文化遗产正是为了重构传统文化脉络，修复文化生态。对非物质文化遗产项目进行调查研究，理应以重构文脉、修复文化生态为高远立意。在民族志文本书写过程中，要分析非物质文化遗产项目的传统功能以及在当代社会实现功能转化的可行性，重建其现代价值。如剪纸艺术，由传统民俗文化中的实用功能转向当代社会的艺术审美功能；再如徽州三雕技艺，由作为传统民居营造技艺的组成部分，转向在现代艺术品市场获得一席之地。此外，要将非物质文化遗产本体研究与当地区域文化类型的研究相结合，勾勒出当地区域文化图景和脉络，修复文化生态。

第三，探寻非物质文化遗产保护、传承和发展路径。非物质文化遗产民族志研究的学术目标是研究非物质文化遗产的现状，重构其现实价值与意义，探寻其保护、传承和未来发展的方向和路径。非物质文化遗产民族志文本书写的落脚点，应是探寻非物质文化遗产保护、传承和发展的路径。

# 四　结语

非物质文化遗产是一门应用型学科，因指导非物质文化遗产保护实践而发展，以促进非物质文化遗产传承与发展为学术宗旨。非物质文化遗产学科要成为独立的研究体系，需要形成符合其自身特点和规律的理论和方法。

非物质文化遗产的广泛性、多元性和包容性，决定了非物质文化遗产的理论体系应具有交叉性、贯通性和开放性。当前非物质文化遗产保护和研究中，文化人类学、民俗学、艺术学等基础学科理论和方法以及文化遗产保护理论实践被广泛运用，成为非物质文化遗产学科理论的主要理论来源和基础。

非物质文化遗产学科的实用性和实践性特征，充分体现于其研究方法。非物质文化遗产的文化属性以及区域整体性特征，决定了非物质文化遗产学科应秉持整体论的认识论立场，在实践中坚持整体论的研究范式。民族志田野作业和文本书写，则是实现非物质文化遗产保护和研究至关重要的环节，是非物质文化遗产学科独立体系得以实现的基石。

在非物质文化遗产学科理论体系尚未形成的时期，专题研究一直是非物质文化遗产研究的主要形式和重要特征。专题研究以非物质文化遗产保护实践中出现的现实问题为研究对象，为保护实践提供理论指导。

  本文旨在建构"基础理论＋方法论＋专题研究"三位一体的非物质文化遗产学科理论体系。

# 非遗·流动博物馆·时尚

## ——以"光"展为考察中心*

向　丽**

**摘　要**：非遗如何是"贵重的"且"尚在/可以行走的"，这是一个与我们的当代生活息息相关的问题，也是对于令人焦灼的抢救性保护模式的某种缓释。无疑，这种行走，需要一定的物质基础与公众参与。关于非遗的记录与呼吸，蕴含于场域的流动及其引发的多面向的审美共享。流动基于时空的交织以及物与人的彼此敞开与交流，同时也是一场持续的审美革命。非遗并非物之存在，它携其光晕充盈于美之殿堂，经由一个个流动博物馆，触摸着这个时代最为柔软而炽烈的渴望，从其残损处新生出多重"身体"。

**关键词**：非遗；流动博物馆；时尚；创意经济；审美资本

自 1972 年联合国教科文组织（UNESCO）通过《保护世界文化和自然遗产公约》（Convention Concerning the Protection of the World Cultural and Natural Heritage），到 2003 年通过《保护非物质文化遗产公约》（Convention for the Safeguarding of the Intangible Cultural Heritage），从"物质文化

---

* 本文系 2019 年度国家社科基金重点项目"审美人类学视野中马克思主义美学的当代发展研究"（项目编号：19AZW004）、2021 年度国家社科基金艺术学重大项目"中国艺术人类学的理论与实践研究"（项目编号：21ZD10）之阶段性成果。

** 向丽，云南大学文学院教授，文艺学专业博士研究生导师。

遗产"到"非物质文化遗产"，从"物质"到"精神"，从"有形"到"无形"，其间经历了人类从认知到实践方面的不断反思与重构。在当代非遗保护与传承的新语境下，非遗已从早期的"抢救性保护""生产性保护"到"数字化保护""整体保护"，从"保护"到"传承与创新"，这是一件令人欣慰的事情。

在此过程中，随着非遗普查和田野工作的推进，非遗的独特性、民族性、地域性、活态性、传承性、流变性、生态性、综合性、记忆性、符号性、审美性等特征也日益得以显现和被尊重，同时也对非遗的保护与传承方式提出了新的时代要求。尽管目前我国非遗工作取得了系列性重要成果，但人们也愈发意识到，仅仅认知到非遗的"非物质性""贵重性"以及在某种意义上"还原"其生态语境还远远不够，更为关键的在于，非遗如何与当代生活产生关联。公众目前关于非遗主要有两种情绪或感知：①非常遗憾；②"贵重的"且"尚在/可以行走的"。前者是对于非遗未被"看见"以及非遗工作中存在的"重申报轻保护""开发式破坏"的遗憾，后者则是对于非遗的强健文化基因在当代生活中大放异彩的期待。这两种情感对于后续非遗工作的调适与推进都是有所裨益的。

非遗如何是"贵重的"且"尚在/可以行走的"，这是一个与我们的当代生活息息相关的问题，也是对于令人焦灼的抢救性保护模式的某种缓释。无疑，这种行走，需要一定的物质基础与公众参与，体验以及审美经验的介入与融合是其关键。本文尝试以艺术家余宏刚于 2022 年 5 月 18 日（国际博物馆日）在云南民族博物馆举办的"光"——蜡染·草木染作品展①（以下简称"'光'展"）及其作品在大理巍山三彝扎染博物馆的"流动"与合作，以及笔者对于大理周城、大理床单厂艺术区等的田野考察为基础，探讨非遗如何经由博物馆与创意重新联结公众，以及非遗传承的困境与契机，重点探讨非遗如何基于日常生活与时尚重焕生机。

---

① 办展人：余宏刚（云南旅游职业学院副教授）；参展人：盛亮（云南民族博物馆陈列展示部副主任），云南大学文学院审美人类学研究所向丽、陈顺尧、张䰲、晏舒曼、雷童、李培标等。

# 一　非遗与当代社会

随着非遗传播方式日趋多元化，诸如非遗线下展演活动的多样化、非遗进校园的常态化以及线上传播的活跃化，[①] 非遗的关注度在持续增加。尽管如此，非遗的保护与传承仍然举步维艰，这与非遗自身的特殊性及生存和再生机制紧密相关。

"非遗"是一种富于内在矛盾性的存在，一方面，它原初是民众日常生活的组成部分，甚或非遗的技艺与记忆其实只是一种"常识"，是作为自然而然的"讨生活"和日常审美的衍生物而存在的；另一方面，在当代，非遗因其稀缺而贵重，在其原生语境渐行渐远的情境下，它往往成为抢救或怀旧的"对象"，抑或被"温情脉脉"地资本化。概言之，有如乡愁这种特殊的情感结构，非遗的形构并非发生于过去，而恰是在社会转型和变迁中，在传统与现代的断裂之处，它是一种源自过去的犹存之物，并且因某种灵韵性而存在。在对加速社会所造成的对人的感性的"剥夺"的制衡中，非遗所蕴含的慢速现代性[②] 和品位正在召唤着新的"看见"与联结，从而构成自己真正的社会影响。

在我们重新"看见"与联结非遗时，有一个基本事实是无法逾越的，即非遗被呼吁保护甚或抢救，首先是因其所处的濒危情状与现实，主要原因包括：社会剧变和更迭及其所引发的社会、政治、经济和文化变革

---

① 疫情期间，非遗线上传播效果尤为突出。2020 年文旅部非遗司号召传承人和非遗工作者开展防疫作品创作、参与线上"非遗公开课"等。微博"非遗公开课"相关视频播放量达 500 万人次，微博"遇见非遗"话题阅读量达 17.3 亿人次，38.9 万人次参与该话题讨论。文旅部主办的第三届"云游非遗·影像展"（2020 年 6 月 8—14 日），有 8 家网络平台同期播出 1600 多部非遗传承人纪录片影像，同时还推出《拥抱身边的非遗》系列专题片。2020 年抖音大数据显示，截至 2020 年 5 月 31 日，在抖音 App 中，国家级非遗项目视频数量超过 4800 万条，播放量超过 2000 亿人次。全民参与最多的非遗话题是"原创国风计划""非遗合伙人"等。参见宋俊华主编：《中国非物质文化遗产保护发展报告（2021）》，北京：社会科学文献出版社，2022 年，第 18—19 页。
② 德国学者卢茨·科普尼克指出，"慢速现代性可以被定义为高度现代性结构中的褶皱之一"，其旨趣不在于放弃速度，而在于"增强主体对当下的感知，一种叠合过去与未来、远与近、加速与慢速的同时性所构成的当下"。参见卢茨·科普尼克：《慢下来：走向当代美学》，石甜、王大桥译，上海：东方出版中心，2020 年，第 19—21 页。

等对传统生产方式及思维的冲击；传统村落的大量消失①和传统习俗、礼仪、技艺的阙如与难以为继，以及民间审美意识形态的嬗变；缺乏相关的政策法规、专业人才、治理机制及经费；传承人的老化与队伍的萎缩；商业滥用造成的民族民间文化传统变异、损毁与消亡；等等。这同时意味着非遗保护与传承是一项漫长而奢侈的工作。然而，在对由非遗濒危情状引发的"抢救论"油然而生敬意的同时，我们是否还可以开启另一种更为轻盈而富于滋养的传承之道呢？

事实上，古典的"拯救论"早已变得不合时宜，传统/现代、高级/低级、中心/边缘等二元对立模式也正在被解构；文化差异也并非坚固地只发生于自我和他者之间，而是存在于任何一种文化及其衍生样态之中。因此，我们更需充分考量的是：非遗如何与当代社会产生关联？

"当代"是一个时间概念，更是一种状态和观念的聚合与再生。概言之，"当代"主要呈现两个维度的特征：①"当代"是过去的容纳与未来的召唤结构，它具有杂糅性、叠合性、流动性、多样性与新质性等特征；②"当代"绝非现时的，而恰恰是对于那些被缝合好的与现时完美附着与贴合的东西的审视与反观，亦即，"当代"是对现时与当下的自觉疏离与超越。② 前者是对于当代社会图景的总体描摹，其杂糅性、叠合性、流动性、多样性、新质性意味着"敞开"与"共生"，对于发生于过去时空的非遗而言，当代社会无疑具有巨大的接衍能力。后者侧重于当代人对于人类社会进程中发生的异化现象的反思，如人与劳动/劳动产

---

① 21 世纪以来，因各种原因遭到废弃、毁损的中国村落数量惊人。自 2000 年至 2010 年，我国自然村由 363 万个锐减到 271 万个，10 年间减少了 90 多万个，其中包括大量传统村落。参见王晶：《濒临消失的中国古村落：10 年间减少了 90 多万个》，2017 年 12 月 11日，http://www.xinhuanet.com/politics/2017－12/11/c_1122091367.htm。

② 关于何为当代，罗兰·巴特在法兰西学院的演讲中给出的答案是：当代是不合时宜的。尼采则将"当代性"理解为一种脱节的状态。但也正因为与所处时代的脱节与不合时宜，当代人比其他人更能感知和把握自己的时代。吉奥乔·阿甘本（Giorgio Agamben）在此基础上指出，当代性是指与自己所处时代之间的一种特殊的关系，它既依附于自己的时代，同时又与该时代保持一定的距离。并提出，当代人就是坚定地凝视着自己的时代的人，并且能够通过将笔浸入当下的晦暗而进行书写。Giorgio Agamben, *What Is the Contemporary*, *What Is an Apparatus*, trans. by David Kishik and Stefan Pedatella, Stanford：Stanford University Press, 2009, pp. 40－44.

品/自然/人自身等的异化、加速度对于人的感性的碾压与褫夺等，这种反思需要"慢速经验"的重新给予，而根植于乡村/自然/常识的非遗及其当代衍生物则有可能提供这样的"物质基础"。

过去之物，对于我们当代人而言究竟意味着什么？德国哲学家瓦尔特·本雅明在《机械复制时代的艺术作品》一文中关于灵韵/灵光的解析为我们提供了一种珍贵的分享："我们可以把它定义为遥远之物的独一显现，虽远，犹如近在眼前。静歇在夏日正午，沿着地平线那方山的弧线，或顺着投影在观者身上的一截树枝——这就是在呼吸那远山、那树枝的灵光。"① 在本雅明看来，这段描述足以让人领会"灵光"衰退的社会条件。这是令人既倍感矛盾又无比兴奋的社会事实：一方面，"灵光"蕴含筑基于仪式的独一无二性，它具有神圣性和不可再现性，也因此带有一种无可比拟的忧郁的美感；另一方面，在机械复制时代，随着其原初仪式性土壤的流失，灵光的面纱被揭开，物/作品从其仪礼的寄生角色中获得解放，物的膜拜价值也被展示价值所取代。无疑地，这是一种极富于政治性的美学实践：审美共享。其妙处正在于"顺着"、"投影"与"呼吸"："顺着"意味着寻找与依循；"投影"指示过去在当代的影像与回响；"呼吸"召唤着一种与过去最温柔和鲜活的联结。这对于非遗与当代社会的关系而言，何尝不也是一种真切而灵动的诠释？

随着中国社会的急遽发展②，非遗的原初语境以不可预估的速度在消逝，非遗从其母体中被剥离出来，掉入当代社会的杂糅体之中，往往因其无法被充分地吸纳与编织而处于一种眩晕和游离的状态。于此，非遗

---

① 瓦尔特·本雅明：《迎向灵光消逝的年代：本雅明论艺术》，许绮玲、林志明译，桂林：广西师范大学出版社，2008年，第65页。

② 费孝通先生基于自己一生所经历的20世纪中国社会发生深刻变化的各个时期指出，中国先后出现了三种社会形态，即农业社会、工业社会及信息社会，中国社会的发展变迁相应地经历了两个大的跳跃：从农业社会跳跃到工业社会，再从工业社会跳跃到信息社会。他将其概括为三个阶段和两大变化，亦即"三级两跳"。在尚未完成从农业社会向工业社会转型之时，又面临向信息社会跃进的时代要求，每一次的"尚未完成"与"跳跃"都对社会观念和社会心态提出了巨大挑战。参见费孝通：《"三级两跳"中的文化思考》，《读书》2001年第4期。

的普查、遴选、记录、建档等都属于必要的传统性工作，这也是源自西周时期的采诗、采风制度和传统的延续。尽管如此，许多非遗工作者仍然痛惜这种记录虽然可以为我们提供"往回看"的怀旧之所，但无法阻止中华民族活态文化基因的急速消失。因此，"记录"与"呼吸式联结"是并行不悖且相益相长的非遗保护与传承的两条路径。恰如英国社会学家齐格蒙特·鲍曼揭橥了莫尔式的乌托邦在其双重否定后所形成的新形态，即"逆托邦"或"怀旧的乌托邦"，并指出，与莫尔式的乌托邦是到那尚未诞生的因此也尚不存在的未来去寻找人类的幸福不同的是，越来越多的人正在从那已失去的、被盗走或被抛弃却未死的过去中寻找各式各样的乌托邦。[1] 于此，乌托邦不再是一种即将到来的易陷入某种虚空性的"远出"的存在，其理想性和美好性恰恰因其能够联结那些已失去却尚活着的过去而变得更富于质性与滋养。

"记录"与"呼吸"需要物质载体，更蕴含于场域的流动及其引发的多面向的审美共享与"共鸣"经验。本文将以艺术家余宏刚"光"展及其"流动"为例"记录"此种有温度的"呼吸"。

## 二 流动博物馆：从民博到三彝

博物馆一词，源自希腊文 Mouseion，意即缪思美神之殿，同时蕴含对知识和哲学的冥想，而不止于我们更为常识性的认知——对器物的收藏。因此，它不只是物的承载空间，还经由藏品、展览、活动、沟通、参与和体验，让那些虽然来自过去却仍然贵重的存在得以重新绽放，让我们与美相拥。2022 年 5 月 18 日在云南民族博物馆举办的"光"展，正是这样一场邀我们迈入与共情的旅行。在光的点染中，在色彩与情绪的相遇里，我们与草木彼此敞开，饱含热忱。"光"展把感性和力量还给了我们，让我们重新"看见"了自己。

---

① 参见齐格蒙特·鲍曼：《怀旧的乌托邦》，姚伟等译，北京：中国人民大学出版社，2018年，第8—9页。

随着博物馆自身的实践以及博物馆理论与批评的发展，博物馆不再只是物的收纳与集中展示空间，抑或是历史的供奉，其逐渐从物到人，并进行物与人的双向建构，更加注重博物馆与公众的联系及审美教育功能。博物馆作为一种空间正在被要求不断激活，打破其原初设定的边界，质询和解构传统意识形态分类秩序。如"多感知博物馆""理论博物馆""参与式博物馆""隐性博物馆""超博物馆""后博物馆""反博物馆""生态博物馆"等提法，都是针对博物馆的多样性及重构的可能性提出的方案。在今天，博物馆早已不再是静态的空间，而是与历史、政治、经济、公众、记忆、艺术、信仰、民主、权力、教育以及社会变革与治理等息息相关。本文的"流动博物馆"主要指物／艺术品基于博物馆空间的流动而形成的物与公众感知的编织与再生产。具体而言，此流动性主要包含两个方面的意涵。①空间的流动。如从 1947 年起，波兰博物馆开展巡回展览工作，最初主要依靠卡车和铁路运输，但由于交通和布展等问题，开始制造专门的汽车。第一次试验的汽车被称为"流动博物馆"／"汽车博物馆"，于 1949 年由华沙人民博物馆制造而成。① 再如四川博物院"大篷车"流动博物馆②以车辆为载体，把文物展览带到边远地区和老百姓家门口，使"物"以流动的方式得以共享。②基于时代的流动性解构博物馆本身的固化性，尊重差异、参与、创造、共享；重新理解公众性，质询"有限的公众性"甚或"虚假的公众性"，从而构建"无限的公众性"。③ 于本个案研究而言，是此两种流动性的叠

---

① 参见《流动博物馆》，《文物参考资料》1957 年第 12 期，第 75—76 页；Stanislaw Lorentz, "Mobile Museums in Poland," *Museum International*, Vol. 3, No. 4（1950）。

② 四川博物院"大篷车"流动博物馆于 2009 年 11 月筹建，2010 年 2 月 10 日正式成立。"大篷车"流动博物馆作为四川博物院一个常设机构，属于全国首创，是四川博物院经过实地调研，在充分了解我国现有博物馆发展状况基础上的一项重要举措。"大篷车"流动博物馆以车辆为载体，把文物展览办到边远山区、民族地区、革命老区，办到公众的家门口，让更多的群众享受博物馆的文化服务，把厚重的历史文化知识和爱国主义精神以通俗易懂的方式和朴实的言语传达给参观者。"大篷车"流动博物馆集文物展示、多媒体互动、传统展板等丰富的展示内容和互动内容于一体，为展览地观众量身打造活动内容，旨在让观众有所见、有所闻、有所学。参见"360 百科"词条"流动博物馆"，https://baike. so. com/doc/4074713 – 4273381. html。

③ 参见李德庚：《流动的博物馆》，北京：文化艺术出版社，2022 年，第 46—56 页。

合研究，亦即，非遗经由博物馆向公众敞开，流动至其原生场域，基于传统工艺与创意经济结合再创作，再经由市集及其流动探究非遗的时尚化机制及其效果等。

"光"展遴选部分蜡染<sup>①</sup>作品（见图1）向大众展示蜡染制作工艺的多样性和创新性。随着对传统防染的深入研究，借助其他防染材料的印染应运而生，例如展览人（余宏刚，云南省教育厅科研项目："蜡染技艺创新及其旅游工艺品开发研究"，项目编号：2021J1250）采用直接染料（direct dye）先绘画后固色的一种防染工艺（专利号：ZL 201910657559.4），克服了传统蜡染过多受面料、染料、工艺、时间、温度和湿度等因素的影响和低温型染料即活性染料（reactive dye）的制约，<sup>②</sup> 采用传统与现代的防染工艺，使棉、麻、棉麻混纺、绵绸等材料充分着色，线条清晰，运斤成风，体现了蜡染极富当代魅力的艺术效果。所展蜡染作品包括蓝染和彩色蜡染系列，在题材上主要涵盖荷花、玫瑰和风景系列。蓝染荷花端庄典雅，婉约中吐露芳华；彩色蜡染荷花通过对比强烈的色块造型以及线条的自由律动，在令人眩晕的空间里伸出妖娆的触角，邀人敞开自己。玫瑰是爱的象征，爱有几重奏，玫瑰就有几分表情，无论是阳光下的恣情明丽，抑或是忧郁与哀悼，都是对这个世界最深情的告白。

---

① 蜡染，古称蜡缬，在我国西南少数民族地区较为盛行，与绞缬（扎染）、灰缬（镂空印花）、夹缬（夹染）并称为我国古代四大印花技艺。蜡染主要采用蜂蜡、石蜡、大豆蜡或混合蜡作防染媒介，用蜡刀蘸熔蜡绘"花"于布后，以靛蓝或其他染料浸染，浸染去蜡后呈现多种图案。蜡画与浸染温度/湿度等的融合，以及蜡自然龟裂后出现特殊的冰纹之效，使成品尤具魅力。蜡染作品图案丰富，具有浓郁的民族性和地方性以及无限的想象性，可广泛运用于日常居室装饰和服装时尚设计等生活美学领域。

② 蜡染工艺目前较为成熟，主要为先画蜡后上色，与此同时，染料配比和上色的方式等也将直接影响最终的艺术效果。此外，蜡染的艺术表现形式更多受面料、染料、工艺、时间、温度、湿度等的影响和制约；制作所需时间在一定程度上受当时温度、湿度等的影响，而且活性染料自身的固色时间也决定了最终成品的艺术效果。不仅如此，蜡染属于低温染色工艺，在染料选择上受到很大的制约，目前世界范围内制作蜡染的染料主要为低温型染料即活性染料，而目前国内市场可购多数染料属于高温型染料，且传统蜡染的染色工艺多为浸泡式染色，两相结合易产生色彩单一的问题。而多色染色蜡染工艺相对来说较为复杂，尤其是色牢度问题。

**图1 "光"展蜡染作品局部**（陈顺尧2022年5月18日摄于云南民族博物馆）

"光"展草木染系列作品（见图2）主要采用桉、椿、紫茎泽兰①、蕨、紫草、密蒙花、苏木等草木的根茎叶为直接原料，借助蒸煮等手法烙印在织物上，获其妙不可言的形与色。草木染（natural dye）是一种崇尚绿色环保的印染艺术，也可称为生态染（eco printing）。受万物皆可染的理念之触动，这是一场因对自然界万物抱有敬畏之心而开启的草木染运动。植物以其稳重而灵动的成长，唤醒人们对于古典的某种记忆。万物不仅可染而且还能够在织物上烙下印记，草木染既是植物自我重生的艺术表现形式，也邀人共情生长。植物会自带情绪，且变化多端。这种情绪式的色彩演绎和变化不仅来自植物自身，同时也与植物的生长环境、采摘时间有关，正是这种特性为草木染提供了更大的创作空间。造物有灵且美，在寻找一种有温度有态度的色彩的"慢下来"时光里，我们与美有不期而遇的浪漫邂逅。无数细小的创伤，也因此得以纾解。

---

① 别称黑头草、飞机草、解放草、马鹿草、破坏草等，原产中美洲，20世纪20年代作为一种香料植物引种到泰国栽培，1934年在云南南部发现，分布于台湾、广东、香港、澳门、海南、广西、云南、贵州等地。作为全球性入侵物种，它的繁殖力极强，是一种具有竞争性的有害物种，2003年被中国政府列入《中国第一批外来入侵物种名单》。

**图 2　草木染丝巾作品**（向丽 2022 年 6 月摄于云南民族博物馆）

2022 年 5 月 18 日至 7 月 18 日，云南大学文学院审美人类学研究所课题组成员①参与了"光"展布展至展览调研全程。此展主要包括三个展程：云南民族博物馆场内展；入驻七彩云南第一城部落市集，助力云南民族文化艺术节（6 月 17 日至 19 日）；"光"展主题分享与公益讲座（7 月 1 日）。其间包括三次云南民族博物馆向公众开放的蜡染体验活动。

课题组向场内展发放和回收的纸质版问卷合计 420 份，其中有效问卷 365 份，反馈的基本信息②如下。①参观群体构成。在参观本次展览的观众中，10—30 岁年龄段观众占总人数的 60%，60 岁以上的参观者占比最少（9%）；女性观众占 60%，男性观众占 40%。参观者中学历占比最高的是本科（37%），其次是大专（24%），硕士及以上学历占 18%，初中及以下学历占 8%，高中学历的参观者为 0。③ 参观者中学生占多数（63%），其次是教师（11%），此外还有单位科研人员、企业职员、自由职业者、设计师、沙画师等。②观众对蜡染、草木染的接触程度以及对本次展览的感受（分为展前、展中、展后三个部分进行收集和整理）。在

---

① 课题组成员包括向丽、陈顺尧、张毽、晏舒曼、雷童、李培标等，主要基于对"光"展的审美人类学考察，从审美教育、艺术创意、时尚美学、美学经济、艺术乡建等视角探讨蜡染、草木染等艺术与公众、社会生活的内在关系，并在此基础上对博物馆与非遗传承、公众教育的深度联系进行发掘和阐释。

② 此部分工作主要由审美人类学研究所课题组成员雷童（云南大学文学院文艺学专业在读博士研究生，研究方向为博物馆美学）完成。

③ 此部分汇总后只有 87% 的参观者，是因为有 13% 的参观者没有填写学历。

展前就曾经接触过蜡染作品的观众占41%，熟悉蜡染工艺的观众占比最少（6%），购买过蜡染作品的观众（34%）中，看重蜡染作品欣赏性的观众占比（67%）远高于看重实用性的观众占比（28%）；超过80%的观众表示希望能够通过触摸去进一步感受作品。在展出的三个系列中，喜欢"草木染"的观众占比最高（42%），喜欢"蓝染"的观众（36%）和喜欢"彩色蜡染"的观众（37%）占比相差较小。在参观完展览后，想要通过本次展览了解蜡染制作工艺的观众占比最多（76%），其中有93%的观众想要参加相关的蜡染体验活动。对于本次展览的后续延伸，大部分（70%）观众希望蜡染和草木染作品能够作为收藏品、装饰品与日用品供私人订制购买，并希望丰富相关文创产品。

　　6月17日至19日，"光"展工作坊受邀参加云南民族文化艺术节部落市集，以非遗手工为都市流行色增添了鲜活并且可以"行走"的风景。市集是热闹而流动的，传统的架上画和静物与这样的氛围并不是最相宜的，鉴于此，展览人余宏刚推出了"行走的艺术"系列（见图3），以彩色蜡染形式将风景"画"在了服饰上，行走于艺术节现场，吸引了许多惊艳的目光。

**图3　"行走的艺术"**（向丽2022年6月摄于云南昆明呈贡）

　　部落市集上"行走的艺术"及博物馆作品系列的展出也让更多公众

了解到此展，再加上 7 月 1 日"光"展主题分享与公益讲座在云南民族博物馆开展，邀请到人类学、社会学、民俗学、艺术学、传播学等不同领域的研究者、实践者，① 以及广大观众共同参与，形成了围绕非遗当代性的思想碰撞与交流。

7 月 18 日，"光"展在云南民族博物馆圆满落幕，审美人类学研究所课题组成员跟随展览人到大理巍山三彝扎染博物馆进行考察学习。② 大理巍山三彝扎染博物馆由巍山彝族企业家李石生③于 2016 年至 2018 年创办，2019 年 3 月正式开馆。该博物馆并非传统的静态式博物馆，其对巍山扎染历史和植物染色研发进行记录和展演，同时不断融入和推出新的扎染创意及作品。南诏故地巍山被誉为"中国民间扎染艺术之乡"，早在南诏时期，巍山当地居民就以手工纺织土布和扎染满足最基本的生活需要与日常审美，至今已有一千余年的历史，然而这样的工艺只是散布在民间，难成规模。1988 年，李石生退伍后与两位合伙人共建了三彝扎染工贸有限公司④（见图 4）的前身——巍宝彝族染织厂，推出"三彝"牌扎染系列用品，这些手工艺品以纯棉布、丝、麻等为面料，由手工针缝

---

① 主要参加者有昆明理工大学巴胜超教授，云南大学董秀团教授、黄静华教授，广西民族大学邹宇灵副教授，云南民族大学卢俊副教授等，该主题分享与公益讲座由云南民族博物馆陈列展示部副主任盛亮老师主持。

② 展览人余宏刚主要从事中国少数民族艺术研究和艺术人类学田野考察工作，2009 年在巍山考察扎染时认识了李石生老师，随其学习并记录染色、扎法多种。后续常利用假期时间回访并住家学习，同时对自己所研内容给予回馈和分享。

③ 李石生，南诏镇自由村人，退伍军人，曾任村支书。1988 年 3 月，李石生向乡、县政府提交了建立巍宝彝族染织厂的报告并获批，创办了巍宝彝族染织厂，并担任该厂的厂长。随着企业发展，出于扩大生产规模、提高生产水平、增加用工需求的考虑，他多方筹措资金 30 多万元，于 1993 年新选厂址，新建办公楼，研究染色与针刺工艺。1999 年，他到日本拓展国际市场，经过洽谈等努力，从 2000 年起公司实现了外贸间接出口和自营出口的双渠道经营模式，填补了巍山外贸出口的空白，促进中日经贸交流与合作，提升了巍山扎染的国际影响力。面对扎染厂发展经营中的诸多困难和挑战，三彝扎染工贸有限公司于 1995 年建立并成立了党支部，李石生任支部书记，公司开拓创新，致力于扎染品牌和产业的提升打造。公司成立后累计产值 10697.3 万元，上缴税金 943.1 万元，发放工资 4278.9 万元，安置就业 200 多人，为地方经济发展和带领村民走上共同富裕之路做出了贡献。参见郭建辉、董有喆、左文清：《巍山彝族企业家李石生的创业路》，2019 年 7 月 3 日，https://www.sohu.com/a/324682533_657131。

④ 三彝扎染工贸有限公司包括三彝扎染博物馆与染坊。之所以称为"三彝"，主要取意于巍山彝族回族自治县彝族村落的三个彝族人一起合办。

扎，采用天然植物染就、做工精致、染色自然而富于变化、图案古朴而时尚，体现出机械复制无法替代的富于光晕且可分享的美感。在植物染色方面，该公司推广麻栗、苏木、水冬瓜、水马桑、栀子果、茜草、蓝靛、黄栎、紫茎泽兰等几十余种植物染色法。其中用检疫性有害外来入侵物种紫茎泽兰染色，实践其生态化改造与运用，是李石生的首创之一，并获得2014年国家创新基金奖励。此外，李石生及团队研发的植物伴侣染色法于2013年获发明专利（专利号：CN 201210125896.7），用此法染色，可增强上色性能，减少操作程序，降低生产成本，增加花色品种。然其贡献却远不止于此，更在于将巍山染布工艺进行收集、整理，从而使其体系化、规范化和品牌化，并在此基础上研发出与当代人生活密切相关的产品，如室内装饰（包括门帘、装饰画、摆件）、服装（包括衣物、围巾）、生活用品（包括窗帘、包、扇子、桌布/桌旗、茶垫、坐垫）等，这些产品在20世纪90年代至2010年大量出口到日本、韩国、英国、美国、加拿大等国，并远销北上广、香港、台湾等地，提升了巍山扎染的国际国内影响力。

图4　展品与染坊（向丽2022年7月摄于三弇扎染工贸有限公司）

非遗的保护和传承受到诸多因素的影响，如政策、市场经济、审美观念的嬗变、日常生活基础等，尽管非遗的"贵重"性得以不断增强，且非遗持续实践多种传承模式①，但其"行走"的生态环境仍有脆弱性。以巍山扎染为例，20 世纪末渐渐发展了 13 个扎染厂，90 年代至 21 世纪初巍山扎染发展势头比较好，但从 2010 年前后开始，一些经营商竞相打"价格战"，不惜亏本争夺订单，多难以为继以破产告终，目前巍山还能维持经营的扎染厂主要有两家：三彝扎染工贸有限公司、兴巍民族工艺厂②。2015 年后，随着经济形势的低迷以及日本市场订单的中断，加上 2020 年开始的新冠疫情，三彝公司经营举步维艰。更令人痛惜的是 2020 年李石生因病去世。当时公司已亏损多年，家族中也多有劝其停产以及时止损者，但李军③和李敏④兄妹俩念及父亲生前对扎染事业的挚爱，以及对员工未来去向和生计的担忧，不忍放弃。在抉择时尊重员工的去留意愿，竟无一人选择离开，这更坚定了他们继承父亲遗愿的决心。目前该公司有 36 名员工，多是 20 世纪 90 年代和 2000 年前后入职的老员工，二三十年的工作已让他们习惯了以厂为家。在公司的未来规划方面，李军和李敏谈道，尽管政府也在推动和支持巍山扎染，如 2019 年巍山县人民政府与依文众承手工坊文化（北京）有限公司⑤签署框架协议书，合作

---

① 如将非遗作为文化资源，在文化自觉与建构共同体的视野下，提倡遗产资源化/生产性保护；引入创意经济理念，实践文旅融合；发掘传承人保护/身份建构与认同机制；提倡一村一品、造乡运动、社区营造等，深入探讨非遗的根性及衍生物；倡导记录/传承/创新多样态保护与传承机制（非遗保护3.0层级）；实践多学科介入与跨文化传播，将非遗与美育深度结合，使非遗从人的情感联结与感性重构之维更为质性地进入当代生活；等等。

② 兴巍民族工艺厂建于 1994 年，主营扎染工艺品开发。企业 2002 年获得自营进出口权，为云南省文化出口重点企业，是云南省妇联"巾帼创新创业示范基地"和巍山县历届"优秀民营企业"，多次与中国妇女发展基金会"妈妈制造巍山县扎染合作社"开展社会公益活动。

③ 李军，1998 年入伍，退役后在巍山县建设局工作。2004 年至 2008 年在日本中京短期大学留学研习生活文化，并打理三彝公司在日本的销售业务。2022 年 7 月到巍山县机关事务管理中心工作至今。

④ 李敏，现任三彝扎染工贸有限公司董事长。连任三届巍山县人大代表；连任两届大理州人大代表。荣获巍山县"五一劳动奖章"、大理州女企业家协会"抗疫先进个人"荣誉称号。2022 年带领三彝团队荣获大理州"巾帼建功先进集体"荣誉称号。

⑤ 依文众承手工坊文化（北京）有限公司成立于 1994 年，经营范围涉及服装服饰、生活美学、礼品、文化创意等多个领域，旗下拥有多个高级男装品牌，曾在中非国际论坛、北京奥运会、庆祝新中国成立 60 周年华诞等重大活动中承担重要的设计及承制工作。参见李百祥：《巍山将与依文集团合作打造"南街扎染刺绣特色街区"》，《云南经济日报》2019 年 8 月 14 日。

打造巍山县"南街扎染刺绣特色街区",但疫情的到来,使这条"扎染一条街"还来不及"蓝起来"就已落寞。① 后续的发展要靠踏实传承和新的市场开拓。在传承方面,恢复古法大染缸,继续深研针法与染色工艺,并通过体验课程和培训活动加以推广和普及;在市场开拓方面,外贸与国内市场并进,在地方资源与艺术创意的基础上,致力于扎染品牌和产业的提升改造。以非遗资源化赋能乡村振兴。② "道阻且长,行则将至;行而不辍,未来可期。"此语虽多论及君子修身之道,但也适合于传承之道。

关于巍山扎染的现状以及其与地方经济文化的关系,笔者通过采访杨光樑③老师进一步了解到,扎染目前尚不能成为巍山的支柱产业,其原因有二。①巍山扎染在 20 世纪末至 2010 年多出口外贸,尤其受到日本市场青睐,其主要原因不在于工艺方面,一则日本劳动力价值过高,扎、染、拆、洗所需手工人数众多,费时耗力;二则日本草木稀缺,多不允许采摘,在植物染色原材料方面比较匮乏。日本虽利用中国劳动力价值和原材料,但其仍执着于根据自身民族审美偏好订制图案,对扎染手艺要求颇高,这也带来了扎染订制工艺的精湛以及中日审美趣味的交融。但在后续的市场竞争中,日本贸易商也参与了巍山"价格战",导致了巍山扎染市场的萎缩。②在扎染产品竞争方面,巍山地区主要用草木染而非化学染。草木染自然、环保,在原料获取以及工艺染制等方面都比化学

---

① 目前南街只有兴巍一家兼大理文化生态保护实验区的巍山扎染技艺传习所,对外主营扎染产品销售及体验课,街上零星几家铺面主要散卖三彝、兴巍和大理市的扎染产品。2022 年 8 月,三彝展示店在巍山古城北街 55 号开业。

② 被访谈人:李军、李敏,访谈时间:2022 年 7 月 21、25 日,访谈地点:三彝扎染工贸有限公司。

③ 杨光樑,白族人,1944 年出生于大理喜洲。少年入巍山,从事基层文化工作四十余年。撰写《中国历史文化名城辞典》(巍山部分),出版《走进神秘的边陲古国》《巍山民族民间歌舞》等著作,撰稿并参与摄制的《南诏故地巍山》《即将出土的珍珠》《巍山之旅》等多部电视专题片曾在中央电视台、上海电视台、云南电视台、台湾电视台以及韩国电视台等播出。先后接受过中央、地方以及韩国、日本、美国等十多家电视台的专访。在"云岭大讲坛"的"国学讲坛""先进文化论坛""大理讲坛",解放军国际关系学院、云南师范大学、云南农业大学等高校和一些机关、企业做过数百场专题讲座,为推介巍山、弘扬中华优秀传统文化做出了突出贡献。

染成本高出许多，其所蕴含的情感和温度及光晕性的美感与品位，也是化学染难以企及的。但单凭肉眼所见，大多数消费者难以区分，所以往往以价格论，致使草木染制品难以在旅游市场上与便利廉价的化学染制品相匹敌。鉴于此，杨光樑提出，巍山扎染未来的发展应当从两个方面发力。一方面，全力打造地域文化产品，在起步期急需国家的支持；解决小作坊各自为政、互相扯皮的问题，这些对于区域文化产业化发展极其不利，需要将非遗产业联合起来，这实则也是人的问题和治理问题。另一方面，提升技术工人劳动价值，持续培养非遗传承人和该行业的领头羊；将草木染作为高端艺术，在设计和工艺制作方面融入品牌化和时尚化理念，推动精品品牌发展战略。①

在草木染方面，杨光樑尤其提及紫茎泽兰，感叹这种入侵植物繁殖能力太强，令人头疼，对于通过某种工艺将其变废为宝曾充满期待，而草木染恰恰具有这种时尚升级改造的魔力。诸种植物以其形色在织布上，在手作、温度与湿度的共同作用下彼此"对话"，或如荷塘月色，袅袅婀娜，或如狂野丛林，娆娆婆娑，都成就了不可思议的美。

"流动"基于时空的交织以及物与人彼此的敞开与交流，更指向对坚固的观念与惯习的重构。在"抢救"式非遗保护与传承的语境中，非遗的贵重性主要原因有二：一是其濒危现状；二是其凝结着历史长河中民众的集体智慧与文化传统。在当代非遗传承中，文化传统和民间智慧的接衍无疑是一种行走之道。《论语》中载，孔子有言："知之者不如好之者，好之者不如乐之者。"意即，在人类认知过程中，趣味与审美境界胜于认知层面。于非遗传承而言亦然。与此相关的问题，诸如非遗的美感何在，非遗如何契合和建构当代人的审美趣味与品位，非遗如何作为审美资本成为当代社会经济发展的动力，时尚的内核和机制是什么，非遗/乡土艺术/本土艺术是否可以作为独特的艺术形态和审美趣味融入当代时尚经纬的编织之中，从而以轻盈而坚实的脚步行走，都是当代非遗保护与传承值得探讨的问题。

---

① 访谈时间：2022 年 8 月 1 日，访谈地点：大理巍山。

# 三 时尚与非遗的行走

关于时尚，人们往往惯例性或常识性地瞬间想到服饰、外貌或风格，然而，这些都只是时尚的载体和外在显现。事实上，时尚既是一种物质文化，也是一套符号和象征系统。尤其是今天，时尚已经成为当代社会和文化研究的重要课题，"通过时尚来思考"，我们可以窥见社会的转型和变迁的内核与机制。概言之，审美与时尚，可以成为未来生活的某种预演，这实则是关于审美革命的问题。

那么，何为审美革命？20 世纪 50 年代法国文艺评论家安德烈·马尔罗（André Malraux）针对人类学批评如何成为自身的"解毒剂"[1] 提出，所谓的"审美革命"主要指将以前民族学上的手工品转变为西方公众眼中的艺术品。[2] 此种"转变"或"变形"实则表征着审美意识形态的嬗变，从而使那些在既定审美等级秩序中被压抑的边缘群体的审美经验及其特殊的表征方式，变得可以被"看见"。不仅如此，法国哲学家雅克·朗西埃（Jacques Rancière）的政治美学为审美革命做了较好的"注脚"。他将政治界定为从根本上是审美的，并以对感性的重新分配撬动社会秩序。其关键在于，他所理解的自治不是艺术作品本身的自治，而是审美经验的自治。朗西埃在把握自治性与他治性在席勒美学中原初的联结方式时所总结的关于经验的自治和艺术作品的自治的区别以及审美

---

[1] 人类学是西方在推行其殖民化势力，采集与西方发生联系的非西方文化的过程中逐渐发展起来的学科，其在产生的最初无疑具有浓重的"西方中心主义"意识形态特征。二战以后，随着殖民地人民逐渐从殖民统治中解放和独立出来以及西方自身内部出现各种文化危机，西方人类学家开始回归本土文化研究，异文化潜在的反思维度逐渐被发掘出来。人类学就其边缘性向权力中心发出质疑，以其特殊的存在方式威胁着业已建构的看似坚不可摧的权力和知识结构。在走向自身现代性的历程中，人类学艰难地选择了自我批判的方式重构自身。参见中国社会科学杂志社编：《人类学的趋势》，北京：社会科学文献出版社，2000 年；乔治·E. 马尔库斯、米开尔·M. J. 费彻尔：《作为文化批评的人类学：一个人文学科的实验时代》，王铭铭、蓝达居译，北京：生活·读书·新知三联书店，1998 年。

[2] 转引自阿列西·艾尔雅维奇著，胡漫编：《批判美学与当代艺术》，上海：东方出版中心，2019 年，"前言"，第 11 页。

经验的异质多样性的阐释，在很大程度上深入探讨了审美和艺术的能动性及其与社会建构之间的深层联系，并且尝试通过"可感性的分配"和"歧感"构建艺术与政治、生活之间的并非切断各自联系的共同体的"自足"。① 正是这种流动的对等级和暴力所建构的秩序的审视与增补，使那些"小写"的"复数"的艺术能够从根本上融入社会的转型和变迁之中。

仍以传统手工艺为例，作为非遗的组成部分，② 它虽多以"物质"形态呈现，但其"非物质性"在于生活性、日常性和传承性，同时它又往往与非遗的其他四种形态，亦即口头传说及表述，表演艺术，社会风俗习惯、礼仪节庆，有关自然界和宇宙的知识及实践等紧密相关，并与它们共同编织出传统文化景观。这样的事实却并不意味着它可以得到妥善的对待。一方面，在传统的人类学研究范式中，相关研究虽更多地将手工艺与生活场景、信仰、仪式等相结合进行探讨，却又往往过多倚重于手工艺作为社会生活的衍生物，探究其社会功用性，终是将传统手工艺作为"物"甚至静态的物加以对待。另一方面，作为"物"形态的传统手工艺具有实用性和装饰性等特征，在将其从"物"通过美学叙事"转化"和"升格"为"艺术品"时，往往存在两种矛盾的心理与叙事策略：一则"返回"传统手工艺的历史脉络现场，但同时因其偏"物"性与功用性，而拒绝将其作为艺术品对待，更无从谈其审美特性；二则过多强调其审美和艺术特性，而忽略了传统手工艺与社会生活和文化习俗等的内在关系，如此，手工艺的形制和风格也会变得晦暗不明，即使其装饰性和表面的美感在"复制"美学中演绎，也抵不过因复制无源甚而

---

① 参见雅克·朗西埃：《歧义：政治与哲学》，刘纪蕙、林淑芬、陈克伦、薛熙平译，西安：西北大学出版社，2015 年；雅克·朗西埃：《美感论：艺术审美体制的世纪场景》，赵子龙译，北京：商务印书馆，2016 年；雅克·朗西埃：《美学中的不满》，蓝江、李三达译，南京：南京大学出版社，2019 年。

② 2005 年，国务院发布的《关于加强文化遗产保护工作的通知》中对非物质文化遗产的定义是："各种以非物质形态存在的与群众生活密切相关、世代相承的传统文化表现形式，包括口头传统、传统表演艺术、民俗活动和礼仪与节庆、有关自然界和宇宙的民间传统知识和实践、传统手工艺技能等以及上述与传统文化表现形式相关的文化空间。"我国的非物质文化遗产相应地主要涵盖五个方面的内容：1. 口头传说及表述；2. 表演艺术；3. 社会风俗习惯、礼仪节庆；4. 有关自然界和宇宙的知识及实践；5. 传统手工艺。

沦为"快餐式"文化的"用过即扔"之命运。

关于如何理解传统手工艺的这些境遇，我们可以从荷兰学者范丹姆（Wilfried van Damme）总结的运用人类学方法研究美学问题遇到的两个障碍，以及对于传统西方美学批评范式的揭橥中，了解到此种审美意识形态形成的症结及其出路。范丹姆指出，尽管人类学与美学之间具有天然的联系，但审美情感是个人的、内在的状态，它很难通过民族志研究方法得到充分了解。因此，人类学家一般都通过处理不包含人类主观情状的艺术主题来回避这个问题，研究的重点相应地集中在静态的艺术成品上。此外，西方传统人类学往往认为非西方文化中缺乏以言辞表达出来的审美观，甚至据此假定非西方族群不具备审美感知的能力。① 这些都在很大程度上影响了"观者"对于非西方族群、少数族裔审美感知及其表达（包括其手工制品）的认知与评价。此外，范丹姆指摘了传统西方哲学和美学批评中存在的两种二元对立式的审美意识形态："'艺术品'的形构主要来自两种亚刺激，一种是语义的，一种是形式的，分别引起一种认知的、非审美的反应，以及非认知的、审美的反应。"② 对于这种将形式与内容的严格区分作为审美与非审美的评价标准的常识性做法，范丹姆认为它在很大程度上是错误的，并且指出："我们应当提出，审美反应是由'形式—意义'或'形式—语义'刺激所引发的，并且将这种观念贯穿在整个研究当中。"③ 这同样是一场正在酝酿的审美革命，它将在很大程度上破除"美"寄寓于形式以及审美无功利的审美幻象，从而使"美"与艺术以更真切的"形式"展现。

概言之，传统手工艺兼具功用性与审美性，这实则是一种"常识"，我们也只是要回到此种"常识"。但此种"返回"，不是回到它的原初形式，而是真正将其作为审美资本，通过创意经济"让"它"行走"，弥散出独特的当代品位。在某种意义上可以说，这正是时尚的真谛。抑或说，通过向后看而走向未来，是时尚更具有本源性的内在逻辑。

---

① 参见 Wilfried van Damme, *Beauty in Context: Towards an Anthropological Approach to Aesthetics*, Leiden, New York & Köln: Brill, 1996, pp. 13 – 30。
② 范丹姆：《审美人类学》，李修建、向丽译，北京：文化艺术出版社，2022 年，第 129 页。
③ 范丹姆：《审美人类学》，李修建、向丽译，第 130 页。

　　时尚学是一个跨学科的话题，它涵盖人类学、社会学、美学、文化研究、女性研究和媒介研究等领域，在马克思、弗洛伊德、西美尔、本雅明、巴赫金、梅洛 – 庞蒂、罗兰·巴特、德勒兹、福柯、鲍德里亚、德里达、拉图尔、巴特勒等学者的理论图景中，都可以撷取出关于时尚的精辟阐释，它们对于当代社会仍能产生巨大的回响。这些理论与见解不胜枚举，涉及资本、拜物教、身体/具体性、恋物、凝视、社会形式、灵晕、时间、狂欢、怪诞、身份地位、符号、社会"拟剧化"、日常生活、表演、褶皱、游戏、话语、治理、生命政治、消费、场域、惯性、文本、书写、结构、解构、行动、性别、超越等话题，并且基本形成了一种共识，亦即，时尚是一种与当代性紧密相关的社会文化力量，作为社会转型和变迁的微妙表征，它给予我们重新"看"世界的方式与反应。

　　正如马克思和恩格斯在《共产党宣言》中指出的："一切固定的僵化的关系以及与之相适应的素被尊崇的观念和见解都被消除了，一切新形成的关系等不到固定下来就陈旧了。一切等级的和固定的东西都烟消云散了，一切神圣的东西都被亵渎了。人们终于不得不用冷静的眼光来看他们的生活地位、他们的相互关系。"① 从某种意义上可以说，一切坚固的东西烟消云散时，时尚也恰恰产生，② 这一点是隐秘而重要的。法国诗人波德莱尔将现代性视为短暂的、过渡的、偶然的，本雅明称波德莱尔是发达资本主义时代的抒情诗人，并从波德莱尔的几个母题中萃取现代性的体验。机械复制时代是一个灵晕消逝的"年代"，本雅明将现代人特有的一种心理机制称为"惊颤体验"，并认为能够对此种惊颤进行快速的消化并从中获得快感才是现代人特有的一种心理能力。③ 但这种消化并非一蹴而就的，尤其是在中国"三级两跳"的特殊语境中，此种消化不仅尚未完成，而且更多地呈现出一种共在缠绵的状态，与此同时，"惊颤"被"消化"和延宕为一种叫作"乡愁"的特殊体验。

---

① 《马克思恩格斯选集》第 1 卷，北京：人民出版社，1995 年，第 275 页。
② 参见安格内·罗卡莫拉、安妮克·斯莫里克编著：《时尚的启迪：关键理论家导读》，陈涛、李逸译，重庆：重庆大学出版社，2021 年，第 21 页。
③ 参见本雅明：《发达资本主义时代的抒情诗人》，王才勇译，南京：江苏人民出版社，2005 年。

　　这同时意味着，时尚从来就不是直线迸发式的，它是流动的因此也始终处于一种解构与建构的状态，在其螺旋上升的历程中，我们可以窥见它的双重逻辑："时尚的建构机制既可以是新奇的、反叛的，也可以是传统的、自然主义的。当代时尚逻辑具有将原本处于不同等级序列的风格交相杂糅的想象力和分配能力，这恰恰见出了时尚的两副面孔和缜密的双向运作机制。在此意义上，时尚问题就成为了时代与社会，情感与想象的最富于魅力的一面镜像。"① 时尚的新奇性与反叛性自不必赘述，在后现代美学叙事里，在当代艺术风格爆炸式的异彩纷呈中，我们总能嗅到时尚变幻莫测的气息，体验纷至沓来的"惊颤"。社会矛盾和心理问题如烦躁与痛苦、苦闷与迷茫、战栗与恐惧、荒诞与颠倒、绝望与信心等，都可以通过艺术的形式"真诚"而剧烈地表达出来，产生一系列无法归纳的、令人不安的"表情"和"暗黑美学"②，以及混语和多声部"共鸣"。其间也不乏情感的调配高手，可以不动声色地挪用、戏仿大众的极致情感，并且通过资本化运作将其成功地贩卖出去。

　　总之，这是一个多元主义和众声喧哗的时代，艺术世界的体制正在发生急遽的变化，美几乎从 20 世纪的艺术现实中消失，亦即美国艺术批评家阿瑟·丹托所宣告的，艺术已经走向终结，③ 甚而，"美的滥用"成为艺术家脱离他们所轻蔑和对抗的社会的手段。④ 的确，当"美"从传统

---

① 　向丽问译，彭静莲答：《审美人类学视野下的时尚美学：访彭静莲教授》，《思想战线》2020 年第 1 期。

② 　参见安格内·罗卡莫拉、安妮克·斯莫里克编著：《时尚的启迪：关键理论家导读》，陈涛、李逸译。暗黑美学是当代艺术的一个特征，它常常令人不适。其代表人物有英国艺术家弗朗西斯·培根（Francis Bacon，1909—1992）、意大利画家尼古拉·萨莫利（Nicola Samori，1977—　）等。暗黑美学不是一个普及的美学范式，往往与亚文化相联结，在其离经叛道的荒诞世界里，在其隐藏的神秘、病态、诡异、残缺里，更多包含的是对于未知的恐惧，甚至要穷尽使人类岌岌可危的尴尬处境。参见周至禹：《当代艺术的好与坏——中央美院教授的 10 堂当代艺术课》，北京：中国画报出版社，2019 年，第 28—33 页。

③ 　在黑格尔宣判"艺术解体"整整 156 年之后，丹托在 1984 年重提了这个命题，称之为"二次终结论"。黑格尔的终结论或解体论主要指艺术作为感性显现的理念之式微，丹托的终结论主要就艺术史而言，是对于哲学剥夺艺术这一事实的美学回应。

④ 　参见阿瑟·丹托：《美的滥用——美学与艺术的概念》，王春辰译，南京：江苏人民出版社，2007 年，第 31 页。

的哲学的剥夺中解放出来时,当杜尚的"泉"向我们发出惊世骇俗的挑战时,当我们无法凭肉眼辨识安迪·沃霍尔的作为艺术的盒子与超市里的布里洛盒子时,艺术与生活的边界在不断打破,几于瘫痪的美学世界在日常生活和感性碎片中获得了重建的无限契机。然而,从加速社会到倦怠社会,人们又产生了某种对于古典美或原始主义①的眷恋,以及对于"慢下来"的渴慕,这恰是当代最微妙而真切的审美经验。

正如德国社会学家、哲学家齐奥尔格·西美尔在《时尚的哲学》中提出的这样一个问题:"一旦较早的时尚已从记忆中被抹去了部分内容,那么,为什么不能允许它重新受到人们的喜爱,重新获得构成时尚本质的差异性魅力?"② 这对于辨识时尚复杂结构的内核具有关键性的意义。一方面,基于"向前看"的反叛性、新奇性作为一种"中断",可以开启新的审美经验。③ 另一方面,与此相伴的"往回看",从那些失去的、被远抛的却仍然活着的过去中,寻找另一种差异性魅力,这与新奇性所蕴含的"中断"审美经验殊途同归,提供一种能够接衍基因并且流淌着血液的当代时尚建构之道。

手工艺具有手工性、生活性、精巧性、上手性等特征,主要涵盖贵族的工艺、个人的工艺和民艺三种类型。④ 其中,民艺之"美的法则"恰恰在于虽平凡却与民众日常生活相结合。然而,这种源自民间的过去之

---

① 如 18 世纪的浪漫主义者不满启蒙运动中的理性主义,倾向于将那些曾被视为"无知""未开化"的他者及其田园式生活当作与机器大生产所带来的重复性与冰冷性生活相对照的伊甸园,原始主义以及怀旧主义弥漫在整个浪漫主义文学艺术运动之中。尤其是被誉为"浪漫主义之父"的卢梭对于物质文明的发展所同时带来的人的道德的退化甚至败坏的忧虑,以及对于自然和人原初本真状态所包含的审美启蒙功能寄予的无限憧憬,在后世的文化反思与重构中产生了巨大的回响。19 世纪末 20 世纪初,在西方世界渐渐兴起的原始主义风潮,启发了人们对于非西方艺术、原始艺术的认知与欣赏,其奇谲的想象与表现的力量成为西方传统艺术变革的强大动力,并贯穿于野兽主义、立体主义、抽象主义、表现主义、超现实主义、未来主义等诸多西方现代流派。
② 齐奥尔格·西美尔:《时尚的哲学》,费勇等译,广州:花城出版社,2017 年,第 121 页。
③ 如川久保玲的作品以破碎的、立体化的、隐藏身体式的设计而著称,尤其以黑色意象弥漫的磨损的尾端、皱褶和破洞以及"碰撞系列"等挑战了西方传统的美丽与女性概念。这种反叛性以其对"传统"意识形态的"中断"而建构出关于社会生活的时尚。
④ 参见柳宗悦:《工艺文化》,徐艺乙译,桂林:广西师范大学出版社,2011 年,第 22—23 页。

物，在传统美学视野中往往被忽略或被视为平庸的生活俗物，甚至被固执地认为与艺术毫无关系。所幸的是，手工艺所蕴含的技艺之道与民间智慧作为审美资本，正在融入当代时尚与品位的建构之中。"审美资本"和"审美资本主义"是当代美学研究的前沿议题，它一方面源于对经济基础与上层建筑空间隐喻的再讨论，亦即，审美和艺术不只属于上层建筑，还作为一种特殊的意识形态形式，在当代社会发挥"基础性"功能；另一方面则源于对审美/艺术与经济如何基于人的情感结构而建构新型关系的纵深探讨。[①] 概言之，基于场域的流动与编织，手工艺作为审美资本的当代价值，主要体现在非遗资源化、品位/时尚建构以及疗愈美学等三个方面，分别主要联结审美/艺术与乡建、创意经济、人之感性的恢复与激活等当代美学前沿议题。

　　首先，审美和艺术不仅作为"上层建筑"反作用于经济基础，而且它本身就成为"基础"，这是后现代美学叙事中最引人注目的基本事实。[②] 中国有悠久而精妙的礼乐文化与制度，它们弥漫于宗教、政治、伦理以及民众的日常衣食住行各个方面，在特定仪式性的美学氛围营建中，通达礼乐相济以至和合之境，正是中国丰富而独特的审美治理机制。而手工艺作为日常生活审美与品位的基础，也成为此种审美治理的重要物质载体和审美资本。艺术人类学学者方李莉指出，中国不仅是乡土中国，还是手艺中国。关于这一点，西方人对中国的手工艺历史的评价甚至比我们中国人高得多。例如美国学者罗伯特·芬雷（Robert Finlay）在《青花瓷的故

① 向丽：《审美资本与审美资本主义批判》，《思想战线》2021 年第 6 期。"审美资本"和"审美资本主义"的相关研究可参考奥利维耶·阿苏利（Olivier Assouly）、彼得·墨菲（Peter Murphy）和爱德华多·德·拉·富恩特（Eduardo de la Fuente）、格诺特·伯麦（Gernot Böhme）、维尔纳·桑巴特（Werner Sombart）、凡勃伦（Thorstein B. Veblen）、乔治·巴塔耶（Georges Bataille）等学者的探讨和阐释。
② 德国哲学家沃尔夫冈·韦尔施（Wolfgang Welsch）将这一重大转向表述为，"美学不再仅仅属于上层建筑，而且属于基础"。参见沃尔夫冈·韦尔施：《重构美学》，陆扬、张岩冰译，上海：上海译文出版社，2002 年。法国哲学家奥利维耶·阿苏利则在此基础上进一步指出，从 20 世纪末至今，审美资本主义是资本主义主要的发展趋势，它的一个非常突出的特征是，审美和艺术成为经济增长与社会发展的主要动力；或者说，审美之战已经成为工业文明社会里经济战争的核心。参见奥利维耶·阿苏利：《审美资本主义：品味的工业化》，黄琰译，上海：华东师范大学出版社，2013 年。

事：中国瓷的时代》一书中，展现了以瓷器为代表的中国手工艺携其美学及实用价值在几个世纪内征服世界的历史，讲述了中国第一次全球化的故事。[①] 在他看来，从汉朝一直到清嘉庆年间，中国都是世界经济的引擎。当时中国是最大的出口国，主要出口手工业产品。方李莉指出，尽管由于工业革命的冲击，基于慢速经验和非标准化生产的手工艺及其所根植的乡土秩序受到极大的创伤，甚至还来不及修复，但手工业的复兴是有可能的。方李莉基于其主持的国家社科基金艺术学重点项目"社会转型与传统工艺美术的发展研究"的工作，组织了 12 个小组，到全国各地进行调研。在考察中了解到景德镇现在就有 15 万陶工，在福建莆田仙游就有 20 多万木匠，在宜兴做壶的陶工就有 10 万人等，这是全世界都不曾有过的现象。虽则西方也有手工业，但是它们更多的只是把手工业品当作艺术品加以欣赏。而在中国，手工艺不是概念化的艺术，艺术生产可以成为产业，并且塑造人的衣食住行方面的生活样式，这正是一场生活革命。[②]

通过当代艺术理念与实践激活乡村之美，以手工艺为产业化基础，推动乡村经济的发展，这也正是在费孝通先生提出"人文资源"并努力探讨西部人文资源的保护、开发和利用的基础上，方李莉及其课题组提出的"从遗产到资源"或"非遗资源化"的内核。在方李莉看来，费孝通先生一生做了两篇大文章，一篇是"志在富民"，一篇是"富了以后怎么办"，关心的分别是中国社会发展中的经济建设问题和文化建设问题。前者是基础，后者是对于美好生活的期待与共建，而"非遗资源化"恰因其涵盖经济与文化等综合因素，无疑成为人类迈向美好生活的重要路径之一。其中，"非遗资源化"中的"资源"是"人文资源"而非单纯的经济资源，它包括人类的历史、文化、艺术等无形文化财产，是可以促进人类继续发展的文化基础。鉴于此，审美资本主义跟以前的工业资本主义形态最大的区别是，工业资本主义发掘的是自然资源，而审美资本主义发掘的是人文资源。自然资源是需要垄断的，因为它会越来越少，所以

---

①　罗伯特·芬雷：《青花瓷的故事：中国瓷的时代》，郑明萱译，海口：海南出版社，2015 年。

②　方李莉、向丽：《中国艺术乡建的实践与未来：与方李莉的对话》，《云南师范大学学报》（哲学社会科学版）2022 年第 4 期。

它常常引发争夺甚至战争；但是人文资源是可以分享的，并且越分享越丰富，因为它是可再生和可持续的，"生态中国"的理念与此紧密相关。①

其次，手工艺具有生活性、实用性、道德性、民众性等特征，正是在对天地人神的尊崇与对人生礼仪的尽心尽意中，才会产生繁复而精致的艺术形式。即使与生活的贫瘠共存，这种"奢侈的艺术"所蕴含的品位及其美学氛围，也曾并且会继续获得不可估量的珍重。如明末名士文震亨的《长物志》重现了中国古代文人逸趣与生活镜像，涵盖室庐、花木、水石、禽鱼、书画、几榻、器具、衣饰、舟车、位置、蔬果、香茗，② 展现出了中国物质文化如何受制于礼乐制度，从而以"长物"③ 对阶层、趣味、偏好、品位等进行深层次的形塑。在当代，通过创意经济推动手工艺的品牌化和时尚化，也是手工艺基因接衍从而营构当代生活美学的重要途径之一。

英国将物质和非物质文化遗产的保护与传承同创意经济④和文化创意产业相结合，尤其是依托区域内的各大博物馆，培养创意人才，走出了一条特色之路。如英国将博物馆与创意人才的培养相结合，通过英国教育部门，以博物馆为场域重点发展三个阶段的教育：幼儿园与小学阶段，主要学习和积累历史文化知识，参观博物馆和文化遗址等；中学阶段，主要培养学生对艺术的鉴赏力，且这些艺术门类多与非遗有关；大学阶段，重点培养

---

① 方李莉：《"文化自觉"视野中的"非遗"保护》，北京：北京时代华文书局，2015年，第105页；费孝通、方李莉：《关于西部人文资源研究的对话》，《民族艺术》2001年第1期；方李莉、向丽：《中国艺术乡建的实践与未来：与方李莉的对话》，《云南师范大学学报》（哲学社会科学版）2022年第4期。

② 文震亨著，李霞、王刚编著：《长物志》，南京：江苏凤凰文艺出版社，2015年。

③ "长物"语出《世说新语》中的一个典故，英国艺术史学家柯律格（Craig Clunas）将"长物"译为"多余之物"，也是晋人的出典，正是这些"多余之物"所蕴含的奢侈和品位及其孕育的时尚建构和文化操控机制，成为明代审美治理的隐秘而重要的"物质基础"。柯律格借鉴法国社会学家布尔迪厄的区隔理论，从"物之书""物之观念""物之语""往昔之物""流动之物""物之焦虑"等维度探析了明代物质文化消费如何作为社会的缩影，尤其是通过"发明趣味"和"中国审美主义的早期表现形式"来建构和稳固传统精英阶层的社会地位。参见柯律格：《长物：早期现代中国的物质文化与社会状况》，高昕丹、陈恒译，北京：生活·读书·新知三联书店，2015年。

④ "创意经济"这一概念最早产生于英国，它首次出现于1998年11月英国工党政府创意产业工作组发布的《英国创意产业路径文件》。"创意经济"涵盖社会各个领域，包括文化、创意及其系列文化产品的研发及推广。

艺术人才，国家层面设置专项的青年创意家项目，并向全球市场推广。① 可见，当代博物馆已然不是单纯的物的集中与展示地，而是物与人的联结之所，尤其是审美教育与创意的生发之地。创意之源来自历史与记忆，"记忆"是审美经验中最为内隐而重要的存在，它与某物何以成为艺术品或审美对象紧密相关，同时也以集体选择的方式建构着品位与时尚。②

手工艺的品牌化和时尚化并非形式主义的问题，它与非遗的双螺旋结构和传播，以及讲故事的叙事美学及其蕴含的人的感性结构的再生产紧密相关。一方面，"非物质文化遗产所涵盖的人类无形文化创造呈现类似于 DNA 的双螺旋结构。它的两条主链（backbone）分别是非遗本体相对稳定的传承形态和非遗在跨时空传播中提取、融合、变异的衍生形态。两者在历史演进中不断通过'链接键'交替连接，似'麻花状'绕着共同的轴心盘延伸，形成双螺旋构型"③。时尚是流动的，但它同时基于跨时空语境，实践本体论式的新融合与衍生，也正是这种始终缠绕的变动不居而又稳固的双螺旋结构，使"向后看"的怀旧乌托邦流溢出光芒。在此意义上，意大利美学家吉奥乔·阿甘本将时尚作为当代性的一个绝佳例子来看待，这是极富于意味的。在他看来，时尚聚集着特殊的时代体验，"时尚可以'援引'过去的任何时期（20 世纪 20 年代、20 世纪 70 年代，以及新古典主义或帝国风格时期），并通过这种方式使那些时刻变得再度相关与合宜。它因此可以将那些已经被无情分裂开来的事物重新联结起来——召回、唤醒并复兴那已被宣布为死亡的东西"④。另一方面，跨时空的时尚对于非遗的"提取""融合""变异"等，实则正是关于如何讲故事的文化再生产。从非遗原生态到创意经济所营建的市场消费，如今已呈现新的消费景观。此种消费并非局囿于对"物"的消费，而更多地指向一种体验性的消费，或者说是一种对于自我期许的身份、

① 黄晓洲：《文创理念与非物质文化遗产传承及发展》，北京：中国社会科学出版社，2021年，第76页。

② 参见 Herbert Blumer, "Fashion: From Class Differentiation to Collective Selection," *The Sociological Quarterly*, Vol. 10, No. 3 (1969), pp. 275 – 279。

③ 杨红：《非物质文化遗产展示与传播前沿》，北京：清华大学出版社，2017 年，第 251 页。

④ Giorgio Agamben, *What Is the Contemporary*, *What Is an Apparatus*, trans. by David Kishik and Stefan Pedatella, Stanford: Stanford University Press, 2009, p. 50.

地位、声望、品位的消费，在此过程中，人的感觉结构被重新形塑和分配，并以配置的方式再生产出"美"和艺术的新形式与新价值。这与当代审美消费营销的方式有紧密的联系，因为"要使营销技术有效，必须将它纳入所有传统经济边界之外的领域，也就是私人生活、个人存在，与身体、内心、神圣、象征、审美愉悦、精神价值、伦理、集体关系、社会和个人解放相关的领域"①。于此，创意与时尚借由过去之物制造某种梦境，容纳和叠合着人的更为繁复的需求与想象。

以现代扎染工艺为例，通过跨界设计、技术集成、时尚创意、面料创新设计，对各种织物进行抓、绕、缠绞、打结、压褶等手工处理，辅以浇色、注染、浸染、吊染、段染、喷染、泼染、刷绘、拓印等工艺，其呈现出传统晕染写意之韵味，或由色块褶皱碰撞而绽放的现代之美。传统工艺有其古老的传统，几经沉寂，又随着时尚潮流的更迭被重新点燃。从20世纪六七十年代始，扎染尤其是扎染牛仔裤成为嬉皮士的标志，这种表达迷幻、自由、爱与和平的嬉皮扎染时尚，继而又成为在年轻人群中不断"发酵"与演变的潮流精神。例如，在世界各大品牌的2020年春夏新品发布会上，可以看到众多扎染元素的注入与融合，如美国艺术家 Sterling Ruby 的首个服装品牌 SR. Studio. LA. CA、意大利品牌 MSGM、法国时尚品牌 Études、以及 A$AP Rocky、Virgil Abloh 等品牌的设计与推广都大量运用了扎染元素，其他时尚品牌如 Stella McCartney 带来渐变设计的扎染服装，Matthew Williams 的 1017 Alyx 9sm 和 Kris van Assche 的 Berluti 也都为扎染赋予了全新的艺术表达。再如 Loewe 与 Paula's Lbiza 的联名系列，将街头文化通过扎染拼接表达出来；Nike 新一季款式也通过扎染技法去诠释品牌的风格；越来越多的日本品牌也将这种传统工艺技法融入设计之中，如 KAPITAL 将 Shibori 扎染工艺与靛蓝相结合，成就无法预测的图案。② 可见，通过创意设计与技术提升，扎染不

---

① 奥利维耶·阿苏利：《审美资本主义：品味的工业化》，黄琰译，第 117 页。
② 参见 TOPMEN 男装网：《2020 年春夏最火的扎染能不能打动你？》，2019 年 7 月 5 日，http://fashion. sina. com. cn/style/man/2019 - 07 - 05/2224/doc-ihytcerm1586752. shtml?tj = none &tr =9；潮乐志：《从嬉皮士到亚逼，扎染为何能在时尚界屹立不倒？》，2020 年 5 月 10 日，https://www. sohu. com/a/394271198_495155。

再局囿于日常生活领域，而是作为一种富于意味的当代艺术表达，同时也成为考察当代中国关于前卫、解构、简洁、绿色环保、文艺、随性、休闲、本真、释放、卓尔不群、反叛、诙谐、修身、中式、多彩、浪漫、混搭、幽默、性感、嬉皮、炫耀、自然、暗黑、先锋、新生代、怀旧、复古、融合等审美偏好和情感结构的鲜活镜像。[1] 于此，时尚并不只是服装的符号化表达，它更多的是一种时代精神与情感结构的编织与营构。

较现代扎染与多媒介和品牌结合打造新奇、反叛的审美风尚而言，草木染更多地以其稳重而多变、古典而奇谲、自然而本真的品位，为卷入加速社会和倦怠社会中的人们提供一种柔软的抚慰。草木染主要指采用植物的根、茎、叶、花、果实、果皮、干材等为染料，为棉、麻、丝、毛、葛等纤维织品上色。在中国，草木染的历史非常悠久，《夏小正》记载，"五月，启灌蓝蓼"；《荀子·劝学》中载，"青，取之于蓝而青于蓝"；《周礼》中有载"染人"和"掌染草"职。《诗经》里涉及绿、茹藘、楝、蓝、柘等植物染料，[2]《天工开物·彰施第三》对草木染工艺方法有详尽的记载。再如2018年热播剧《延禧攻略》以清代乾隆朝为背景，根据乾隆十九年（1754）至乾隆四十年（1775）织染局染作档案统计，染物色总计如下：蓝色系有鱼白、玉色、月白、深蓝、宝蓝、石青、红青、元青；黄色系有明黄、金黄、杏黄、柿黄、生沉香、麦黄、葵黄、秋香、酱色、古铜等；绿色系有松绿、深官绿、黄官绿、瓜皮绿、水绿、砂绿、豆绿等；紫色系有藕荷、铁紫、紫红、青莲等；红色系有水红、

---

① 例如脱胎于传统民间工艺并成为现代设计理念支撑的艺术染整，具有艺术和科学、民艺与时尚相融并汇的多重属性，从而形成诸种视觉差别化审美风格。它区别于传统扎染、蜡染、蓝印和工业印染等，同时是它们的综合与再造。此种综合性工艺在男装产品设计中被加以运用，能够激发消费者的情感认同与文化共鸣。近年来，一批坚持原创设计风格的新锐品牌如"速写""非池中""花笙记"、市场运营比较成熟的休闲男装品牌如"马克华菲JEANS""卡宾休闲"、探寻契合东方人穿衣哲学的设计师品牌"单农"、来自中国上海的工匠先锋时装品牌"ZIGGY CHEN"，以及"国家艺术染整与现代扎染产业基地"的江苏华艺自主品牌"HAISI嗨思"等，在艺术染整工艺品牌差别化定位、产品设计创新方面，都具有一定的代表性。参见季小霞、顾鸣、梁惠娥：《基于男装品牌调研的艺术染整产业应用研究》，《丝绸》2019年第9期。

② 潘富俊：《草木缘情：中国古典文学中的植物世界》，北京：商务印书馆，2015年，第51—53页。

桃红、大红、月红等。① 古之草木染与万物有灵、天地崇拜、政治等级等有紧密的关系，而今天对于草木染的偏好多与草木稀缺性、工艺取色染制难度以及自然疗愈有关。

以笔者到大理床单厂艺术区②考察为例，在艺术创意与流动中，可以窥见年轻群体对于草木染的偏好的增长。从某种意义上可以说，艺术区和创意园也是流动博物馆，它容纳、形塑以及再生产当代时尚与品位。大理市集目前有大理床单厂艺术区市集、四季街市、植物园市集、康忙市集、三月街市集、十亩方田市集、良道市集、水花庄园市集、柴米多市集等，以手工艺及其创意产品推广和销售为主。以大理床单厂艺术区市集为例，每周六周日开放，是旅居艺人和手作爱好者的小天堂。在这里，你可以看到许多手作包、首饰、服装、绘画、自编小说与诗集、手工香、乐器、古玩、木雕等，摊主们来自全国各地，也会根据市集发布的信息到北京、上海、广东、江西等地推广产品，创作、流动、旅居、分享故事、再创作，这也是他们选择的一种生活方式。例如，目前在大理床单厂艺术区市集有5—7个摊位和店面在卖草木染服饰，它们也在柴米多等市集上流动展示。在所取草木染原料及染法上，如柿晒、蓝靛、核桃、薯莨、栀子、紫茎泽兰、咖啡、普洱茶染等，各显其色，多见黄红灰紫几色，尤其是以大地色为基础用色的米色、灰色系颇受年轻人喜爱，符合人们转向自然、侘寂风与"慢下来"的审美品位。草木天然的色彩与织物相遇，呈现出原生态的纹理与质感，表达出一种极简、纯粹、质朴、生态、随性、空灵的"光晕"之美。不仅如此，草木染最令人感动之处在于，它对粗糙、残缺、不完美、枯寂、黯然、冷淡、寂寞、哀切、忧郁等也饱含尊重与包容，在其安静、斑驳、褪色中释放出不动半分的谦虚美与圣贫之德，令人为之震撼。每件作品即便看似贫陋，也都

---

① 郭浩、李健明：《中国传统色——故宫里的色彩美学》，北京：中信出版集团股份有限公司，2020年。

② 大理床单厂艺术区是大理首家艺术社区，旨在为公众和社会提供艺术教育及文化创意产品。该艺术区在保持原床单厂90年代旧建筑外貌不变的前提下，加入一些现代元素，经过一年的内部改建后于2015年正式对外开放。目前有近40家工作室、店铺入驻，包括大理摄影博物馆、画廊、咖啡馆、普洱茶馆、独立出版书店、陶艺社等，约有150名艺术家及工作人员。

体现出人与自然的特殊共存，弥散耐人寻味的温润之感与氛围。无疑地，这是自然对于人的一种妙不可言的慷慨馈赠。

最后，审美革命与时尚的"物质基础"并非我们肉眼可识的视觉景观，而是人的情感结构①，其因此也可以作为社会转型与变迁的微妙表征和预演。审美资本作为一种特殊的资本，同样也是主要诉诸人的情感结构而形构和再生产，这是一个隐秘而重要的事实。如手工艺作为非遗的贵重性不仅在于它濒于失传，或其可以作为乡村振兴之道而产业化，抑或以品牌化的方式提升其附加值，其更深层次的价值在于，它所蕴含的记忆与情感作为人类原初的感性经验，可以为当代某种被肢解和中断的情感结构提供增补和再生产的基质。朗西埃在力图恢复美学成为一门感性学的基础上指出："'美学'是可感性经验的重构。"② 这种重构也是一种审美革命和政治美学，使那些原初不可见或不可听的变得可视和可听，而其深层次的意义仍然在于经验的增补和重构。

美不是一种孤立的既定概念，它是叙事性的，产生于事物与事物、人与物相遇并建立联系之处。亦即，美是关系性的，它可以因着记忆将过去之物与当下联结，从而构建一种特殊的时间性与共在。经验何以需要增补？这与加速社会和倦怠社会带来的现代性后果有关。当今世界知名的社会批判理论家哈特穆特·罗萨（Hartmut Rosa）的思想一直围绕着一个与全人类切身相关的问题："我们如何拥有一个美好的生活？"在罗萨看来，社会加速是挤压和驱赶美好生活的罪魁祸首。时间本是给定的，同时也是一种可以给予的存在，但加速则成为剥夺人的感性存在的渊薮，这无疑是一种令人震惊的社会诊断。那么，何谓加速？罗萨将其定义为，

---

① "情感结构"是由英国文化理论家雷蒙·威廉斯（Raymond Williams）在其文化唯物主义理论建构中提出来的一个重要概念，该概念最早出现于《电影导言》一文中，用于指人们对生活的整体感受，之后在其《漫长的革命》《文化与社会》《马克思主义与文学》等文本中获得更充分的阐释。总体而言，在威廉斯看来，情感结构是一种在历史发展中不断被形塑而始终处于溶解状态的社会经验，它基于特定的日常生活经验，能够成为考察特定群体的心理结构和意识结构的重要介质。

② 雅克·朗西埃：《美学异托邦》，蒋洪生译，汪民安、郭晓彦主编：《生产》第 8 辑，南京：江苏人民出版社，2012 年，第 196 页。

"在一定时间单位当中行动事件量或体验事件量的增加"①。这貌似是一种值得称道的效率提升,但罗萨却认为,其作为一种新的集权主义形式无所不在,使人无力挣脱乃至反抗。"这是现代人的一种悲哀。人们觉得自己像是在滚轮中不停奔跑的小仓鼠,然而对生命和世界的渴望不但没有因此被满足,反而却更加渴望、倍感挫折。"② 而倦怠社会则源于功绩社会的某种兴奋性:"功绩社会的倦怠感是一种孤独的疲惫,造成了彼此孤立和疏离。这种倦怠感是作家彼得·汉德克(Peter Handke)在《试论倦怠》中所说的'分裂的倦怠感'。'两个人不可避免地彼此分离,陷入高度个人的倦怠感之中,不是我们的倦怠感,而是我的和你的。'"③

为了制衡和疗愈,速度的囚徒的唯一出路似乎就只有"慢下来"了。本雅明在"拱廊街计划"中所描述的闲逛者牵着乌龟漫步,提醒着一种未曾被媒介乌托邦所阉割的更为本真的身体感知方式。慢速现代性的旨趣不在于放弃速度,而是通过类似电影的蒙太奇技法对物理性时间的放慢或空间的旋转之手法,使未来与过去联结起来,从而增强主体对当下的感知。而倦怠的孤独感和疏离感需要疗愈,基于生活性的艺术可以提供这样的可能。

目前艺术治疗主要有音乐治疗、舞蹈治疗、绘画治疗、戏剧治疗等,已有较为成熟的理论与实践,而手工艺介入则更多基于课程与体验,以笔者在大理周城对璞真扎染博物馆④的考察为例,在非遗与博物馆结合的基础上,非遗的非物质性传承正是依托于博物馆的体验性和流动性进行的。非遗代表性项目白族扎染技艺省级传承人段树坤在接受采访时指出,传统的观光旅游已是过去式,2014年以后更强调文化游、体验游。

---

① 哈特穆特·罗萨:《新异化的诞生——社会加速批判理论大纲》,郑作彧译,上海:上海人民出版社,2018年,第21页。

② 哈特穆特·罗萨:《新异化的诞生——社会加速批判理论大纲》,郑作彧译,第37页。

③ 韩炳哲:《倦怠社会》,王一力译,北京:中信出版集团股份有限公司,2019年,第54—55页。

④ 璞真扎染博物馆的前身是乡镇企业"周城民族扎染厂",2007年由段树坤(非遗代表性项目白族扎染技艺省级传承人)与妻子段银开(非遗代表性项目白族扎染技艺国家级传承人)接手改制为博物馆。其坐落于大理市喜洲镇周城村,是国家级非物质文化遗产代表性项目"白族扎染技艺"的生产性示范基地,同时也是大理州2020年重点建设的"非遗+旅游"示范点之一。

在文旅融合新语境下，璞真扎染博物馆不断实践自身转型，馆内不仅展示白族的文化瑰宝，陈列扎染工艺的历史老物件、织布机等，而且注重将历史文化与工艺流程及创新相结合，从而实现动态传承。璞真扎染博物馆构建"筑巢引鸟"模式，集扎染传统针法、染法发掘与创新于一体，研发针法30余种，整理传统纹样1900多种、传统模板1600多种。目前馆内员工30余人，包括讲解员，扎、染、销售等工作人员，且覆盖全周城2000余名从业人员，每年开办7—8期扎染技艺培训班，涵盖青、中、老以及残疾人等群体，在传承与创新以及解决剩余劳动力方面做出了较大贡献。同时，璞真扎染博物馆也是云南大学、云南民族大学、云南艺术学院、怡美研学社等高校及研学社的实践教学基地。通过社会公众、校园以及网络传播，2012年后，璞真扎染博物馆每年接待访客多在10万人次左右（2019年接待19万人次，2020年接待10万人次，2021接待9万人次，2022年6月后每日访客爆满），其中包含每年接待5万—6万名进行社会实践与交流活动的学生。①正是通过这种"筑巢引鸟"的模式，经由参与和体验，流动博物馆将手艺、温度与情感向社会公众传播，同时也吸纳当代创意与时尚，让非遗可以带着新鲜的光芒行走。

此外，手工艺并非远离人类经验而存在，随着时光的流转，手工艺所蕴含的自然、诚恳、健全、单纯、丰盈之美，恰恰诞生于人的身体性经验之开启，从而释放。如在体验手工艺技艺的过程中，运用视觉、听觉、嗅觉、味觉、触觉等多种感知，尤其是当某种难以言说的匮乏感与人类原初感性经验相遇时，这种美就满是脉脉的温情。犹如德国美学家汉斯·罗伯特·耀斯（Hans Robert Jauss）在阐释普鲁斯特（Marcel Proust）的《追忆逝水年华》关于爱情的两重性经验时指出："审美经验的期待方向改变了审美经验本身：被现实的无可弥补的缺陷所阻滞的期待可以在过去的事件中得到实现。这时回忆的净化力量有可能在追求美

---

① 被访谈人：段树坤，访谈时间：2022年8月5日，访谈地点：大理周城璞真扎染博物馆。

的过程中弥补经验中的缺憾。"① 如草木染，其美妙正在于草木或以其悦目又赏心的形与色予人浓情蜜意，或以其毫不掩饰的粗粝予人熨帖。例如作为博物学家和超验主义者的梭罗（Henry David Thoreau），在《野果》《种子的信仰》中记录了令人沉醉的草木家族及其乡土滋味；再如在莱昂哈德·亚当（Leonhard Adam）的儿子回忆父亲如何关注原始艺术的论述中，我们可以留意到诸多关于亚当如何珍视和善待自然与植物的描述："对我来说，他只是'我的父亲'，一个无所不知的人。他会说好多门语言，包括旁遮普语和中文。他知道如何烤出最美味的杏饼，几乎每天都给我们做晚餐。他能让树和我说话！"② "父亲十分相信所有生物都有灵魂，例如树木、花朵等。他看到一个邻居要把一棵茁壮的枣椰树砍掉，他跑过去对人家说，这种行为很可怕，会给树的灵魂带来痛苦。邻居真被说服了，不再砍树！每天晚上，在我睡觉前，我们会站在房子的后门，望着黑暗的花园，向花园里的精灵们道声晚安。"③ 这样的描述仿佛过于将自然与植物拟人化，但人对于植物的珍视与信仰，也是人的感性的自我完善。

随着全球化的发展及其带来的技术入侵、数字化生活等，人类与自然的联系大大减少。植物与自然以其本真性和多样性予人治愈，这在自然治疗/园艺治疗/生态治疗中有较多的案例。例如在战争中受到创伤的退伍老兵会产生一定的应激障碍症状（如焦虑、愤怒、失眠），但当其沉浸在花园、森林或荒野的自然氛围中，结合技巧性呼吸、动态瑜伽练习、正念营建等方式，与本属于生命部分的自然相遇，让安全感和平静进入身体，这些症状会在很大程度上得到缓解和疗愈，从而使人获得生活的力量。④ 园艺治疗通过开启嗅觉、味觉和触觉等多种感知，在实现认

---

① 汉斯·罗伯特·耀斯：《审美经验与文学解释学》，顾建光、顾静宇、张乐天译，上海：上海译文出版社，2006 年，第 9 页。

② 莱昂哈德·亚当：《原始艺术》，李修建、庄振富、向芳译，北京：文化艺术出版社，2022年，"中文版序言"，第 21 页。

③ 莱昂哈德·亚当：《原始艺术》，李修建、庄振富、向芳译，"中文版序言"，第 24—25 页。

④ 参见 Dorthe Varning Poulsen, Ulrika K. Stigsdotter, Dorthe Djernis and Ulrik Sidenius, "'Everything Just Seems Much More Right in Nature': How Veterans with Post-Traumatic Stress Disorder Experience Nature-Based Activities in a Forest Therapy Garden," *Health Psychol Open*, Vol. 3, No. 1 (March 2016), pp. 1 – 14.

知改变从而提高与健康相关的生活质量方面发挥的作用颇大。根据创伤恢复理念，园艺治疗建立了控制感、赋权感和合作感，以满足认知负担过重状态下的安全和稳定需求。[①] 此外，园艺治疗通过创意与休闲活动，有益于解决社会孤立的问题，能够增加社会包容和促进个人康复。概言之，在人与自然的疏离背后，人类确实有一种根深蒂固的渴望，想要与自然世界重新建立联系，这也恰恰是草木具有疗愈性的"物质基础"。这种疗愈经由人的身体性和情感性而实践，这种感觉是具体而微的。如笔者在跟随"光"展展览人学习草木染制作的过程中所体验的与植物及其氛围的多感知联结：织物与草木在水里自由地敞开与缠绕，经由火的升温，色彩变得愈发纯粹而"浓情蜜意"，然后大方地静待新物；行走林间采撷植物，看阳光如一缕缕金色的细沙，透过层层叠叠的树叶，洒落在坚实的泥土上，呼吸弥漫于林间草木混合的气息，沉浸于虫鸣鸟叫的欢愉，不觉手上已是厚厚的自然诗集；等待与相拥一场视觉盛宴，新鲜的枝叶与花在织物上铺陈，仿佛诗歌与韵律的调配；织物与草木再次相拥，然后是几个小时的等待与怀想，它们的呢喃与私语，只待最后的舒展才能概解风情。每一次每一瞬都是惊艳的，而后是持久的温存。

时光缱绻，又有多少罅隙，唯有艺术与美可以与之抗衡。每个人都可以徜徉于这样美妙的体验里，人生有喜有悲，有几帧从前，更有一身的晴朗、坚定与绽放。物之有心，因得爱之滋养。唯技艺道三者相合，自然、艺术与人才得以葳蕤生光。非遗亦如此，它携其光晕充盈于美之殿堂，经由一个个流动博物馆，触摸着这个时代最为柔软而炽烈的渴望，从其残损处衍生出新的多重身体[②]。

---

① Hung-Ming Tu and Pei-Yu Chiu, "Meta-Analysis of Controlled Trials Testing Horticultural Therapy for the Improvement of Cognitive Function," *Scientific Reports*, Vol. 10, No. 1 (September 2020), pp. 1 – 10.

② 雅克·朗西埃谈到温克尔曼笔下的赫拉克勒斯残躯时指出，正是这意外造成的残损成就了这个雕像的完美，因为这样的它，就只能用它失去的头部和四肢衍化出多重新生的身体。参见雅克·朗西埃：《美感论：艺术审美体制的世纪场景》，赵子龙译，第32页。

# 非遗与治疗*

## 巴胜超 等**

  **摘　要：**2020年新冠疫情全球大暴发，广大非遗传承人、非遗企业响应倡议，以三种形式参与抗疫：一是传统医药、传统技艺类非遗项目，被应用到疫情防控中，属于直接"输血式"参与；二是各类非遗美食成为医务人员的工作餐，属于物质食粮；三是民间文学、传统音乐、传统美术、传统舞蹈、传统戏剧、曲艺等非遗项目的传承人进行主题创作，属于精神食粮。非遗传承人居家独立创作，网上关注度不高；作品内容以传统非遗为根，新闻事件为脉；作品形式以传统美术为主，传统戏剧、曲艺、传统音乐、传统舞蹈为辅；审美上情感激越直接，民族特色鲜明。

  **关键词：**艺术治疗；非物质文化遗产；灾害叙事

  世卫组织网站最新数据显示，截至欧洲中部时间2022年9月7日18时58分（北京时间8日0时58分），全球确诊病例较前一日增加472582例，达到603711760例；死亡病例增加1277例，达到6484136例。在新冠疫情全球暴发的世界灾难面前，"同呼吸、共命运"不再是抽象的表

 * 本文系国家社科基金项目铸牢中华民族共同体意识研究专项"中华民族视觉形象与中华民族共有精神家园研究"（项目编号：21VMZ019）之阶段性成果。

 ** 巴胜超，昆明理工大学艺术与传媒学院教授、博士生导师；罗雨，德宏职业学院教师；曹晓敏，贵阳一中星辰学校美术教师；罗嘉澄，韩国国民大学智能设计学博士研究生；陈驰，云南燎阳光电科技有限公司设计师。

述，而是由医生、患者、口罩、酒精、防护服、隔离、封城、封国所形成的世界灾难图景。

悲剧，是人类文艺创作的重要主题，从古希腊的《被缚的普罗米修斯》《俄狄浦斯王》《美狄亚》，到英国的《奥赛罗》、俄国的《凡尼亚舅舅》、德国的《哀格蒙特》、法国的《安德洛玛刻》、中国的《窦娥冤》等，细数中外世代流传的文艺经典，无一不是悲剧。在中国，自2020年1月下旬开始，面对新冠疫情的蔓延，全国各省区市积极号召非物质文化遗产传承人和非遗企业充分发挥各自优势，除捐助善款等大众意义上的支援外，还展开更具非遗色彩的支援，按照各非遗项目的不同表现与作用，主要分为以下三种形式：一是传统医药、传统技艺类非遗项目，被应用到防控中，属于直接"输血式"参与；二是各类非遗美食成为医务人员的工作餐，属于物质食粮；三是民间文学、传统音乐、传统美术、传统舞蹈、传统戏剧、曲艺等非遗项目的传承人积极进行相关主题创作，属于精神食粮。

由民间文学，传统音乐，传统舞蹈，传统戏剧，曲艺，传统体育、游艺与杂技，传统美术，传统技艺，传统医药和民俗十大类别所组成的非物质文化遗产，是乡土中国文脉存续的基石；非遗传承人，则是多民族文化传承的活态表征。当非遗传承人和非遗企业遭遇灾害时，其如何利用自身所长提供有非遗色彩的针对性帮助？多民族文化与灾害的相遇，有何种独具区域特色的文化表述？本文以2020年2月至3月底中国"非遗抗疫"现象为观察对象，从西南多民族地区"非遗抗疫"概况、年画主题创作的符号与意义、曲艺类主题作品的弹唱、中国传统美术主题作品与西方相关插画的对比等维度，解读非物质文化遗产的灾害叙事。

## 一 西南多民族地区"非遗抗疫"概况

截至2022年11月，全国共有国家级非遗代表性项目（简称"国家级项目"）3610项，国家级项目代表性传承人（简称"国家级传承人"）

3057 人。① 其中云南省有国家级项目 145 项，国家级传承人 125 人；贵州省有国家级项目 159 项，国家级传承人 94 人；四川省有国家级项目 153 项，国家级传承人 105 人；广西壮族自治区有国家级项目 70 项，国家级传承人 49 人。西南四省区拥有的国家级项目占全国总数的 14% 以上，国家级传承人占全国总数的 12% 以上。西南四省区处于"藏彝走廊""横断走廊"核心区。白族、哈尼族、傣族、傈僳族、拉祜族、佤族、纳西族、景颇族、布朗族、阿昌族、普米族、怒族、基诺族、德昂族和独龙族 15 个少数民族，为云南省特有。四川省是全国唯一的羌族聚居区、最大的彝族聚居区和全国第二大藏族聚居区。贵州省少数民族人口占全省的 36.44%。广西壮族自治区是以壮族为主体的少数民族自治区，也是全国少数民族人口最多的省（区）。

## （一）云南省"非遗抗疫"概况

2020 年 2 月 5 日至 3 月 24 日，"云南省非物质文化遗产保护中心"微信公众号发布相关主题创作共 14 期，包括相关作品 38 个（幅、组）、药品物资捐赠信息 3 条。

### 1. 直接"输血式"

在传统医药方面，昆明中药厂有限公司作为国家级非遗代表性项目"中医传统制剂方法（昆中药传统中药制剂）"的保护单位，捐赠近 8.72 万盒云南特色中成药板蓝清热颗粒驰援武汉，携手健之佳连锁药店向环卫工人、交警及社区工作者免费发放 1381 份预防流感病毒药品。云南腾药制药股份有限公司作为省级非遗代表性项目"腾冲中成药制作技艺"的保护单位，捐赠安宫牛黄丸、藿香正气水、感冒清热颗粒等药品。

### 2. 非遗美食——物质食粮

昆明桂美轩食品有限公司作为"中华老字号"，捐赠 400 箱鲜花饼驰援武汉，捐赠给昆明本地一线工作人员 400 箱鲜花饼，共价值 16 余万元。②

---

① 未包括台湾地区数据。

② 《中华老字号桂美轩企业爱心捐赠抗击疫情 800 箱鲜花饼价值 16 余万元》，2020 年 2 月 18 日，https://kuaibao.qq.com/s/20200218A0KUFG00？refer = spider。

### 3. 文艺创作——精神食粮

（1）传统音乐作品，例如基诺族古歌《中国加油》、剑川白曲、白族大本曲、甸北白族田埂调、纳西族民歌等。

（2）传统戏剧作品，例如滇剧《大爱耀中华》《卜算子·白衣天使之歌》、花灯戏《我们充满希望》《送走寒冬迎春阳》《取消婚礼》等。

（3）曲艺作品，例如章哈小戏《责任与担当》、快板说唱《众志成城迎曙光》、纳西族快板、普米族快板等。

（4）传统美术作品，例如剪纸系列作品《福佑中华》《有你一定胜利》、傣族剪纸《逆行而上的白衣英雄》《我们都是一家人》等、傣族壁画系列作品《白衣天使》《最美的人》等、豆沙剪纸《爱心树》《天佑中华》、纳西族东巴画《中国必胜》《让世界充满爱》，另外还有纳西族东巴文书写艺术、泥塑、建水紫陶、剑川木雕等。

## （二）贵州省"非遗抗疫"概况

2020年2月3日至3月17日，"贵州非物质文化遗产"微信公众号发布"非遗抗疫"主题创作14条、物资捐赠信息3条。

### 1. 直接"输血式"

（1）在传统医药方面，黔东南苗蒸堂民族医医院院长、省级非遗传承人、民族医杨汉梅积极主动向贵州省中医药管理局提供了"半枫荷熏浴疗法"非遗传承技术，免费赠送群众熏浴药包、熏浴剂、苗蒸暖宝、枫荷苗草油等健康产品。①

（2）在传统技艺方面，省级非遗项目"黑砂陶制作"代表性传承人胡正德与儿子胡胜制作230份"黑砂陶"香皂盘并购买香皂，送到医务人员手中。布依族蜡染、刺绣、织绣技艺传承人韦厚珍，组织合作社村民加班加点赶制棉衣，以六枝特区合怡兴民族手工艺品农民专业合作社名义向红十字会捐赠45件棉衣和162件棉背心。

### 2. 非遗美食——物质食粮

国家级非遗项目"布依族医药（益肝草制作技艺）"省级传承人何庆

---

① 贵州省旅游局：《贵州非遗作品为抗击疫情助力！》，2020年3月2日，https://www.sohu.com/a/377217434_395859。

洪，带领旗下企业贵州苗姑娘控股集团有限公司，为贵定县防疫卡点工作人员免费提供"苗姑娘"牌油辣椒、"苗姑娘"牌益肝草凉茶和"苗姑娘"牌饮用天然泉水。

**3. 文艺创作——精神食粮**

（1）民间文学作品，例如台江县编创《冠状病毒防控二十条知识》（汉苗双语）、黄平县编创防控顺口溜（苗语）、丹寨县编创《冠状病毒肺炎预防顺口溜》等。

（2）传统音乐作品，例如新编新型肺炎预防侗语儿歌、琵琶歌《全国齐心抗肺炎》《身体健康是大事》等。

（3）传统戏剧作品，例如花灯戏《送瘟神　消灭新型冠状病毒》等。

（4）曲艺作品，例如《非遗说春》、快板书《别怕、别怕》等。

（5）传统美术作品，例如剪纸宣传组画（岳红霞创作）、宣传漫画（吴洁创作）、农民画（7 幅）、水城农民画、水书《中国加油！武汉加油！》、苗族剪纸《中国加油！》等，贵州省民协剪纸艺术研究会会员也创作了近百幅相关剪纸作品。

（6）传统技艺作品，例如苗绣作品《黔鄂同心　中国加油》等。

## （三）四川省"非遗抗疫"概况

2020 年 2 月 1 日至 3 月 30 日，"四川非遗"微信公众号以"四川非遗人在行动！"为口号，发布"非遗抗疫"主题创作共 23 期，作品 107 个（幅、组），涉及 9 类非物质文化遗产项目，作品数量、作品类别均为西南四省区最多的。

**1. 直接"输血式"**

（1）在传统医药方面，藏医药非遗传承人扎西彭嵯出资 40 余万元，亲自配制藏医药根本医典《四部医典》《甘露大瓶》中的古方九味防瘟散，并制成藏医药香囊药包，免费发放给一线的工作人员和当地群众。[①] 四川甘孜州藏医院副院长、国家级非物质文化遗产"甘孜州南派藏医药"传承人

---

① 杜佳佳：《抗击疫情　非遗传承人在行动》，2020 年 2 月 26 日，https://kuaibao.qq.com/s/20200226A078BN00？refer = spider。

江吉村带领藏医队伍，投身当地防控一线，指导临床用药，实现了西医、中医（藏医）的协调配合。①

（2）在传统技艺方面，若尔盖传统手工技艺（手工编织工艺）非遗传承人张慧玲利用传统技艺创新手工缝制口罩，发放给牧区一线的工作人员和村委会成员。

**2. 非遗美食——物质食粮**

凤源豆花非遗传承人张伟组织工作人员在凤源豆花总店关门做饭，专为医护人员和城管、社区人员免费提供爱心餐。糯米咸鹅蛋传承人谢玉蓉白天准备食材，晚上进行加工，深夜给一线工作人员送爱心餐。青神枕头粑制作技艺传承人张冬莲为一线医护人员制作枕头粑和叶儿粑。宋记溏心松花皮蛋制作技艺传承人宋永平向一线工作人员捐赠皮蛋、盐蛋。四川川北凉粉饮食文化有限公司作为省级非遗项目"川北凉粉传统制作技艺"的保护单位，为医护人员免费提供爱心餐。四川省成都市饮食公司作为省级非遗项目"赖汤圆传统制作技艺"的保护单位，在元宵节时，为成都市一线公安干警、基层防疫人员送上赖汤圆。川菜非遗企业四川眉州东坡餐饮管理有限公司在湖北省黄冈市等地有 5 家门店，免费为医院提供爱心餐。潼川农产品开发有限责任公司作为国家级非遗项目"潼川豆豉酿制技艺"的保护单位，向医护人员捐赠 70 件（1400 瓶）潼川牌风味豆豉。四川李记酱菜调味品有限公司作为省级非遗项目"东坡泡菜制作技艺"的保护单位，向武汉捐赠 40 万袋东坡泡菜。眉山市东坡区力宏食品厂作为区级非遗项目"眉州薄脆制作技艺"的保护单位，向基层单位捐赠薄饼点心 60 件。市级非遗项目"桂华斋米花糖制作工艺"传承人王德虎向四川省江油市武都镇政府捐赠价值 3000 元的产品。市级非遗项目"一品德酱豆腐制作技艺"传承人苏品德为内江市市中区卫生健康局捐赠 10 箱酱豆腐。

**3. 文艺创作——精神食粮**

（1）民间文学作品，例如中共凉山州彝族玛牧文化协会支部和中共金成学校支部联合推出的《玛牧》，彝族"克智"传承人金地伍用彝语

---

① 张昀竹、刘雅、龙慧蕊：《非遗传承　健康生活 | 民族医药·硬核非遗》，2020 年 6 月 13 日，https://www.sohu.com/a/401663802_338478。

宣传防控信息和健康科普知识。

（2）传统音乐作品，例如绵州吟诵《文昌帝君阴骘文》、彝语版《防疫歌》等。

（3）传统舞蹈作品，例如大木偶手势舞、古蔺花灯、白龙花灯等。

（4）传统戏剧，例如川剧戏歌《我知道你为了谁》《我们都要好好的》、川剧（弹戏）《盼归》、川剧变脸《武汉加油》、川剧高腔曲牌二郎神旋律歌词《心中情》、川剧（小戏）微电影《我是党员我先上》、川北灯戏唱腔戏歌《明媚春天在眼前》、京剧清唱等作品。

（5）曲艺作品，以四川金钱板①为主，包括《平平安安过大年》《非常时期》《人民英雄为人民》等。快板作品有《健康知识记在心》、对口快板《文明餐桌在行动》等。此外，还有四川竹琴、川北雷棚评书、南坪曲子、土琵琶弹唱、竹板创编等作品。

（6）传统体育、游艺与杂技作品，例如青城武术省级非遗传承人刘绥滨在传统青城太极的基础上，创编了七式青城太极站功。他还制作了20个小视频，让网友可以在家轻松学习。"四川非遗"微信公众号发布《阿坝藏羌锅庄》系列微视频，既能满足文艺爱好者的需求，也能让老百姓在家跟随视频锻炼身体，提高身体抵抗力。

（7）传统美术类作品，其中数量最多的是剪纸作品，例如罗氏剪纸、唤马剪纸、东坡剪纸、三台剪纸等。此外，还有夹江年画、文昌年画、梓潼年画等相关年画作品，荣县农民漫画、聋派指画《江山永固》《满园春色关不住》、峨眉山指画《庚子送福》《劝导》、糖画《武汉加油》《逆行者》、蝴蝶画《中国加油》等作品。雕塑类有面塑作品《钟馗镇毒妖》和土陶作品《人定胜天壶》，书法作品有《甲骨文金文　集字》《玉兰花开寄语四川赴鄂医卫勇士》，篆刻作品有《钟南山英雄楷模像印》《一定会胜利》《万众一心》等。另有藏文书法、彝文书法，将少数民族语言与书法艺术相结合，令人耳目一新。

---

① 金钱板由单人表演，说唱并举，段末一句往往略用拖腔。说唱的同时，演员一手执打板，一手执底板和面板，通过三块竹板击出各种节奏的声响，为演唱伴奏。

（8）传统技艺作品，例如四川成都新津绳编非遗传承人杨文艺结合绳编开展系列作品创作，编制了《我要您安好》《春暖花开》等作品；三台木雕传承人蒋东用 1 个月时间，反复雕琢与打磨出了他心中的偶像钟南山院士；四川旅游学院作为省级非遗项目"川菜传统烹饪技艺"的保护单位，组织校内川菜大师用微信公众号和网站视频推出"川菜非遗讲堂·跟着大师学川菜"等专题，向民众传播饮食类非遗知识和经典川菜制作技艺，丰富大众居家生活。[①]

### （四）广西壮族自治区"非遗抗疫"概况

2020 年 2 月 12 日至 3 月 18 日，"广西非物质文化遗产"微信公众号发布"非遗抗疫"主题创作共 30 期，推文不仅有作品文字、图片、声音、视频的展示，还有创作背景、非遗项目、非遗传承人和作品的详细介绍，是西南四省区推文中内容最详细、系统的。

**1. 直接"输血式"**

在传统医药方面，广西国际壮医医院针对新冠肺炎病理特点，挖掘广西本地壮瑶医药潜能，结合当地地理特点，研制了壮药佩药、壮医烟火熏、壮医食疗、壮医药浴、壮医隔离避秽等预防方法。广西国际壮医医院熬制"壮医祛湿除瘴汤"7000 多服，制作"壮药化浊避秽香囊"1 万多份，免费提供给医护人员和患者。[②]

**2. 非遗美食——物质食粮**

柳州螺蛳粉手工制作技艺是自治区级非遗项目，广西螺状元食品科技股份有限公司向医护人员捐赠 9000 桶螺状元螺蛳粉，广西昊昌生物科技有限公司向医护人员捐赠 1200 件百真汇螺蛳粉，广西螺霸王食品有限公司向医护人员捐赠 10000 袋螺霸王螺蛳粉。[③]

---

① 杜莉、王胜鹏：《新冠肺炎疫情影响下对餐饮业发展与饮食类非遗传承的思考》，《四川旅游学院学报》2020 年第 3 期。
② 黎佳：《广西国壮在全国现代民族医药防治新冠肺炎会议上作经验交流》，2020 年 8 月 18 日，https://baijiahao. baidu. com/s? id = 1675374958313361588&wfr = spider&for = pc。
③ 唐颖倩：《4 家广西柳州螺蛳粉企业捐赠物资给湖北防疫医护人员》，2020 年 2 月 4 日，http://gx. cri. cn/n/20200204/eae38d0c－e234－5b20－6f1d－3e3f3690b25c. html。

### 3. 文艺创作——精神食粮

（1）传统音乐作品，例如侗族琵琶歌①《防控冠状病毒》《响应号召别出门》等、粤曲《驱散雾霾见春光》《文明公筷文明城》、大新壮族高腔山歌《中国齐心战胜病魔》《听党指挥》、壮族民歌《没有什么比命更值钱》《新冠病毒防控宣传山歌》、隆林壮族南盘江调《预防新肺炎病山歌》、隆林壮族山歌《吃野味害自己》、京族独弦琴艺术《呼唤》，另外还有北海咸水歌、"老杨公"曲调、壮族八音坐唱、侗族大歌、瑶族过山音等。

（2）传统美术作品，例如侗族剪纸《众志成城》《口罩》、三江农民画《戴口罩》《鼓励群众监督》、三江农民画簸箕画组画（9幅）、仫佬族剪纸作品（6幅）等。

（3）传统技艺作品，例如隆林壮族背带制作技艺制作的《万众一心》绣片、背带芯和背带作品，隆林蜡染技艺制作的《武汉的春天》《凤凰涅槃》等蜡染作品。

（4）传统舞蹈作品，例如侗族多耶、传统戏剧三江"侗戏"、广西木偶戏等。

（5）曲艺作品，例如合浦公馆木鱼、田林壮话快板、海寮话快板等。

## 二 年画主题创作的符号与意义

春节贴年画是中国人的传统民俗。面对国家民族的重大灾难，文艺创作历来都冲在抗争队伍的最前沿，起到鼓舞斗志、抚慰心灵的作用。在这次疫情中，全国广大的美术工作者全力投入防控工作中，积极创作反映时代精神的艺术作品，用手中的画笔凝聚力量，致敬英雄，担负起当代艺术家应有的使命和责任。

### （一）年画主题创作的能指和所指

艺术符号的能指和所指，一般指形式与意义两方面。符号学认为能

---

① 侗族琵琶歌分布于侗族南部方言地区，可分为抒情琵琶歌和叙事琵琶歌两大类。其歌唱内容涵盖了侗族历史、神话、传说、故事、古规古理、生产经验、婚恋情爱、风尚习俗、社会交往等各个方面。侗族琵琶歌世代传承、歌脉悠远。

指是符号的物质形式，所指是符号的意义层面。新型年画作品迅速反映时事，其中除了传统年画所呈现的符号，还出现了一些寄寓人们美好期望的"新符号"（见表1）。

表1  新型年画作品能指和所指的具体表现

| 能指 | 所指 |
| --- | --- |
| 两只身着华服戴着口罩的老鼠，一只手拿着金元宝，一只手拿着对联，对联上面写着标语，老鼠脚下踩着祥云 | 鼠代表庚子年（鼠年），手里的元宝和脚下的祥云是吉祥的兆头，寓意着新年，口罩和标语是疫情的标志，以年画中祥瑞的符号元宝、祥云等抗击疫情 |
| 图左边写着"静候佳音"，以戴着口罩的门神为视觉符号表现，右边写着"百毒不侵"，以戴着口罩的钟南山院士为主体形象，配上"中国必胜""武汉必胜"的口号 | 左边的门神坐守家中，静候佳音，保一方平安；右边的钟南山是疫情中医护人员的代表，消灭病毒，在抗争最前方守护人民 |
| 两个小童身穿花棉袄新衣裳，戴着口罩，笑着拱手作揖，中间醒目的是红十字的标志，下面写"向广大医务工作者致敬"的标语 | 作揖是传统春节拜年的基本动作，中间的红十字代表医务人员，既传递了新年拜年的理念，又表达出对医务工作者的致敬 |
| 仙人身骑麒麟瑞兽，麒麟动态往下落似乎是表示仙人正在下凡前往人间，仙人戴着口罩，双手拿着"中国加油"的标语 | 口罩是疫情的符号，传统年画常常以仙人乘麒麟来表达"天降祥瑞"之兆，在疫情中，处于水深火热中的人民迫切需要这样的"神仙"来解救，他手中的"中国加油"，是对在疫情中受苦受难的人民的鼓舞 |
| 以戏剧中常常出现的将领为人物主角，各个将领手中都拿着武器，将病毒包围住，想要消灭病毒 | 在这次疫情中，出现了很多英雄——医务工作者、快递员、志愿者，他们的付出换来了人们安稳的生活，就像画中的将领一样，面对疫情，各行各业都付出了自己的努力，很多人都是时代英雄 |
| 两个武将穿着盔甲，身带武器，背后挂着写有"重科学""信心""坚定""不传谣""科学""防控""文明""践行"字样的红旗，戴着口罩，手里举着火炬，坚定地向前奔跑。图右边写着"保家卫国" | 两个武将积极践行国家政策和组织安排，科学防控，践行保家卫国的行动，是疫情之下志愿者们的真实写照 |

## （二）年画主题创作的内涵与外延

内涵是符号学研究的重点，它是符号对象的各种属性总和，包含隐藏的意义。年画的内涵指的是年画的视觉符号在某种秩序、规律、创意的指导下所包含的意识形态、情感诉求等隐藏的内容。符号的外延在不同的语境和功能因素下会阐释出不同的意义。在灾害背景下，符号的内涵意义与外延意义都产生了转变，呈现新的阐释（见表2）。

表2　年画主题创作的内涵意义和外延意义

| 内涵意义 | 外延意义 |
| --- | --- |
| 手里拿着对联、戴着口罩的两个门神，中间写着"合家欢乐"，人物的服饰上有大量的云纹，表示吉祥 | 正处于疫情期间，所以很多年画人物都戴上了口罩，画中的标语对联和中间的"合家欢乐"联系在一起，成为一种宣传方式，告诫人们疫情期间少出门、多在家，避免传染，这样才能"合家欢乐" |
| 两个童子手里托举着瓶子，瓶子上写着"中国平安""武汉平安"的文字，图上方写着"抗击疫情，消灭肺炎"的标语，童子是新年的人物符号，表达了人们对早日恢复正常生活的热切期盼 | 在传统中国文化中，"瓶"有"平安"之意，童子手捧写有"中国平安""武汉平安"字样的瓶，表达了童子在送"平安"，不仅体现抗击疫情的主题，更体现了作者希望以艺术传递力量，送"平安"给大众 |
| 传统的门神形象被创作者进行了改造，其将人物换成了穿着白大褂的钟南山、李兰娟院士，他们一手拿着注射针管，一手持利剑，眼神坚定，体现了与病毒抗争到底的决心，医务工作者作为"门神"坚决不让病毒入侵 | 把钟南山、李兰娟的形象作为年画中门神的形象，不仅说明了人们在疫情中感受到他们的力量，也体现了他们作为抗疫的核心力量和英雄人物受到了人们的敬仰和崇拜，从某种意义上人们把他们看作"神" |
| 童子坐在莲花鲤鱼上，原本在传统年画中寓意为"年年有余"（莲—年，鱼—余），童子双手本来是拿着长笛要吹，在这里换成了口罩，像是一个小童正要戴上口罩，图两边是"关爱他人""保护自己"的标语，在疫情之下，以童子为榜样示范，引导人们戴口罩，平安过大年 | 画中表现的还是传统年画里的视觉符号，童子的形象十分醒目，除了起到提醒他人戴口罩的示范作用，还可以引导小孩子去欣赏，以其为榜样，在疫情中学会保护好自己，同时提醒他人、关爱他人 |
| 两个小童戴着口罩，身下坐着在水里快速前进的葫芦，葫芦上挂了四个灯笼，写着"心系武汉"，同时两人抬着一个大大的医疗物资箱。传统年画常常会有表现童子送财送福的题材，在疫情中，童子不再送财送福，而是送医疗物资，体现了此时医疗物资就是"福"，是"宝贝" | 画中葫芦在水中快速前进，送物资的小童就像是国内从四面八方奔向武汉支援的志愿者，志愿者心系当时作为疫情重灾区的武汉，体现了一方有难八方支援、众志成城对抗疫情的时代精神 |

# 三　曲艺类主题作品的弹唱

曲艺形式短小精悍，具有通俗直白、朗朗上口的特点，关键时刻凸显了"文艺轻骑兵"接地气和有效率的优势，曲艺人创演了大量作品，起到了鼓舞一线工作者士气、坚定全国人民信心、稳定社会生活、丰富精神食粮的作用。

曲艺类主题作品包括京东大鼓、东北大鼓、西河大鼓、湖北小曲、永康鼓词、北京琴书、评书、相声、单弦、粤曲、快板书、数来宝、京韵大鼓、梅花大鼓、苏州评弹、河南坠子、金华道情、乐亭大鼓、山东琴书、二人台、上海说唱、扬州清曲、评弹、弹词开篇、绍兴莲花落、四川清音、陕北说书、长沙弹词、常德丝弦、湖北大鼓等，多达60多个曲种上百段作品。短时间集中创演如此多的节目，反映了曲艺人在关键时刻勇担使命的"中国速度"，也表现出曲艺人响应党中央号召，众志成城、共克时艰的文化自觉。

对"中国非物质文化遗产网·中国非物质文化遗产数字博物馆"发布的系列作品进行统计，其中曲艺类作品共有24项，包括东北大鼓《英勇战士踏征程》、绍兴莲花落《团结抗病毒》、永康鼓词《同舟共济渡难关》、快板《众志成城抗疫情》、北京琴书《人间大爱》、湖北大鼓（湖北小曲）《武汉，加油！》、乐亭大鼓《抗击病毒 人定胜天》、西河大鼓《愿早日抗疫前线战报捷》、金华道情《众志成城阻病疫》、评书《团圆酒》、粤曲《共镇华夏关》、数来宝《众志成城抗疫灾》、评书《钟院士，百姓心中的一座山》、常德丝弦《风雨同心》、梅花大鼓《携手克艰难》、山东琴书《心手相牵》、评书《鼠年你最棒》、河南坠子《村支书》、单弦《万众一心斗毒顽》、苏州评弹（苏州评话、苏州弹词）《全民抗疫筑长城》、京东大鼓《同舟共济渡难关》、钦州粤曲《巾帼戎装》、评弹《众志成城迎春归》等。这些作品大致可以分为歌颂英雄类、祈福祖国类、防控知识类、抗疫口号类。

歌颂英雄类主题作品的唱词主要围绕白衣天使、钟南山院士、人民警察、社区干部等展开，体现出我国人民不畏艰险、无私奉献，一方有难、八方支援，舍小家为大家的无私情怀。

祈福祖国类主题作品的唱词主要围绕众志成城、同舟共济渡难关、同心合力克时艰等展开，体现出我国人民具有心系祖国、热爱祖国、万众一心的强大民族精神。

防控知识类主题作品的唱词主要围绕戴口罩、勤洗手、常通风等展开，体现出我国人民具有团结友爱、互帮互助的强大民族精神。这一系列文艺作品让更多的人了解到避免感染的知识，同时也能为一线人员减轻压力。

抗疫口号类主题作品的唱词主要围绕共克时艰、齐心合力、众志成城等展开，用通俗易懂、有气势的语言来鼓舞士气，体现出我国抗击疫情必胜的决心。

当灾情发生时，广大曲艺工作者充分发挥曲艺小、快、灵的独特优势和不可替代的重要作用。[①] 其创作的歌颂英雄类、祈福祖国类、防控知识类、抗疫口号类曲艺作品，所要表达的寓意、抒发的情感有所不同，但都有一个共同的愿景，即相信祖国必定会战胜疫情。这些作品通过视频或音频的形式在新闻网站、中国非物质文化遗产网、广播电视台、微信公众平台、朋友圈、QQ 群、抖音、快手、微博、荔枝、哔哩哔哩、喜马拉雅等平台进行推送，受到了广大观众和听众的喜爱，被积极转发、点赞。

## 四 中国传统美术主题作品与西方相关插画的对比

全国各地的非遗传承人参与到防控的宣传活动中，网络传播平台涌现了大批以剪纸、绘画、雕刻等为代表的非遗主题宣传作品。随着疫情的全球蔓延，西方很多插画师、设计师也创作了一系列以抗击疫情为主题的插画作品，宣传正确的防疫知识。

微信公众号"中国非物质文化遗产保护中心"登选的非遗主题作品共计 271 件，其中传统美术作品有 217 件。根据创作主题，可将中国传统美术作品分为歌颂人物、抗疫口号、祈福、防疫知识、神话抗疫五类。

中国传统美术作品基本都采用元素组合的手法，主要元素有人物肖像、场景文字、各种纹样、寓意性图案等，将这些元素进行随意组合，形成一件件与抗疫相关的作品。但是这些作品的图形仅仅能表现其与抗疫相关，而无明确具体的表现主题，文字便成了这部分作品主题的引导因素，这部分作品的主题均是由文字所决定的。

在疫情期间，西方的相关插画作品以彩色数码绘画为主，主要出自拉丁语系国家，大部分作品的文字是英文。本文搜集整理的西方疫情类插画，主要是在 Behance 和 Dribbble 两个平台上，以"COVID‑19"为检

---

① 张鑫：《自觉与担当：曲艺界救灾启示录》，《曲艺》2020 年第 3 期。

索关键词检索得出的。截至 2020 年 4 月 30 日，共搜集整理了 83 件作品。这些作品表现的主题多样，大致可以划分为"呼吁"主题，包括呼吁"Stay Home"主题、呼吁人们做好防护措施及不要恐慌；传达防疫知识；致敬医护人员；宣传共同抗疫；等等。

插画作品由叙事性场景、文字、符号三种表现方式组合构成：叙事性场景通过描述某一具体场景来表现某一件事；文字对图画进行补充说明；符号同样是图画的补充说明。

尽管中西方文化差异巨大，但是在同样的灾难面前，人们创作的作品总会有相似之处。创作主题上，两者都有防疫知识主题的作品，这类作品的目的是告诉大众在疫情面前什么该做、什么不该做，为人们提供一定的防疫知识，这是灾难面前人们本能的发声和对其他人的责任。创作思路上，两者都以叙事性插画为主要表现形式，通过表现某人正在做某事的瞬间，例如正在洗手或正在看电视，来直接地告诉大众应该勤洗手和待在家里。此外，文字是中西方相关主题作品中必不可少的元素，文字具有能最精确地传达信息的特性，通过文字说明，可以将整个作品的创作主题精确直接地传达给观众。文字作为基础的符号信息，在几乎每一件作品中都会辅助性出现。

中西方文化的根源不同，发展路径也大相径庭，在抗疫作品上的表现形式也不同。中国的文明起源于农耕型社会，中国人民自古沿河而居，靠土为生，形成了自给自足的农业社会，故中国古代人民不求空间的扩张。与中国农耕文化相反，西方文化属于外倾性海洋文化，西方人临海而居，陆地上的资源不多，他们便不断向外寻求扩张以满足自己的需要，形成了西方人功利主义的价值观和以个人主义为中心的信条。[①] 在这两种根源不同的文化背景下，生产出来的艺术作品也是截然不同的。

在表现主题上，中西方的作品有很大的差异：中国传统美术作品中最多的是抗疫口号类作品，西方抗疫插画中最多的是呼吁类作品；中国传统美术作品中最多的抗疫口号是"万众一心，众志成城""武汉加

---

① 谢亚平：《中西方文化差异与思维表达方式》，《天津成人高等学校联合学报》2003 年第 2 期。

油"，西方插画最常见的字样是"Stay Home"。中国传统美术作品中"抗疫口号"和"歌颂人物"类作品最多，而西方插画中"歌颂人物"类作品很少，几乎没有"抗疫口号"类作品。

在创作主体上，中国传统美术作品多由民间传承人在官方的组织下进行创作，而西方插画则是由设计师、插画师出于商业目的或者自我表达目的自发创作的。

在表现手法上，中国传统美术作品以剪纸作品为主，且几乎全部为单色剪纸，还包括竹雕、蛋雕、瓷画、蜡染等作品，这一类作品均是单色作品，且大部分以剪影的表现形式通过黑白面来表现事物，其中也包含少量的彩绘作品。而西方插画几乎全部为数码绘画，主要在互联网平台传播，也包含小部分具有动画效果的绘画，以二维矢量插画为主。中国插画也以数码绘画为主，但是不乏水彩、水粉等使用真实颜料创作的作品。相比传统剪纸、雕刻、绘画，现代数码绘画具有更强的表现力，所能表现的内容也更丰富。

在表现形式上，中国传统美术作品一般由抗疫人物、场景、文字、纹样这几类元素组合而成，一件完整的传统美术作品多由抗疫人物或场景构成其主图画，用文字辅助说明和点明主题，传统图案纹样的运用是传统美术作品最大的特色。传统图案在中国文化中大多有吉祥、如意等美好寓意，常常被手艺人运用在作品的边角位置作为装饰，一来丰富整个作品的构图，二来也为整件作品注入美好的寓意，在灾难中祈愿平安。西方插画的表现形式则更为多样，创作更为自由，创作的内容全凭设计师的想象，通常也是由图画和文字元素构成。图画为数码绘画的彩色画像，相比剪影画表现力更强，表意也更清晰。图画含义的解读具有开放性，部分作品内容很抽象，可有多种解读。

从社会作用层面看，中国传统美术作品站在鼓舞抗灾、赞扬奉献的出发点上开展创作，尤其强调"舍小我，成大我"的家国情怀，站在帮扶大众的角度，从精神层面激发人们的共鸣，从而使人们心中形成一种齐心协力共同抗疫的精神力量。西方的作品则是站在个人的角度，以自我为中心来思考作品的创作。大部分作品以呼吁"Stay Home"为主题，告诉大家待在家里才是最安全的，从个人的角度告诉大众：外面的世界很危险，你们应该对自己的健康负责，不要出门。而在中国，则会告知：不要出门，这既是对你自己负责，也是对他人、社会和国家负责。

中国是一个非常重视集体主义的国家。在中国人的观念中，既然个人是集体的一部分，那么每个人就都应该谦虚谨慎，保持中庸之道。在中国，集体主义是构成社会联系的价值体系。个人的价值是在奉献中体现出来的，中国文化推崇无私奉献的高尚情操，突出"舍小我，成大我"的家国情怀。中国抗疫作品的创作思维偏向直觉感性的表达，表现更加具象，多以具体的意象为素材，并且以文字赋予图画具体的含义。

西方个人利益至上，自我中心意识和独立意识很强，主要表现在自己为自己负责。在社会上，每个人的生存方式及生存质量都取决于自己的能力。在西方的抗疫作品中，大部分作品都从个人利益的角度出发，例如，在呼吁大众不要出门待在家里的主题作品中，作者会表现外面的世界很危险，隔离的生活也很美好，房屋能保护人身安全等，均是从个人的角度出发进行创作。西方的抗疫作品更偏向理性思维，注重推理过程，强调以抽象的概念、判断、推理的形式来反映客观事物的本质特征和内在联系，因此，西方抗疫作品中存在很多抽象的意象，例如长了手脚的房子、长了腿正在奔跑的卷纸筒，通过抽象化的概念表达"待在家里""不要哄抢生活用品"的意思。而且，作品中不会有很明确的文字对图画内容进行解释，需要读者对抽象画的图案进行解读。

## 五　西南多民族地区非遗主题创作分析

### （一）创作传播：居家独立创作，网上关注度不高

与传统非遗作品长时间、群体性创作相比，本次非遗主题创作多是在相对封闭的空间内由传承人单独创作，创作时间较短，且没有民间传播的交流反馈。传承人大多依靠民间已有的曲调、程式、技法、材料等，结合实时疫情，以嫁接、拼贴等方式，将图文、符号植入传统非遗作品的结构中。

西南四省区相关作品的推送频次、风格、内容等传播要素，均存在较

大差异。其中，云南省、四川省多是专题形式，每期融合传统戏剧、曲艺、传统美术等艺术形式，云南省每期推送 3 条，四川省每期 3 条至 8 条不等。广西壮族自治区、贵州省则大多每期 1 条，广西壮族自治区 3 月 11 日后每期增至 3 条。作品主要以文字、图片、音频、影像等形式在微信公众平台、抖音、快手等平台进行传播、转发。虽然有部分内容在抖音、快手等自媒体平台上有较多流量和关注，但大多阅读量不高，而且自媒体信息更新迭代的速度很快，与热点新闻相比，非遗主题作品的关注度较低。

**（二）题材内容：传统非遗为根，新闻事件为脉**

西南四省区非遗主题作品的题材内容根植于各省区丰富的非物质文化遗产资源，呈现"传统非遗为根，新闻事件为脉"的特点。在推送内容上，基本呈现出四个面向：面向民众的预防知识，面向疫情的加油鼓劲，面向医护人员的英雄叙事，面向未来的胜利展望。

**（三）形式特点：传统美术为主，传统戏剧、曲艺、传统音乐、传统舞蹈为辅**

西南四省区的非遗主题作品，以非遗类别划分，以传统美术为主，传统戏剧、曲艺、传统音乐、传统舞蹈为辅，传统技艺类作品次之。传统美术中又以剪纸类尤为突出，如豆沙剪纸、傣族剪纸、仫佬族剪纸、侗族剪纸、苗族剪纸、罗氏剪纸、三台剪纸、唤马剪纸、东坡剪纸等。究其原因，有两点：一是剪纸在国家级非遗项目中数量较多，在剪纸项目下，共计有 53 个子项目；二是剪纸的创作大多一人即可完成，剪纸多为红色，具有视觉冲击力，符合加油鼓劲的主题氛围。从技法看，传统美术类作品多为传统图案中加入文字、人物、符号，对疫情中突出的英雄人物进行写实性创作。传统技艺类项目分为两种情况，一种是制作直接用于抗疫的口罩等物品，一种是制作刺绣、蜡染等艺术作品。

**（四）审美特点：情感激越直接，民族特色鲜明**

从审美角度看，非遗主题作品的整体情感是激越的，特别是传统音乐、传统戏剧、曲艺类作品，从这些作品的标题中就能感受到情感的激越性，作品多为"加油体"。一方面，为了便于传播，有时长限制，不可能让情感表述有起承转合的较大空间，故而情感的流露是直接的、严肃的。另一方面，情感的激越有时难以形成很好的共鸣。

西南四省区是多民族聚居区，非遗主题创作也表现出多民族特色，作品涉及汉族、傣族、白族、德昂族、景颇族、傈僳族、阿昌族、纳西族、普米族、基诺族、彝族、藏族、侗族、壮族、京族、仫佬族、瑶族、苗族、水族等多民族群体。其中，傣族剪纸州级非遗传承人樊涌创作的傣族剪纸，将云南省德宏州五个世居少数民族与防控新型冠状病毒感染的基本知识融合在一起，充满多民族团结的寓意。

为了兼顾文化传播性，诸多作品采用"少数民族语言 + 汉语"双语传播。如四川省中共凉山州彝族玛牧文化协会支部和中共金成学校支部联合推出的《玛牧》，除了彝语音频，还采用彝汉对照文本进行传播，同类型作品还有侗族琵琶歌《预防新型冠状病毒》、纳西族东巴画《中国必胜》《让世界充满爱》、藏文书法、彝文书法、水书等。

## 六　结语

非遗主题作品不仅为后人留存艰辛抗疫的记忆，更是对后人直观的警示，是一种特殊的"历史"。这种非常态下的非遗创作，无论是通过非遗作品向民众一次又一次普及防疫知识，向前线的医务人员一次又一次送上祝福祈愿，还是对疫区民众一次又一次的加油鼓劲，都可归为"艺术与治疗"的范畴——试图通过抗疫作品的主题创作达到提振打赢疫情防控阻击战的信心和决心之目的。

一般认为，艺术治疗（art therapy）是一种用于治疗的创造性表达方式，源于艺术和心理治疗的交融。艺术治疗过程主要包含作为治疗方式的艺术创作本身，以及由此产生的医生与治疗对象的互动交流。广义的艺术治疗包含多种艺术手段，如绘画、戏剧、音乐等。狭义的艺术治疗指涉以绘画为主的视觉艺术治疗方式，包括雕塑、摄影和数字艺术等。①

---

① 聂槃：《艺术治疗小史》，《中国美术报》2019 年 4 月 1 日，第 9 版。

目前，中外艺术治疗的对象多集中于"患者"，比如精神分裂症患者、自闭症患者、抑郁症患者、智力障碍者、成瘾患者、癌症患者等。新冠灾害期间的非遗主题创作面对的更多为正常人，或将开启艺术治疗的新维度。

艺术治疗是在心理治疗的基础上发展起来的，因而它最主要的理论基础，乃是弗洛伊德的精神分析学说。艺术治疗中的一系列核心概念，如"象征""转移""投射"等，都是从精神分析学说中直接移用的。随着艺术治疗的发展，艺术治疗摆脱心理治疗这位"父亲"的阴影的冲动也越来越强烈，对"艺术"的欲望大有后来居上之势。① 从"艺术"的角度看，非遗主题创作中的"艺术创作"，更重要的是非遗创作活动的过程，而不仅仅是非遗作品的美学特性。非遗主题作品的创作过程，既包括绘制、编排、刻画一个作品的过程，也包括创作者处置自己和作品的过程，这个艺术活动实际上包括了疾病、非遗作品、非遗传承人三个方面的关系。

针对在人类各种文化和历史情境下的疾病与相应治疗措施，学者们提出了非常多的解释方式，其中较有代表性的有三种：①环境进化理论，认为物理环境和人对环境的适应与否是疾病与治疗的主要影响因素；②文化理论，提出信仰、价值观和习俗组成的文化体系是基本决定因素；③政治经济学理论，主张经济组织和相应的权力关系是控制人类疾病与治疗的重要力量。② 中国非遗主题创作，则是从文化理论视角对疫情进行"艺术治疗"。在疫情和灾害的恐慌里，非遗传承人隔空传递正能量，试图穿透谣言、谎言、流言的迷雾，自救与救人、度己与度人，虽然非遗主题作品的疗效与医护人员不可相提并论，但集中展示了中国非遗传承人的心灵力量。与社会上的焦点新闻相比，非遗主题作品是边缘的、柔软的，但它们体现了乡土中国的多元、多样、丰富，饱含人文情怀，是每一位鲜活的传承人心底的倾诉。

---

① 段从学：《〈艺术治疗的理论与实务〉略评》，叶舒宪主编：《文学与治疗》，西安：陕西师范大学出版总社，2018 年，第 174 页。

② 罗伯特·汉：《疾病与治疗：人类学怎么看》，禾木译，上海：东方出版中心，2010 年，第 66 页。

# 南宋官窑非遗研究

叶国珍　叶佳星[*]

**摘　要：**南宋官窑制瓷技艺使中国宋代名瓷制瓷技艺达到历史巅峰。在中国宋代官家制瓷技艺史中，南宋官窑形成了南宋官家制瓷技艺文化，其实质是宋代名瓷传统制瓷技艺被南宋官窑官家制瓷吸收，并在此基础上进一步提升形成的南宋官家制瓷技艺文化。南宋官窑制瓷技艺形成的非遗，对后来中国古陶瓷非遗的发展和宋代宫廷优秀制瓷技艺的传承具有十分重要的影响和作用。

**关键词：**南宋官窑；宋瓷；非物质文化遗产

## 一　前言

靖康二年（1127），靖康之变，金兵入侵，北宋灭亡，宋高宗赵构在南京（今河南商丘）登基，由于金兵继续进犯，朝廷被迫南迁，绍兴八年（1138）宋高宗定都临安（今浙江杭州），建立起南宋王朝。宋高宗推行大宋礼制中兴文化，每年在郊坛举行郊祀大典活动，同时使用大量各种郊典青瓷礼器，拉开了南宋官窑官家制瓷技艺文化的序幕。

南宋官窑是南宋朝廷自己投资建设窑场、由朝廷指派内务府等的朝

---

\* 叶国珍，国家有突出贡献中青年专家，享受国务院政府特殊津贴，"南宋官窑瓷烧制技艺"非物质文化遗产保护项目代表性传承人、教授级高级工程师、中国陶瓷工艺美术大师；叶佳星，杭州市工艺美术大师、高级工艺美术师，杭州萧山南宋官窑艺术馆馆长。

廷官员进行窑务主持、由南宋宫廷制瓷高手按照朝廷需求进行制作烧造的官家瓷窑。南宋官窑生产艺术性极强、具有御用性质及官家专用性质的南宋官家瓷器。南宋官窑文化内涵形成了南宋官家制瓷文化体系，具有南宋民间瓷窑不可替代的作用。

宋高宗建立的南宋官窑官家制瓷文化体系，与他父亲宋徽宗建立的北宋官窑官家制瓷文化体系的宋代官窑官家制瓷文化内涵有许多相近之处。从南北两宋官家瓷窑的传世作品中可以明显发现，徽宗和高宗这两位宋代皇帝自建的官家瓷窑烧造成功的宋代官家瓷器，在制瓷原料与配方、器型文化与制作、胎釉色调与特色、制作技艺与烧造等方面体现了官家制瓷宫廷文化内涵与艺术内涵，代表了中国古代名瓷官家制作烧造的最高文化水平与艺术水平，并且其文化和艺术内涵传承至今。

从对南宋官窑遗址的勘探考察到对南宋官窑瓷残片的分析、研究、试验、再现等一系列科研工作中获得的科学数据表明，南宋官窑官家制瓷理念是一种不计工本的宫廷制瓷文化理念。这种宫廷制瓷技艺的保护与传承，在我们对南宋官窑官家制瓷技艺的考察、分析、研究与再现工作中获得的技艺传承数据中有所体现，这表明南宋官窑官家制瓷技艺的传承对中国传统优秀制瓷技艺的再现与传承具有极其重要的作用。宋高宗推行大宋礼制中兴文化，开创了南宋官窑官家制瓷制度，朝廷建设窑场并指派内务府官员进行窑务主持，宫廷制瓷技匠按朝廷需求进行官窑礼器制作烧造，构成了南宋时期官家制瓷制度。因此，对南宋时期官家制瓷制度进行研究，对保护、传承和弘扬南宋官窑制作技艺是十分有必要的。本文将对南宋官窑官家制瓷文化内涵、南宋官窑造型技艺内涵与传承、南宋官窑制瓷原料配方、南宋官窑制瓷成型特殊技艺传承、南宋官窑高温烧造技艺及其传承等五大方面进行分类阐述。

## 二　南宋官窑官家制瓷文化内涵

### （一）南宋官窑不计工本制瓷文化起源

元陶宗仪著《南村辍耕录》卷 29 "窑器"条引南宋叶寘《坦斋笔

衡》对南宋官窑的记载："本朝以定州白瓷器有芒，不堪用，遂命汝州造青窑器，故河北唐、邓、耀州悉有之，汝窑为魁。江南则处州龙泉县，窑质颇粗厚。政和间，京师自置窑烧造，名曰官窑。中兴渡江，有邵成章提举后苑，号邵局。袭故京遗制，置窑于修内司，造青器，名内窑。澄泥为范，极其精致，油色莹彻，为世所珍。后郊坛下别立新窑，比旧窑大不侔矣。"①《南村辍耕录》引《坦斋笔衡》的有关南宋官窑的记载，是我们研究南宋官窑历史的重要文献。叶寘作为南宋人，写当朝的瓷文化大事，记载的宋瓷宫廷文化内容应是比较可靠的。从这段历史文献内容看，宋高宗朝自建官家瓷窑制瓷，沿袭了宋徽宗朝自建官家瓷窑制瓷的宫廷制瓷模式。从宋代官家制瓷文化的历史起源角度出发分析，宋徽宗朝自建官家瓷窑制瓷与宋高宗朝自建官家瓷窑制瓷，是徽宗皇帝与高宗皇帝的本意，南北两宋官家垄断制瓷文化是南宋官窑不计工本制瓷的文化起源。

《坦斋笔衡》对南宋官窑的记载是有关官窑最早最重要的历史文字记载。《坦斋笔衡》记录了南宋朝廷自建官家瓷窑的过程、制作烧造青瓷使用的胎釉原料的特殊性、制作工艺的精致性和产品艺术特色等。关于南宋官窑烧造青瓷的历史文献，还有南宋开禧二年（1206）皇家子弟赵彦卫撰写的《云麓漫钞》："青瓷器，皆云出自李王，号秘色；又曰出钱王。今处之龙溪出者色粉青，越乃艾色。……近临安亦自烧之，殊胜二处。"②这些历史文献记载清楚表明了南宋官窑官家制瓷文化的起源。

### （二）宋高宗对南宋官窑制瓷的相关圣谕内涵

从南宋官窑官家制瓷文化体系建立的起源看，宋高宗对南宋官窑官家制瓷起到了极其重要的作用。历史文献记载了宋高宗关于南宋官窑制瓷的三个方面的重要圣谕。①"国有大礼，器用宜称，如郊坛须用陶器，宗庙之器亦当用古制度，卿等可访求通晓礼器之人，令董其事。既而命

---

① 陶宗仪：《南村辍耕录》，北京：中华书局，1959 年，第 363 页。
② 赵彦卫：《云麓漫钞》，北京：中华书局，1996 年，第 171 页。

给事中段拂，户部侍郎王铢，内侍王晋锡充。"① ②"祭器应用铜玉者，权以陶木，卤簿应用文绣者，皆以缯代之。"② ③"三代礼器，皆有深义，后世非特制作不精，且失其意，朕虽艰难，亦欲改作，渐令复古。"③ 宋高宗关于南宋官窑制瓷的三个方面的圣谕，指明官窑制瓷由朝廷指定官员直接负责管理，这是南宋官瓷一种全新的制瓷体系。对南宋官窑的器型设计制作，宋高宗认为"见依《三礼图》烧造"④。郊坛祭祀活动是南宋朝廷的大型国典活动，宋高宗认为这是重要的国家祭祀活动，使用的各种礼器的质量规格与款式必须与国典活动相称。虽然绍兴十三年（1143）太常寺已请颁《宣和博古图》以改造祭器，但对于礼器款式，宋高宗指明"三代礼器"造型款式意义重大，郊祭活动使用的礼器需要用这种造型。根据宋高宗圣谕，朝廷自建官家瓷窑来烧造郊坛国典祭祀使用的礼器。对于南宋官窑官家制瓷的具体管理与具体制作，根据宋高宗圣谕，朝廷指定由礼部、户部、工部派出董事官员组成礼器局，专门负责管理瓷窑的具体生产事务。这种朝廷官员直接负责的官家制瓷文化体系，改变了民间制瓷根据市场需求不固定生产的模式，形成了南宋官窑制瓷实际过程，南宋官窑制瓷是在朝廷指定官员全职负责的情况下，制瓷技匠按照指定性制作模式进行制瓷。南宋官窑和南宋皇室是密不可分的。⑤

根据宋高宗圣谕"后世非特制作不精，且失其意，朕虽艰难，亦欲改作"，朝廷从社会上召集优秀的制瓷高手，集中安置在宫廷官家瓷窑里，然后根据制瓷工种技术岗位需求，指定不同专业制瓷技匠负责不同工种岗位，进行南宋官窑瓷器的制作。

北宋灭亡后，高宗一路南迁。建炎二年（1128），高宗依制度在扬州筑坛郊祀，祭器为北宋旧部官吏所奉。建炎三年，金兵继续追击，高宗继续南渡，扬州祭器尽毁于金兵之乱。南宋初始，朝廷南迁，无力继续

---

① 《宋会要辑稿》，北京：中华书局，1957年，第627页。

② 潜说友：《咸淳临安志》，杭州：浙江古籍出版社，2012年。

③ 《皇室中兴两朝圣政》，宛委别藏本。

④ 《中兴礼书》卷9《郊祀祭器》。

⑤ 蔡和璧：《南宋皇室官家祭祀与官窑器》，杭州南宋官窑博物馆编：《南宋官窑文集》，北京：文物出版社，2004年。

铸造金铜祭祀礼器，南宋朝廷在各种祭祀礼制文化活动中，已经开始使用陶瓷器作为朝廷祭祀礼器。绍兴四年（1134），朝廷于临安行明堂祭典，祭典礼器为绍兴府余姚县烧造的陶瓷器。绍兴四年明堂祭典后，国子监丞王普批评明堂祭典礼器形象无典无据："昨来明堂所用，乃有司率意略仿崇义《三礼图》，其制非是。"① 南宋朝臣认为礼器是有典的，宋高宗也对绍兴四年余姚县烧造的祭典陶瓷礼器形象不满意，朝廷故设立礼器局，开始不计工本烧造祭祀礼器。

# 三　南宋官窑造型技艺内涵与传承

## （一）南宋官窑造型技艺内涵

南宋官窑成型技艺主要分成两部分。第一部分为转盘拉坯成型技艺、泥条粘贴成型技艺和泥条盘筑成型技艺，都是南宋官窑转盘成型的技艺特色。转盘成型除了南北官窑成型和南方越窑成型通常采用的转盘拉坯成型技艺外，泥条粘贴成型技艺和泥条盘筑成型技艺，是通过在转盘上进行泥条粘贴和泥条盘筑成型的技艺。第二部分为手塑成型技艺和模合成型技艺，其中包括拼接成型技艺、模制挖掏成型技艺、捏塑成型技艺等。南宋官窑转盘成型技艺、手塑成型技艺和模合成型技艺，都是南宋官窑各种器物造型的主要成型技艺，有单独成型的造型技艺，也有根据器型综合使用的造型技艺。

从对南宋官窑传世器造型技艺的分析看，南宋官窑瓷器造型中的很多技艺是在传承中国古代陶瓷造型优秀技艺的基础上，在官家制瓷技艺的严格要求下形成的。南宋官窑作坊遗址考察的研究表明，由于南宋官窑制瓷采用特殊制瓷原料，官窑小件器物占官窑造型中的很大一部分。

拉坯造型是南宋官窑瓷器造型的重要组成部分。南宋官窑遗址成型工场考察与分析的研究表明，南宋官窑制瓷技匠拉坯造型，采用木制转盘进行造型，这种造型技艺是南宋官窑常用的造型技艺。南宋官窑许多线条极

---

① 马端临：《文献通考》卷74，明冯天驭刻本。

其简练的传世器，如贯耳瓶、纸槌瓶、弦纹瓶、盘口瓶、直口瓶、圈口瓶、胆瓶、梅瓶以及各式樽、炉等器物，基本都采用木盘拉坯进行造型制作。

南宋官窑采用木盘拉坯进行典雅高贵的祭祀礼器造型制作，由于造型是在木制转盘上拉坯成型，器型线条极其简练、形态对称、上下形体呼应、古朴庄重大气，体现出南宋官窑祭祀礼器造型制作过程中造型技艺的精致性。

### （二）南宋官窑造型技艺传承

南宋官窑很多礼器造型主要采用木盘拉坯进行造型制作，这是南宋官窑中较常用的一种造型制作方法。这种造型技艺，在宋代以前的陶瓷造型制作中就已经得到传承应用，但此前民间瓷窑对这种造型技艺的应用没有宋代名瓷造型技艺那么精致。

除了拉坯造型技艺，其他的造型技艺如手塑成型技艺，也是南宋官窑造型技艺传承的主要组成部分。南宋官窑手塑成型技艺，主要有揉、搓、捏、盘、粘、挖、塑等。

根据我们对南宋官窑传世礼器造型的研究以及其造型技艺的传承应用研究可以发现，由于南宋官窑礼器造型深受夏商周青铜器造型的影响，南宋官窑礼器造型技艺传承的是夏商周青铜器精致造型技艺，许多器型制作技艺体现出夏商周青铜器精工细作的技艺。如八角瓶、六角胆瓶、八棱瓶、海棠瓶等器物，除了线条简练，器型凹凸有致、形态对称呼应，充分体现了南宋官窑非盘制塑型作品造型制作技艺的精致性。

## 四　南宋官窑制瓷原料配方

南宋官窑烧造距今有八百多年历史，南宋官窑紫金土为其提供必需的成瓷原料。明代王士性在《广志绎》中记载，"官、哥两窑，宋时烧之凤凰山下，紫口铁脚，今其泥尽，故此物不再得"①，这说明了南宋官窑制瓷原料的特殊性。1969 年夏，叶宏明等人对南宋官窑乌龟山紫金土矿

---

① （明）王士性：《广志绎》卷 4，北京：中华书局，2006 年，江南诸省。

物进行考察、分析应用和研究试验，指出乌龟山紫金土是南宋官窑冰裂纹青瓷烧造成功的基础条件。① 对乌龟山紫金土的进一步科学试验表明，乌龟山紫金土是南宋官窑瓷器非常重要的呈色原料。② 对于南宋官窑制瓷胎料配方原料组成来说，乌龟山紫金土具有富铁、低硅、高铝的矿物特性，这使其在南宋官窑制瓷胎料配方中具有不可替代性。不同紫金土的煅烧成分组成和工艺性能不同，且差异很大。③ 而南宋官窑其他各种制瓷原料，包括南宋官窑高温烧造中作为胎骨架使用的瓷石、黏土以及胎配方高温辅助溶剂原料，在配方中的应用比例与含量高低，主要是根据器型的复杂程度来确定的。南宋官窑冰裂纹青瓷制胎原料采用了紫金土、瓷石和黏土。④

草木灰也是南宋官窑极其重要的制瓷原料，主要用在南宋官窑釉料配方组成中。由于草木灰具有在生釉料中悬浮的特性，生釉料在使用过程中不容易产生沉淀效应，能促成多次施釉形成厚釉工艺。在高温烧造过程中能够形成乳浊性的釉质性能，使南宋官窑草木灰——石灰碱釉在配方组成中具有不可替代性。

## 五　南宋官窑制瓷成型特殊技艺传承

南宋官窑制瓷成型技艺极其精致，这里主要介绍三种成型的技艺传承。

### （一）"一指功"

"一指功"是南宋官窑制瓷成型绝技之一。南宋官窑著名的长颈纸槌瓶、长颈丰肩胆瓶、长颈溜肩胆瓶作品，颈部最细之处宽度仅为 1.5 厘米，细长颈式样陈设瓶器的完美制作均离不开这门独创秘籍。此类器型的拉坯过程对手型变化要求甚高，制作难度较其他器型大。

### （二）"泥上飘"

"泥上飘"是南宋官窑独有的薄胎绝技。拉坯成型后，需要把厚坯修

---

① 叶宏明等：《南宋官窑青瓷的研究》，《硅酸盐学报》1983 年第 1 期。
② 叶佳星：《南宋官窑釉色艺术与工艺研究》，《中国陶瓷工业》2014 年第 4 期。
③ 叶佳星：《原料性能对南宋官窑产品特色的影响》，《佛山陶瓷》2014 年第 11 期。
④ 叶国珍、叶佳星：《南宋官窑制瓷科学研究》，《中国陶瓷工艺》2015 年第 6 期。

成薄坯。对于坯体厚薄程度的控制及识别方法，是掌握修坯技术和确保修坯质量的关键所在，这需要依靠技术熟练程度和实践经验。

### （三）"火沫眼"

"火沫眼"是南宋官窑龙窑柴烧绝技。南宋官窑四大艺术特色须经1280摄氏度窑火烧造方能显现。龙窑体积大、烧造时间长，柴烧过程中窑内火温和气氛变化大，因此很难判断窑温，对作品烧造难以把控。而南宋官窑技匠在龙窑烧造过程中，在高温阶段，通过观察龙窑投柴口窜出的火苗高度和焰色变化，掌握窑内温度和气氛变化。"龙窑火沫窜柴口，焰升火变定气氛"，这就是南宋官窑十分著名的"火沫眼"烧造绝技。

## 六　南宋官窑高温烧造技艺及其传承

### （一）南宋官窑高温烧造技艺

南宋官窑宫廷制瓷采用特殊制瓷原料，烧造出"粉青釉色、冰裂纹片、紫口铁足、薄胎厚釉"四大艺术特色（见图1）。这些艺术特色可从青瓷烧造工艺技术的角度分析：烧造工艺采用高温烧制并采用二次氧化技艺，使露胎部分的胎色为紫黑色成为"铁足"；高温轻还原烧造采用轻还原技艺，使器物薄釉处隐隐约约露出紫色的紫口胎体。厚釉工艺容易产生高温烧成釉面缩釉现象。[1] 高温强氧化烧造技术与高温强还原烧造技术，使南宋官窑瓷器釉色呈现出类玉的粉青色调。

**图 1　郊坛下南宋官窑高温烧造形成的艺术特色**

（1969 年叶国珍到郊坛下官窑遗址考察获得）

---

[1]　叶佳星、叶国珍、叶宏明：《南宋官窑冰裂纹工艺技术研究》，《中国陶瓷工业》2014 年第 6 期。

对南宋官窑采用不同配比量的草木灰、瓷石、石灰石和紫金土来制作釉料配方的技艺传承的试验表明，釉内铁元素是南宋官窑釉的直接呈色剂，在高温烧造过程中，可以形成 FeO（氧化亚铁，呈青色）及 $Fe_2O_3$（氧化铁，呈紫色）等氧化物，其中釉内氧化亚铁和氧化铁含量比例，主要取决于烧成时还原性气氛和氧化气氛的浓度，这直接影响釉的呈色。

南宋官窑釉料配方技术和高温烧造阶段性冷却技术，使南宋官窑釉面能够形成无一雷同的冰裂纹片。南宋官窑高超的烧造技术，把釉色、胎色、纹片三者完美地结合起来，这离不开南宋官窑胎釉原料配方技术。对南宋官窑高温烧造技艺的研究表明，在南宋官窑高温烧造过程中，必须精确控制高温强氧化阶段烧造温度与烧造时间，也必须精确控制高温强还原阶段烧造温度与烧造时间。

## （二）南宋官窑高温烧造技艺传承

1969 年，笔者在南方一座郊坛下南宋官窑火膛、窑房、拉烟口三部分建筑构造的龙窑里，进行南宋官窑龙窑烧造技艺的复烧试验与传承研究，试验证明南宋官窑烧造温度接近 1280 摄氏度，升温强拉力烧造的龙窑结构，十分有利于南宋官窑高温烧造技艺。

笔者对郊坛下南宋官窑烧造所采用的燃料进行细致的科学研究分析，并实际采用试验来进行技艺传承应用。研究分析与试验证明，半干松木是南宋官窑龙窑最重要的烧成燃料。我们的燃料烧成试验进一步表明，半干松木燃烧油脂多、火路高、烧时长，其燃料应用及相应烧造技艺都有利于龙窑高温烧造的燃料技术传承与应用。

笔者对在南宋官窑遗址发现的三支钉和五支钉等支钉托烧窑具进行了复制再现应用试验与分析研究。试验表明，南宋官窑早期制作的支钉托烧窑具，其支钉制作材料、支钉形态结构、支钉比例高度这三方面与北方支钉托烧窑具都不一样，但窑具应用与技艺传承试验表明，宋代南北名窑支钉托烧窑具都对产品的烧成具有重要作用。

笔者对南宋官窑冰裂纹纹片形成的烧造技艺传承应用的研究与试验表明，在烧成冷却期间，胎釉膨胀系数随着冷却温度下降，产生的差值变化对冰裂纹的纹片形态变化影响很大，同时，冰裂纹的纹片形态与胎釉化学组成、釉层厚度、施釉技术和烧成制度密切相关，釉料层干燥是多次施釉过程中的重要工艺。[①] 烧造技艺传承应用研究表明，南宋官窑釉的乳浊性能除了与釉料配方组成密切相关，也受高温烧造温度与烧造气氛的影响。

笔者对南宋官窑烧造技艺及其传承再现的研究表明，控制紫金土原料中的铝、硅、铁的成分含量与控制紫金土在胎料配方中的含量一样对南宋官窑的烧造技艺具有极其重要的影响。

对于南宋官窑窑址，自20世纪初，即有中外研究人士根据文献在杭州凤凰山、乌龟山下寻觅其踪迹。[②] 南宋官窑是宋代名窑，宋史有文字记载，明确了南宋官窑建立的历史背景、烧造时间、烧造地点、烧造制度、窑器称谓、窑口名称、瓷器品格，并确立了南宋官窑的历史地位，宋史文献《入内内侍省、禁卫所、修内司、翰林院》也明确记载了修内司的地位。[③] 明代的文献如曹昭《格古要论》、高濂《遵生八笺》、王士性《广志绎》也都有文字记载。宋明两代对南宋官窑的文字记载，为我们研究南宋官窑提供了历史资料。

# 七　结语

南宋官窑制瓷技艺形成的宋代官家制瓷技艺文化，对南宋及后来朝代制瓷技艺的发展与传承具有十分重要的影响。

南宋官窑制瓷形成的宋代官家制瓷文化，具有宋代官家制瓷垄断文化特色、礼器造型文化特色、精益求精制瓷工艺特色、胎釉原料配方特色、成型与烧造工艺技术特色、产品艺术特色等。

两宋官窑制瓷技艺都是宋代官家制瓷技艺，宋高宗朝官窑制瓷技艺形成的南宋非遗与宋徽宗朝官窑制瓷技艺形成的北宋非遗具有异曲同工之处。两宋官窑制瓷非遗技艺文化内涵十分接近。

---

① 史宁昌、苗建民主编：《宋代五大名窑科学技术国际学术讨论会论文集》，北京：科学出版社，2016年。
② 耿宝昌：《刍议宋官窑青瓷》，杭州南宋官窑博物馆编：《南宋官窑文集》。
③ 《乾道临安志》，杭州：浙江人民出版社，1983年。

　　南宋官窑制瓷采用特殊制瓷原料，烧造出"粉青釉色、冰裂纹片、紫口铁足、薄胎厚釉"四大艺术特色。南宋官窑制瓷烧造工艺中的高温强氧化烧造技术与高温强还原烧造技术，使南宋官窑瓷的釉色呈现出类玉的粉青色调，同时釉料配方技术和高温烧造阶段性冷却技术使南宋官窑瓷釉面形成无一雷同的冰裂纹片，这些技艺是南宋官窑制瓷技艺文化的重要组成部分。

　　南宋官窑冰裂纹各种纹片的形成，除了由胎釉原料化学组成中高温状态下不同膨胀系数产生，在高温烧成冷却期间，不同的冷却温度对冰裂纹的纹片形态变化影响很大，这种烧造制度是南宋官窑制瓷技艺文化的重要组成部分。

# 非物质文化遗产与红河哈尼梯田耕作

徐义强*

摘　要：哈尼族社会中并行不悖地存在两种文化遗产的形式，哈尼族自然崇拜、农耕仪式等无形的非物质文化遗产与有形的梯田物质文化遗产之间有密切的联系。物质文化遗产和非物质文化遗产共同承载着哈尼族社会的文明传承与文化传统，构成一个整体的生活世界，编织出丰富多彩的哈尼族。

关键词：哈尼族；梯田；非物质文化遗产；物质文化遗产

学界对于哈尼梯田的研究肇始于20世纪80年代，主要由民族学家与地理生态学家进行。王清华的《梯田文化论——哈尼族生态农业》是首部专门以梯田为研究对象的著作，其重要意义在于建立了哈尼族梯田文化的整个体系。他认为每个民族的文化都有一个核心，哈尼族文化的核心是梯田文化，哈尼族梯田和梯田文化是哈尼族社会生活的轴心所在，哈尼族社会生活的方方面面如出生取名、谈情说爱、婚丧嫁娶、节日喜庆都是围绕梯田这一物质文化实体而展开的，哈尼族文化与梯田息息相关。① 针对哈尼梯田的特点，目前国内学界提出了一些保护原则与保护方案。例如，闵庆文提出，要坚持动态保护原则、多方参与原则，发展有

---

　*　徐义强，博士，云南师范大学人类学研究所副教授。
　①　王清华：《梯田文化论——哈尼族生态农业》，昆明：云南大学出版社，1999年。

机农业、发展生态旅游、建立生态与文化保护的补偿机制，争取获得国家在文化保护、生态保护方面更多的支持。① 角媛梅等认为，哈尼梯田文化景观具有古老性、独特性、持续性和美学价值等特征。因此，要保护自然文化遗产，抢救民族文化，实现文化与环境的可持续发展，必须保护哈尼梯田文化景观。② 徐义强、李凯冬认为，对哈尼梯田这样的农业文化遗产的保护，基本方向应当是"动态"、"原址"及"延续"。③ 由于哈尼族没有书面文字系统而只有口头表达的传统，哈尼族社会中文化的传承以口头和仪式为主，这即是人类学与民俗学意义上的"非物质文化遗产"。与之相关，红河哈尼梯田文化景观已经被正式列入《世界遗产名录》，也是全球重要农业文化遗产。显然，哈尼族社会中同时存在两种文化遗产的形式，但是，目前学界鲜有把梯田耕作物质遗产与其丰富的非物质文化遗产放置于同一个空间来考察的尝试。作为一个长期关注哈尼族文化并且行走在梯田间的研究者，笔者在见证哈尼梯田的一步步华丽转身的同时，也不禁想追问以下几个问题：哈尼梯田为何历经千年而能一直保持至今？有没有精神文化的因素在梯田的持续之中起到重要作用？如果有的话，是不是哈尼族社会中最为重要的自然崇拜等信仰起着关键的作用呢？更进一步，来自哈尼族的案例是不是能够给我们提供一个理解"非物质文化遗产"与"物质文化遗产"之间关联的视角？

## 一　作为物质文化遗产的哈尼梯田：历史与现况

红河哈尼梯田历史悠久，春秋战国时，已有对于梯田的记载。据学者考证，《尚书·禹贡》中"厥土青黎，厥田惟下上"说的就是大渡河（洮水）畔哈尼梯田，洮水为哈尼族先民"和夷"居住之所。④ 唐代樊绰所著《蛮书》中所说的"蛮治山田，殊为精好"说明梯田耕作已有相当

---

① 闵庆文：《哈尼梯田的农业文化遗产特征及其保护》，《学术探索》2009年第3期。
② 角媛梅等：《哈尼梯田文化景观及其保护研究》，《地理研究》2002年第6期。
③ 徐义强、李凯冬：《农业文化遗产红河哈尼梯田保护与开发刍议》，《农业考古》2013年第1期。
④ 王清华：《梯田文化论——哈尼族生态农业》，昆明：云南人民出版社，2010年，第1页。

高的水准与名气，一般被认为是对哈尼梯田最为正式而精准的表述。南宋诗人范成大在《骖鸾录》中写道："岭阪上皆禾田，层层而上，至顶，名梯田。"这是关于"梯田"二字最早的记录。徐光启在《农政全书》中对农田进行分类，梯田与区田、圃田、围田、架田、柜田、涂田同列为中国农耕史上的七大田制。

在哈尼族最重要的创世神话《天、地、人的传说》中，龙王为感激塔婆的养育之恩，向塔婆敬献了三个竹筒。"见第一个竹筒里是金银铜铁和珠宝，就让它们钻到地下去了；见第二个竹筒里是稻谷、玉米、荞子、棉花和草木，就让它们长到地上去了；见第三个竹筒里是牛马猪羊和飞禽走兽，除留下一条牛慰劳神们改天换地外，都让它们跑到山里去了。"[1]古歌中的哈尼族是最早驯化野生稻的民族之一，开垦梯田种植稻谷是哈尼族古老的农业生产传统。千百年来，哈尼族先民在长期的劳作中，将哀牢山区的野生稻谷驯化为旱稻，又将旱稻根据当地地理环境改良为适应高海拔的水稻。在得天独厚的生态环境中，滇南流域成为人类早期驯化栽培稻谷的地区之一。云南有"山有多高，水有多高""一山分四季，隔里不同天"等独特的地理水文与气候，这些是梯田形成的重要原因。最终，哈尼族人世世代代顽强地与大自然搏斗，在哀牢山创造出"山间水沟如玉带，层层梯田似天梯"的人间仙境，雕刻出梯田农耕文明奇观，也创造了世界农业的奇迹。

政府与社会各界一直致力于宣传保护这一重要的人类遗产，做出了艰苦不懈的努力。梯田保护取得重要的进展，哈尼梯田相继成为国家湿地公园、全球重要农业文化遗产及世界遗产。在联合国教科文组织官方网站上介绍如下：

> 在过去的1300年里，哈尼族人开发了一套复杂的渠道系统，将水从森林覆盖的山顶带到梯田。他们还创建了一个包含牛、鸭、鱼和泥鳅的综合农业系统，并支持该地区主要作物红米的生产。……梯田景观反映了森林、水、梯田和房屋的四重综合系统。山顶森林

---

① 黄绍文主编：《哈尼梯田民间传说故事集》，昆明：云南人民出版社，2016年，第47页。

是梯田获取和维持灌溉所需水的命脉。有四种类型的森林，古老的储水林，寨神林，整固森林和用于提供建筑用材、食物和柴火的村庄森林。寨神林一直有很强的内涵。村庄上方是村神"昂玛"（村子的灵魂）和土地保护神"咪送"的地方，村民们在这里祈祷和平、健康和繁荣。①

这段介绍很好地总结了哈尼梯田独特的森林—村寨—梯田—水系"四素同构"的良性循环农业生态系统，更蕴含人与自然高度和谐的理念。因此，梯田是哈尼族人居环境和农耕文化协调发展的典范，是中国遗产中享誉世界的品牌。

## 二  作为非物质文化遗产的节日及信仰体系

哈尼梯田还是一个多元文化体系，与物质文化遗产相对应的是，其博大的非物质文化遗产也让世人瞩目。梯田就像一部无声的巨型史诗，形象地展现了哈尼族先民在与自然和社会顽强抗争中繁衍生息的漫长历史。代表哈尼梯田历史文脉的四季生产调、哈尼族多声部民歌、哈尼哈吧、乐作舞、祭寨神林等先后列入国家级非物质文化遗产代表性项目名录。如今，这个祖先留下来的千年活态文化遗产被越来越多的人所关注，驰名中外，影响力持续扩大，成了全人类的文化瑰宝，这值得我们永远珍视和守护。因此，学术界普遍认为：守护哈尼梯田，就是守护绿水青山，就是守护我们美丽的永恒的家园。

与梯田相伴随的是作为非物质文化遗产的节日、自然崇拜及宗教信仰体系，对于哈尼族人而言，各种叫魂、驱鬼、献饭仪式有重要的意义。人类学家李亦园认为文化大体上可以分为"可观察文化"（observable culture）和"不可观察文化"（unobservable culture）。按文化内涵来划分，文化可分为"物质文化"（material culture）、"伦理文化"（ethical culture）、"表达

---

① World Heritage Convention：Cultural Landscape of Honghe Hani Rice Terraces，2013，https：//whc. unesco. org/en/list/1111.

文化"（expressive culture）。① 李亦园的这一分类一方面让我们看到了文化的多重性，另一方面更让我们看到了由三种文化形态构成且内在地成为一个整体的文化。在哈尼族文化体系里，梯田与村寨构成物质文化，宗教祭礼属于文化的表达层面，"表达文化"关注一个群体的意识层面以及精神层面。对某一个社群表达层面的研究，可以弄清楚该群体一些集体无意识积淀的东西，也可以说是在一个较高层面上对社群进行研究。

笔者初步估计，"一年之中，哈尼人在宗教仪式中度过约三分之一的时间，每一个季节每一个月份都有不同的祭礼和农业礼仪（一个典型的哈尼村寨一年中，主要有'苦扎扎'、'昂玛突——祭寨神'、'开秧门'、'祭鬼'、'里玛主'、'喝新谷酒'、'献新米'、'祭火神'、'十月年'等仪式）。而就个人来说，各种人生礼仪如出生礼仪、成年礼仪、婚姻礼仪、丧葬礼仪则伴随着每一个哈尼人的一生"②。哈尼族人在仪式里出生，在仪式里离开人世。

红河哈尼族人一年中与梯田农业有关的第一个节日"昂玛突"，也就是祭寨神林，时间一般是在农历二月属牛或属龙的日子，有学者指出："哈尼族一年一度的昂玛突节活动，从其历法意义在于季节由冬季进入春季。从梯田农耕方面意味着冬闲季节的结束和春播、春耕季节的开始，其实质就是催耕备耕的序曲。"③ 各户选一个男性成年人为代表，祭祀期间女性严禁参加。祭祀地点即在村寨后的森林，事先选好一棵枝叶苗壮的古树作为神的标志，由村寨祭司"莫批"和头人"咪谷"主持，念诵祝词，宰杀猪、鸡、鸭，家家户户也要舂糯米粑粑、染黄米饭和红蛋，祭祀寨神。哈尼族人视森林如生命，每个寨子在建寨时，都要选一片蓄养水源的森林作为树神保护起来，并且每年都要进行一次祭献，祈求树神保佑村人平安、五谷丰登、六畜兴旺。建寨之后，也要在寨子周围种树，美化环境。联合国教科文组织对此做出高度评价："红河哈尼水稻梯田是一个弹性土地管理系统的杰出体现，该系统优化了社会和环境资源，在

---

① 李亦园：《人类的视野》，上海：上海文艺出版社，1996 年，第 101 页。
② 徐义强：《哈尼族的原始宗教信仰与仪式治疗》，《宗教学研究》2012 年第 1 期。
③ 黄绍文：《哈尼族节日与梯田稻作礼仪的关系》，《云南民族学院学报》（哲学社会科学版）2000 年第 5 期。

精神、生态和视觉方面展示了人与环境之间的非凡和谐，并基于对自然的精神的尊重和对个人和社区的尊重，构成一个被称为'人神合一的社会体系'的双重相互依存体系。"① 哈尼族人认为，在茂密的森林中有神灵栖息。在每个寨子的后面，必定有寨神林，是寨神的栖息之地。这是极为神圣的地方，不能在此随便放牧、砍伐，也禁止打猎、捕杀。有些地区的哈尼族人还会在祭祀寨神期间到梯田撒谷种及祭秧田，求得全年稻谷丰收。

哈尼族梯田耕作时很重要的仪式是开秧门，这个习俗意为开始栽秧。在开秧门时，农人举行栽种仪式，右手拿着祭礼糯米饭，祭祀开田鼻祖"美翠贞女"。全家挑选吉日来到田里，用一对熟鸡鸭蛋祭田神，由家中最有耕作经验的长者或家中主妇栽下第一棵秧苗，以保证此年丰收，一边栽种一边唱道："天门开了，地门开了，河坝傣家已经开秧门了，大地方的汉族开秧门了，阳春三月不开的门没有了，不过晌午要栽完，太阳不落就收工，栽秧快如鸟儿飞。"主人栽下第一棵秧苗后要快速向田脚方向奔跑，寓意是不会误农时，同时还有打泥巴仗的习俗。此外家里要用糯米粑、黄米饭、泥鳅和红蛋祭祀祖先神、社稷神，还要祭祀布谷鸟，感谢这天神派来的使者"报春"。而更别有趣味的还有哈尼族人为水稻举行的招魂活动，哈尼语是"康拉枯"，要杀一对鸡鸭为祭品，另外准备水冬瓜树、柳树、蒿树分别代表人、粮、畜，以此求得丰收、水稻不受害虫侵扰。

哈尼六月节与梯田栽种节令相关，选在农历六月属鼠日或属蛇日举行，全村在磨秋场杀牛祭祀天神，集体共享并各家分配牛肉回家祭祀祖先。同时建新的磨秋（秋千），由"咪谷"先逆时针转动磨秋三次，众人再进行打磨秋活动。关于六月节为何要打磨秋，哈尼族各地的民间传说基本都与人类开垦梯田、砍伐森林而得罪蚂蚁、蚯蚓等有关，本文引用箐口村的传说：

---

① World Heritage Convention: Cultural Landscape of Honghe Hani Rice Terraces, 2013, https://whc. unesco. org/en/list/1111.

　　远古时候，哈尼人为了生存，在开沟引水，烧山垦田时，得罪了生活在山上和地下的野物，它们到天神那里告状。于是天神梅烟委派两位小天神骑着大白马和小花马下凡人间看个究竟。他们看见野物们缺胳膊少腿的，便回到天神梅烟那里告了哈尼人一状。天神判决：每年谷子打苞、抽穗的时节，每个村寨必须杀一个男青年，用他的头供祭野物们的亡灵。于是，每到农历六月的时候，哈尼人就会为失去亲人而痛哭。哭声惊动了天神梅烟，他发现用人头祭野物的亡灵给哈尼人带来了灾难，就改了原判，并召来野物们说："野物们，哈尼人杀了你千万个，你们一年只杀他们一人，不解你们的恨，每年六月我把哈尼人男女老少吊在半空中，一个个活活吊死。"野物们听了高兴地离去了。天神又派两神到人间传达旨意：哈尼人每年六月节祭奠的时候，要高高地架秋千、立磨秋来荡，让野物们误以为哈尼人被"吊死"在半空中，便不再来糟蹋梯田的庄稼。①

这个带有某种戏谑而悲情意味的传说非常合理地解释了磨秋的来源，从生态的角度告诫了哈尼族人干预大自然的后果，又生动地勾勒出野物与庄稼、梯田之间的微妙关系。从时令上看，六月节的时间正处于夏季谷物抽穗扬花期间，节日的举行正是预祝该年风调雨顺、五谷丰登。

哈尼族新米节是在农历七月稻子七成熟时，从田里采一把稻穗炸出米花，第一把给狗吃并献祖先神和招谷魂回家。据说哈尼族祖先在长途跋涉之中曾经遭遇断种的困苦，是一只狗嘴里叼回来一束谷种，哈尼族祖先才保存谷种得以生存下来。也有古歌认为天神"莫咪"的女儿"莫咪然密"违背天条把稻种偷给凡人栽种，让人间过上了有衣穿、有饭吃的好日子。天神以大逆不道为由把她罚变成一条母狗，为人看门守户。从此，每逢七月，哈尼族人为了感谢狗对于本族人生存的功劳，在新米节时，都要把第一批稻谷制成新米先喂给"莫咪然密"的化身——狗，之后哈尼族人才能开始享用，以表达永远不会忘记她的救命之恩。

---

① 马翀炜、潘春梅：《仪式嬗变与妇女角色——元阳县箐口村哈尼族"苦扎扎"仪式的人类学考察》，《民族研究》2007 年第 5 期。

哈尼族隆重的十月年也就是"扎勒特",类似于汉族过年和春节。彼时家家户户都杀猪宰鸡而不再从事任何农业与山林劳作,并且要祭祀祖先、天神、财神以及与梯田有关的雪神、雨神、霜神及庄稼神,祈求农业丰收、天和日丽、五谷丰登。同时也要将祭品分享给耕牛,感激它们一年来在田地里劳作。

一般意义上,哈尼族的宗教信仰依然以其原生的民俗信仰为主体,以万物有灵为其信仰基石,把世间万物人格化,认为灵魂不灭,形成了独特的灵魂、鬼怪、神仙观念体系。这一体系以自然崇拜、祖先信仰、鬼神祭祀、招魂打卦、驱鬼迎神等为特色。

哈尼族的自然崇拜至少包括以下方面:天地崇拜、日月星宿崇拜、雷电风火崇拜、山岳石头崇拜、树崇拜。与人类生产相关的活动都要祭神,例如,开山,要祭山神;引水,要祭水神;栽秧,要祭秧神;割谷,要祭谷神。哈尼梯田农耕形成的各项民俗文化是哈尼族人创造的文化遗产,在四季生产中体现了天人合一的理念,在有形的物质生产中创造出了无形的文化内涵。从春季的育苗、撒秧、插秧到夏季的祭祀田神、唱山歌、端午节粽子先喂牛以及"苦扎扎"祭祀,再到新米节、十月年和昂玛突,这些年节都深深包含着自然崇拜的影响。

红河哈尼族所在地理环境一般是高山,以梯田耕作为主。由于大自然的气候变化与农业活动息息相关,对大自然的崇拜比较常见。

哈尼族人对天地的崇拜主要表现在对天神地神的崇拜。天神在哈尼语中称"莫咪",它是最大的神以及人间的主宰。"威嘴"和"石批"是"莫咪"天神之下直接与农耕有关的两个次一级天神。哈尼族人对天神的祭祀一般是在寨神林附近。全村都参加,祭品主要是公鸡。祭祀时全村对天神磕头叩首,并把公鸡煮成一大锅粥。全村每家每户分回一碗鸡肉稀饭,以此得到天神的保佑。哈尼族人对地神也非常重视,地神在哈尼语中称为"咪牧"。祭品一般是肥猪、公鸡、母鸡各一只,祭祀地点在村口。宰杀祭献之后,除祭司和长老就地共食外,其余各户分配,以得到地神保护,五谷丰登。

哈尼族歌谣《梯田的起源》谈到栽种时说"谷种要到泥的世界去叫

爹，谷种要到水的世界去叫娘"①，把谷种进行了人格化处理，给物赋予灵性，反映的是一种典型的自然崇拜。"谷种落地却难以生根，水口摩咪之上是否有怪物，拿着祭田神的糯米饭，要去祭献水口摩咪之上的怪物，拿着祭田神的糯米饭，已去祭献水口摩咪之上不好的怪物"②，这首歌谣告诉我们在播种之前先要祭祀水口田神。"秧姑娘还要托舅舅的福，秧姑娘不托舅舅的福不行，因为天神要寻找倒冰雹的地方，冰雹会砸毁我们的秧苗"③，"秧姑娘要托福，没有姑妈不行，秧姑娘托福需要姑妈，请到秧田边上再插一根竹竿，秧田边上已插上一根竹竿，秧姑娘有了托福的姑妈"④，这里是赋予秧苗生命和灵，通过自然崇拜，祈祷消除自然灾害并使秧苗苗壮生长。这类似人要举行叫魂仪式。因为在哈尼族社会里，舅舅享有极大的权威，而人在叫魂祈祷健康的时候一定要请姑妈到场。从某种意义上说，哈尼族人种田已不单单是进行物的生产，而是形成了一套完整的文化知识系统，梯田耕种充满信仰和情怀。

这些自然崇拜、万物有灵的思想，是哈尼梯田可持续发展的重要因素。千年来对天地万物的敬畏膜拜，使梯田成为天、地、梯田、人、神的统一。哈尼族自然崇拜及信仰和梯田文化可持续发展有密切联系，主要表现在以下几个方面。

首先，哈尼族信仰体现了人与自然和谐的理念。哈尼族人对天神、地神、水神、田神等虔诚祭拜，在农业实践中，哈尼族人以大自然为守护神，决不会做出有损于环境的事情。例如他们将森林细分为寨神林、村庄森林、储水林，对这些树林要定期祭祀，同时决不允许随意砍伐。千年以来，他们敬畏自然，不向自然过度索取。以"昂玛突"节日中祭树神、祭水井、祭田神来说，这些活动客观上培育了当地人对自然的态度。有学者认为："从生态和环保的角度看，被哈尼人视为神灵栖息地的树林，正是哈尼族地区江河干支流的发源地。崇奉树林、敬畏大自然的宗

---

① 参见白居舟搜集，王增文翻译整理：《祖先的歌谣》，昆明：云南民族出版社，2016年，第105页。
② 参见白居舟搜集，王增文翻译整理：《祖先的歌谣》，第105页。
③ 参见白居舟搜集，王增文翻译整理：《祖先的歌谣》，第106—107页。
④ 参见白居舟搜集，王增文翻译整理：《祖先的歌谣》，第108页。

教信仰虽然是非科学，但以这种宗教信仰作为人与大自然和谐发展的行为准则，其客观效果却是准科学的。这些行为准则被全体哈尼人民所认同，在历史上从一定范围内非常有效地保护了本民族生存区域的原始植被完整无缺，实际上就是维护了沿袭上千年的梯田稻作文明的血脉水源。"①可以说，哈尼族人的祭祀行为与其自然环境保护有密不可分的关系，呈现出的是一种人与自然和谐相处的状态。梯田既是人文景观，也是自然景观，体现了当地百姓与自然和谐共融的独特创造力。

哈尼族对以梯田为轴心的生态环境、水资源管理利用、精耕细作的农耕技术，以及自然树木崇拜、民居建筑、节日庆典、人生礼仪、服饰、歌舞和文学诗歌的认识均以梯田农耕为核心，处处体现着认识自然、顺应自然、与大自然和谐共融的特点。哈尼梯田是哈尼族人民与哀牢山大自然和谐相处、互促互补、天人合一的人类大创造，是文化与自然巧妙结合的产物。

其次，哈尼族信仰的力量是梯田永葆生命力的重要源泉。在田野访谈中，笔者深深体会到哈尼族人对传统信仰的坚守，例如，绿春县有一个村寨移民搬迁之后到了平地，没有了梯田，那个村寨的哈尼族人每逢年节都要在花盆里单独栽种稻谷，并且是世世代代传下来的老品种，种这一点谷子的目的就是祭祀谷神。因为哈尼族人认为，用买来的谷子祭祀，祖先是不爱吃的，只有自己栽种的祖先才接受。仅此一个小小的实例，即可见哈尼族人传统信仰的力量与坚持。而这种信仰的力量正是梯田永葆生命力的重要源泉，这些自然崇拜、万物有灵的思想，是哈尼梯田永不破败之所在。如果没有哈尼族人数千年历史进程中始终如一地对天地的虔诚，如果没有对森林的膜拜、对天地万物的尊崇，如果没有一年一次的祭树神以警示，哈尼梯田还能延续千年吗？

最后，哈尼族与宗教相联系的人文活动有效地沟通了人和自然、人和人的关系。著名的人类学家李亦园在《信仰与文化》一书中指出："宗教信仰之所以如此古老而又普遍存在于人类社会之中，是因为宗教对人

① 黄绍文：《哈尼族节日与梯田稻作礼仪的关系》，《云南民族学院学报》（哲学社会科学版）2000 年第 5 期。

类社会的存在有重要的功能意义，宗教不但给人们在忧虑挫折中得到慰藉与寄托，同时也给与人群作为整合团结的手段，而更重要的是宗教崇拜的对象是人类对自己、对社会、对宇宙存在的一种目标。"① 同样，我们也可以说，自然崇拜对于哈尼族人民有重要的功能意义，也是哈尼族人整合团结的手段，红河哈尼梯田作为世居民族赖以生存的生产和生活资料，是维持社会经济的基本资源，是梯田可持续发展的重要力量。

哈尼族与宗教相联系的人文活动有效地沟通了人和自然、人和人的关系，这些活动无不深深地烙上了梯田农耕文化的印记，梯田稻作文化也成为哈尼族传统文化的根本之所在。红河哈尼梯田的人文景观蕴含人与自然和谐相处的智慧与理念，包含敬畏自然、顺应自然的"天人合一"的哲学思想，堪称农耕文明与少数民族传统文化完美融合的产物，也是人类智慧与农业景观完美融合的产物。

哈尼族人民以尊重自然的态度创造出哈尼梯田，同时塑造了共同的价值观和认同基础，没有哈尼梯田就没有哈尼族人民，梯田成为维护社会凝聚力的物质和精神依托。在全球化背景下，红河哈尼梯田中所体现出的人类与自然和谐共处，将为我们保护环境提供一个极好的范例。

## 三 结语：梯田在"非物质文化遗产" 与"物质文化遗产"之间

文化遗产的保护已是一个世界性的话题，在不同的区域因不同的环境与社会特点有不同的倚重，有的地方更需加强保护的是作为非物质文化遗产的各种口传艺术，有的地方侧重保护的是作为物质文化遗产的建筑或遗址。显然，物质文化遗产和非物质文化遗产之间有本质属性上的不同，一个有形而另一个无形。学者一开始将此二者区分，是从形态学角度加以区分，也可以说是基于概念的人为的一个划分，有学术上的可操作性和必要性。今天，越来越多的研究者看到对文化遗产进行综合性、全方位保护的重要性，这也使我们更多地关注物质文化遗产和非物质文

---

① 李亦园：《信仰与文化》，台北：Airiti Press Inc.，1978 年，第 8 页。

化遗产之间的联系和互动关系。

实际上，人类学意义上的文化一直都是一个整体。如有的学者所言："物质文化遗产只有在非物质文化遗产的层面上才能获得意义，非物质文化遗产只有借助于一定的物质文化手段或形式才能被认识。"[①] 物质文化遗产和非物质文化遗产无法真正截然区分，非物质文化遗产中的"非物质"也绝非否定物质性或与物质从此绝缘，物质文化遗产和非物质文化遗产更接近"相互依存、互相作用构成一个整体的空间——生活场"[②]。毕竟，物质文化遗产和非物质文化遗产合称"文化遗产"，都承载着人类共同的文明与历史。而且，在遗产保护的实际操作层面，二者交织在一起，恰如一枚硬币的正面与反面。至少，在"当地人"的认知里，这二者从来就不曾分开过。

回到本文一开始提出的问题，哈尼族社会中并行不悖地存在两种文化遗产的形式，哈尼族自然崇拜、农耕仪式等无形的非物质文化遗产与有形的梯田物质文化遗产之间保持着密切的联系。对哈尼族社会而言，物质文化遗产提供给非物质文化遗产展现空间与生活场域，物质的有形的梯田是哈尼族人生活与生产中非常重要的物质保障与物质形式，是哈尼族人的口头传说表述、仪式和节庆活动的承载者。哈尼族人依靠梯田而生，也依靠梯田而活，我们甚至无法想象，如果没有那穿越云天的梯田，"哈尼族"还是一个完整意义上的"哈尼族"吗？与此同时，哈尼族拥有的各种古歌、仪式、自然崇拜等又是哈尼族人生活中极其重要的一部分，哈尼族人在仪式里完成所有的过渡阶段活动。而且，如有的学者所言："由于我国南方的山岭地区不少为少数民族栖息和生活的地方，所以我国南方的梯田也包含着不同少数族群的文化多样性和生态智慧的呈现与表达。……哈尼梯田的保护是两个体系共同作用的结果。森林与水系的关系是关联性的，没有森林，水土便保不住。当地人对树木和森

---

① 王玉霞：《非物质文化遗产与物质文化遗产的关系》，《群文天地》2011年第21期。
② 彭岚嘉：《物质文化遗产与非物质文化遗产的关系》，《西北师大学报》（社会科学版）2006年第6期。

林的崇拜，有效地保护了森林资源。"① 从上述的分析中，我们能够明白，哈尼族的自然崇拜、万物有灵的"无形"思想遗产正是"有形"的梯田在千百年间永葆生命力的重要源泉。冯骥才先生在徽州古村落的保护问题上曾呼吁："将文化遗产简单地划分为物质和非物质有不合理的一面，会带来新问题。比如古村落，都是非物质和物质文化遗产的总合，相互依存，不能切割开来。……如果只保护物质这部分，里边的非物质的成份渐渐没了，西递和宏村就会失去生命与灵魂，冷冰冰地变成了木乃伊。"② 由此我们也可以说，若哈尼族古歌、仪式得不到传承，梯田也会同样失去民族的精神与灵魂。

物质文化遗产和非物质文化遗产共同承载着哈尼族社会的文明传承与文化传统，它们共同构成一个整体的生活世界，共同编织出丰富多彩的哈尼族。因此，在哈尼族这里，我们可能需要寻找一种更为全面的方式来认识哈尼族社会中物质文化遗产和非物质文化遗产之间的关系。更具体地讲，哈尼族文化遗产的保护必定是物质文化遗产和非物质文化遗产协同保护的局面。我们也可以发现，哈尼族的案例恰好提供了一个理解"非物质文化遗产"与"物质文化遗产"之间关联的视角。

通过以上的梳理，笔者认为，均衡的梯田村寨结构、壮阔的梯田美景与丰富的农业民俗仪礼一道构成了哈尼梯田独特的文化系统。梯田规模宏大、连接云天，是一项以天地为基的艺术杰作，哈尼族人也因此被认为是"大山的雕刻家"。同时，在历史长河中，在长期梯田耕作过程中，哈尼族人创造了独具特色的文化系统，包括神话传说、哲学思想、宗教祭礼、史诗歌谣、节日庆典、人生礼俗等。尤其是产生了大量与农耕活动相关的农业民俗仪礼、祭祀活动以及节庆活动，如农耕历法——梯田农事历法；农耕节庆——开秧门（哈尼语：卡额朋）、祭寨神林（哈尼语：昂玛突）、六月节（哈尼语：苦扎扎）、新米节（哈尼语：车拉枯）、十月年（哈尼语：扎勒特）；农耕歌舞——四季生产调、栽秧山歌、

---

① 彭兆荣：《论中国农业遗产的生态智慧——以梯田为例》，《云南师范大学学报》（哲学社会科学版）2019 年第 6 期。

② 冯骥才：《文化遗产日的意义》，《中国文物科学研究》2006 年第 3 期。

乐作舞。因此，红河哈尼梯田可称为一个活态的农耕文明的天然博物馆。

但是，在全球化语境下，民族传统文化正面临逐步消失的危险，哈尼族传统文化的传承已面临越来越严峻的形势，主要表现在两个方面。一是随着全球经济一体化加速和信息化迅猛发展，哈尼族文化受到强势文化的巨大冲击。二是由于哈尼族没有自己的传统文字，文化的传承只能通过以哈尼祭司为主的文化传承人口耳相传的方式，尤其是莫批等，因此有人说，一位莫批可能就是一座活态博物馆。而这些文化传承人中的老者正在不断地离开人世，哈尼族传统文化也将随之逐渐消失。与之相伴随的还有乡村文化的变迁引发的农业文化遗产濒临灭绝的危险。很多传统的手工艺技能、稻作技能为有丰富农作经验的老农所拥有，经过长年累月的积累，有的更是代代相传的结果。而现在的年轻人大多对古老的农作不感兴趣，导致一些口述的无形的文化遗产，如古老的农谚、栽秧山歌等后继乏人，面临灭绝的危险，由此出现了文化传承中的"空心化"现象。

有鉴于此，笔者认为，在梯田发展保护过程中，我们应该重视对梯田的多维度、多层次保护。也就是除了对梯田物质层面的保护，还需要加强对与梯田有关的民间文化的保护。或者说，当梯田物质层面的保护取得一定成绩之后，下一步我们应该着重思考的是如何在更高一个层面来实现梯田的立体性保护，从而使梯田保护获得长久的生命力。

# 20 世纪太行山曲艺宣传队的组织管理
# 与文艺实践*

卫才华　　叶　蕾**

**摘　要**：20 世纪三四十年代山西太行山说书艺人投入抗日战争和解放战争时期的宣传队活动，塑造了乡村"革命"文艺的组织形态，起到了动员群众和教育群众的作用。至五六十年代，政府为加强说书艺人组织的体制建设，增强日常表演的革命文艺性，同时使农民曲艺宣传队适应"戏改"要求，将说书曲艺宣传纳入乡村社会主义文化建设中，突出乡村文化的政治性。20 世纪 80 年代以后，政府重视传统文化保护，一方面，通过"曲艺会演"，加强发掘、整理、改编传统曲目，鼓励创作长篇现代书目；另一方面，说书曲艺组织也注意在传统保护与市场文艺的双重需求中，寻求地方曲艺发展的新的平衡。

**关键词**：太行山；曲艺；说书艺人；乡村文艺

近些年抗战时期革命文艺和乡村文化运动引起学术界的关注，学界从历史学角度对艺人、戏剧与剧团改革方面的讨论较为充分，尤其对太行山根据地文化史、文艺史料整理，"戏改"与国家文艺体制变迁，延安

---

* 本文系国家社会科学基金项目"太行山曲艺宣传七十年的国家话语与文艺实践研究"（项目编号：22BSH082）之阶段性成果。

** 卫才华，山西大学文学院教授、博士生导师、副院长；叶蕾，山西大学文学院民俗学专业 2016 级硕士研究生。

时期的民间艺术等方面的研究较多,① 但对以说书艺人为主的基层曲艺宣传队的研究还比较薄弱。② 本文拟就这方面研究的不足加以弥补,主要以山西太行山地区农民曲艺宣传队的发展为个案,利用地方文献开展研究,重点考察说书艺人群体在现代国家文化建设的历程中,如何适应战争年代和新中国成立初期的乡村文化改造运动中发生的变化。

## 一 20 世纪三四十年代抗战文艺背景下的太行山说书活动

20 世纪三四十年代,关于文艺大众化、民族化的讨论深入人心。以延安文艺座谈会"讲话"为标志,中国共产党开展了以教育和发动群众为目的的文化改造运动,进行了新的革命文艺建设。1942 年,中国共产

---

① 段友文:《人民口碑文学中的太行山抗战史——论左权抗战民歌》,《文艺理论与批评》 1998 年第 3 期;董晓萍、欧达伟 (R. David Arkush):《乡村戏曲表演与中国现代民众》, 北京:北京师范大学出版社,2000 年;项阳:《山西乐户研究》,北京:文物出版社, 2001 年;古德曼 (D. S. G. Goodman):《中国革命中的太行山抗日根据地社会变迁》,田 西如等译,北京:中央文献出版社,2003 年;韩晓莉:《战争话语下的草根文化——论抗 战时期山西革命根据地的民间小戏》,《近代史研究》2006 年第 6 期;毛巧晖:《新秧歌 戏运动:权威话语对"民间"的建构》,《戏曲艺术》2010 年第 1 期;罗小茗编:《制造 "国民":1950—1970 年代的日常生活与文艺实践》,上海:上海书店出版社,2011 年; 韩晓莉:《被改造的民间戏曲——以 20 世纪山西秧歌小戏为中心的社会史考察》,北京: 北京大学出版社,2012 年;张炼红:《"戏"说革命:"反历史主义"戏改倾向及其文艺 阐释系统再考察》,《社会科学》2013 年第 10 期;段俊:《山西抗战戏剧研究》,北京: 中国社会科学出版社,2015 年;李军全:《节庆与政治传播:中共华北根据地的春节宣传 (1937—1949)》,《中共党史研究》2017 年第 4 期;赵艳霞:《太行抗日根据地的艺人改 造——以武乡、襄垣剧团为例》,《唐山师范学院学报》2017 年第 4 期;王荣花:《中共 革命与太行山区社会文化的变迁 (1937—1949)》,北京:人民出版社,2017 年;关意 宁:《"改造说书"——延安文艺座谈会对陕北说书的影响》,《人民音乐》2018 年第 3 期;沙垚、梁君健:《人民性与组织化:20 世纪下半叶民间戏曲兴衰的启示》,《上海大学 学报》(社会科学版) 2018 年第 6 期。

② 洪长泰 (Chang-tai Hung):《改造盲书匠:韩起祥与中国共产党的说书运动》,《新文化史 与中国政治》,台北:一方出版有限公司,2003 年;孙晓忠:《改造说书人——1944 年延 安乡村文化的当代意义》,《文学评论》2008 年第 3 期;王笛:《国家控制与社会主义娱 乐的形成——1950 年代前期对成都茶馆中的曲艺和曲艺人的改造和处理》,华东师范大 学中国当代史研究中心编:《中国当代史研究》(第一辑),北京:九州出版社,2009 年; 张盛满:《评弹 1949:大变局下的上海说书艺人研究》,北京:商务印书馆,2015 年;卫 才华:《太行山说书人的社会互动与文艺实践——以山西陵川盲人曲艺队为例》,《民族艺 术》2016 年第 4 期。

党在太行山组织文艺工作者召开文化人座谈会，认为"文化工作者应该服从每一个具体的政治任务"①，要扎根群众，广泛团结所有人士。这种革命文艺的政治动员，通过一系列组织、管理、教育、激励措施形成了太行山曲艺宣传特点。

1938 年在抗日民主政府组织下襄垣县成立了盲人宣传小组，1939 年襄垣县盲人宣传小组更名为"盲人爱国宣传队"。紧接着武乡县盲人宣传队、辽县（今左权县）盲人宣传队成立。1940 年，武乡县抗日民主政府在姚庄召开盲人整顿会，大大提高了盲艺人的革命觉悟。1944 年，在太行行署的建议下，文教处筹建了武乡、榆社、襄垣、辽县、长治"五县曲艺联合委员会"。1945 年，在武乡县抗日民主政府的组织下，武乡（东）、武西两县盲艺人于魏家庄合并，命名为"武乡县盲人曲艺宣传队"。② 太行盲艺人还直接参与了抗日救国的革命斗争，如武乡县盲人曲艺宣传队的张培胜等三名盲艺人在反扫荡中坚持宣传抗日，壮烈牺牲。有的说书艺人深入敌占区，为八路军打探情报。再如武乡盲艺人了解到当地开明士绅裴玉澍的母亲喜欢听说书，劝她抗日救国，她捐出粮食六百多石。这时期盲人曲艺宣传队既是文艺宣传队，又是抗战队，他们在前线参加斗争，拿起三弦当武器，反映了太行山抗战文化战线中突出的革命文艺特点。③

1942 年晋冀鲁豫边区政府主席杨秀峰在边区文联会上指出：鼓词、唱本合乎群众口味，老百姓愿意看。他号召边区文艺工作者利用这种旧的艺术形式表现新内容。1942 年武乡县鼓书队赴河北涉县为刘伯承五十

---

① 华山：《文化人座谈会热烈举行，四百文化战士大聚会》，《新华日报》（华北版）1942 年 1 月 18 日。

② 武乡县文化局编：《武乡曲艺志》，内部资料，1988 年，第 8—10 页。

③ 古沁州所辖三县（山西沁县、武乡县、沁源县）的传统说书艺人组织习惯上被称为"老州会"。抗战全面爆发后，八路军进驻武乡，为动员全民抗战，以"盲宣队""鼓书队"等曲艺组织形式进行宣传教育。1938 年抗日民主政府在武乡县成立了盲人宣传队，开始时起名为"太行山盲艺人抗日救亡队"，后来名称多有变动，如"太行盲人抗日救国队""太行山盲人抗日宣传队""武乡县盲人宣传队""武乡县盲人曲艺队"等。武乡县盲人曲艺队每年农历三月初三（1988 年后改为公历五月初一）召开队员大会。沁县盲人宣传队每年农历五月初五举办大会，同时邀请武乡和沁源盲人曲艺队共同参加，一直延续至今。近些年沁县恢复"老州会"，将其更名为"沁州书会"，影响较大，沁县也获得"中国曲艺之乡"的荣誉。参见山西武乡盲人曲艺队队长常惠斌发言稿《浅谈沁州书会的前世今生》，2019 年 6 月 5 日。

寿辰做庆贺演出，书目有《常胜将军》《节约备荒》《大生产》《大拥军》等。① 有学者认为，20 世纪 40 年代延安以新说书为代表的大众文艺运动，通过对娱乐的再政治化转换乡村生活方式，用左翼文化提升了民间文艺的品格。由此来看，通过说书改造，左翼文化构建了太行山乡村的公共生活。②

这时期民间文艺和政治宣传相结合，是动员民众革命的文艺，同时也是教育的文艺。曲艺宣传密切配合当时的中心任务，如政府开展冬学运动，曲艺队就编唱《劝妈上冬学》，参军时就唱《参军》，还有《敌占区人民生活》《蒋军必败》等。③ 曲艺说唱不再是单纯地靠"热闹"来吸引群众，而是以乡村中身边人的故事来教育群众。"在演到地主压迫农民时，群众都说'和我过去一样样的'……演到地主的可恶群众起来斗争时，观众都齐声喊'打！'……"④ 文化宣传和教育是革命文艺的双重特点，革命文艺一方面进行革命斗争宣传，另一方面提高文化素质、统一思想认识。

曲艺的特点是宣传和广泛动员，形成文艺斗争以及革命话语的舆论阵地。曲艺宣传通过大众化、民族化、通俗化的形式服务于抗战。抗战曲艺大多是以"歌颂英雄模范，动员群众抗战"为内容的"革命"书。如 1944 年，武乡县盲人曲艺宣传队的韩庚江为太行"五县曲艺联合委员会"成立改编的队歌，也是武乡县盲人曲艺宣传队的队歌，一直传唱至今。

盲人宣传队，无眼真可怜；东跑西颠每天不得闲。为了国家为民众，吃苦也香甜。宣传最重要，技术要提高；小村大村都要经常到。表扬英雄和模范，动员齐抗战！⑤

---

① 武乡县文化局编：《武乡曲艺志》，第 13 页。
② 孙晓忠：《改造说书人——1944 年延安乡村文化的当代意义》，《文学评论》2008 年第 3 期。
③ 艾青：《秧歌剧的形式》，《解放日报》1944 年 6 月 28 日。
④ 郭钦安：《看沁源绿茵剧团出演〈挖穷根〉〈李来成家庭〉剧后感》，荒煤编：《农村新文艺运动的开展》，上海：上海杂志公司，1949 年，第 99 页。
⑤ "太行盲人曲艺宣传队队歌"创作于 1938 年，在太行山革命根据地广泛流传，1944 年韩庚江将其改编为太行"五县曲艺联合委员会"队歌。至今，太行山武乡、沁县、襄垣等地盲人曲艺队仍然传唱该队歌。武乡县文化局编：《武乡曲艺志》，第 10 页。

还有一些贴近群众生活的新创小调。如 1945 年武乡县盲宣队反映妇女解放和儿童学习的小调，曲名分别叫《妇女解放小调》和《儿童学习生产小调》。

### 妇女解放小调

妇女呀圪志（方言衬词）仔细听，自从来了八路军，男女才平等。

自从呀来了共产党，从此男女得解放，大家想一想。

从前呀妇女被人骗，婚姻没有自主权，真真实可怜。

时时跟着共产党，至死不忘八路军，他是咱救命人。

八路军他是咱救命人，解放男女翻了身，总比咱爹娘亲。

婚姻呀须要自己找，爹娘不能卖财了，总得双方同意了。

### 儿童学习生产小调

石泉呀学校搞的好，男女儿童都到了，学习真热闹

学习呀必须加油干，研究讨论要认真，争取模范生

模范呀学生胡仁山，他是咱校小先生，平素最用功

仁山呀能够帮助人，我们不忘他恩，大家都称颂

生产呀三堂最关心，他是我校小英雄，劳动很热心

咱校呀学习大起劲，全体团结都尽心，不怕学不成[1]

"培训班"也是开展革命文艺宣传动员的重要形式，是曲艺艺人提升艺术技能和艺人"组织化"的主要工作方法。如 1939 年，驻在沁县冀家凹村的第三专区民革中学成立了文教训练班，有意识地培养了一批新曲艺工作者。[2] 通过培训班活动，艺人们的创作水平得到提高。很多盲艺人

---

[1] 《武乡第六区石泉村编辑小调快板秧歌汇集》，1945 年 4 月，档案号：0091－04，武乡县档案馆藏。

[2] 郭士星编：《山西文化艺术志》，内部资料，1989 年，第 172 页。

投身抗战文艺的创作，主动学唱新词、适应新调，编演反映抗日斗争的新曲目。这种抗战时期民间文艺的利用方式，与延安时期陕北说书训练班方法一脉相承。

> 陕北的改造说书，有一个特点，那就是联系、团结、教育、改造民间说书人，启发、引导、帮助他们编新书，学说新书和修改旧说书。首先是个别访问，选择对象，培养典型……采用个别传教、小型的集体训练——开说书训练班等具体方式，来扩大新说书的影响。①

> 对说书和书匠采取的态度：……是积极的进行改造。提倡说新书，改造个别书匠，并且编出新书来。……改造旧书匠，这是改造说书的中心环节。……办个"说书训练班"……新说书从那里来呢？……第一，是记录，整理，选择书匠的口头创作（新书）。……第二，是发动文艺工作者，特别是诗的作者们来编写或创作。……第三，是改编旧说书。②

20 世纪 40 年代，太行文联曾组织说唱训练班，说唱的新书目有《新旧婚姻对比》《劝夫参军》《王国昌参军》《任爱珍杀敌》《南昌起义》《关家垴战斗》《四大亭》《蟠武战役》《打辽县》《拥军去》《范家岭民兵模范》《汉奸的下场》《杨子明反正》《苏联出兵》《纪念"七一"党生日》《刘印成杀敌》《地主与长工》《蒋美商约》《八大让步》《蒋军必败》《大军南下》《国共谈判》《备荒节约》《穷人翻身》等。③

一方面，曲艺艺人们通过培训班、识字班、冬学等学习形式，达到自身思想改造的目的；另一方面，他们积极组织参军大会、模范大会、群英大会等交流大会，注重教育培养的作用。如当时阳城县刘金堂鼓书队队员情况。第一种：成分好、聪明、有进步要求、年轻的艺人，要尽

---

① 林山：《略谈陕北的改造说书》，《文艺报》第 8 期，1949 年 6 月 23 日。
② 王屋等：《改造"说书"》，《文联》第 2 卷第 6 期，1946 年。
③ 武乡县文化局编：《武乡曲艺志》，第 6—7 页。

量地注意培养教育，逐渐提高，逐渐脱离生产，树立为民间艺术的新骨干。条件：品质第一，要好、要忠实。技术条件好，钻研性强，朴素、能吃苦耐劳。第二种：成分好，认识差一些，愿意进步（品质好，技术还可以改造）……第三种：品质不好，成分不好，自私自利，闹不团结，有嗜好，不好学习，政治面目不清，没有机关做担保的，予以批评教育，并开除屡教不改的队员。①

20世纪40年代，这种有计划、有针对性的说书改造，根据艺人的思想认识状况区别对待，采取不同的教育团结方法。尤其是重点培养教育年轻艺人，建立了团结联系、改造选拔、批评教育相结合的曲艺宣传机制。改造旧书匠的乡村新文艺运动过程，不仅包括发现和改造旧文艺的过程，也包括知识分子的自我改造过程，所以说书革命文艺的改造，也带动了一大批文艺工作者农村文艺思想的转变。革命文艺是在特殊年代和对敌斗争中成长的，特别是文艺工作者主动领导和参与农村文艺工作，必须和群众联系，以达到团结、教育、改造民间艺人的目的。1949年荒煤在总结农村新文艺运动的问题时谈道：

> 团结、教育、改造民间艺人……农村文艺活动的正常开展，应该经常得到文艺工作者的领导和帮助。②

文艺工作者在作品创作中自觉融入时代的精神，描写革命战斗、生产劳动、生活娱乐等内容。如山西档案馆所藏档案中当时太行太岳地区的抗战曲目资料，时间上大都在1945—1948年，其中编创者大都是基层个人和文艺团体，剧团有光明剧团、黎明剧团、武乡鼓书队、襄垣农村剧团、太行剧团、屯留汾河剧团、太中业余剧社、晓光剧团、战斗剧社、新四联宣传队、冀中火线剧社、劳动剧团、胜利剧团等。公开出版者和剧目审核部门则有太行文联、太行行署教育处文联、太行军区政治部、太岳纵队政治部、晋绥野战军一级队政治部、壶关县委宣传部等宣传机

---

① 束玉：《介绍刘金堂的鼓书队》，荒煤编：《农村新文艺运动的开展》，第115—118页。
② 荒煤编：《农村新文艺运动的开展》，"前言"，第4页。

关，也有文工团体和学校，如太行二专署文艺工作团、太行区公立第三中学、太行第二联中、晋绥一中、平顺枣交剧团、武乡民教馆等。出版单位有太行群众书店、太岳新华书店、华北书店、华北新华书店、冀南书店、潞城文化印刷厂、新华书店、吕梁文化教育出版社、韬奋书店等。其中太行行署教育处文联、太行文联编审的曲目较多，还有左权文娱竞赛筹委会等特殊会演竞赛时期的临时机构编印的曲艺书目。曲艺宣传集中反映了人民的翻身解放、土地改革、动员参军、破除迷信、革命战争等情况。如黎城县政府教育科1949年出版了油印本《鼓词快板集》，收录了江永荣、孔德介的《模范家长石寸金鼓词》，鼓词宣传队集体创作的《一年左右胜利大鼓词》《模范家庭杨礼成大鼓词》等。这些鼓词和快板真实反映了太行革命根据地军民的劳动生产、互助合作、支援前线、革命战争的情况。解放区说唱艺术特征表现为：群众的文艺创作和表演因地取材与民间艺术紧密贴合；作品的题材与核心内容围绕一切为了抗击侵略者、民族解放战斗以及边区建设展开；"从群众中来，到群众中去"以及文艺创作与工农兵相联结是作品创作的方向和动力。[①] 1944—1949年改编或创作的曲艺书目，从内容上可以分为三个类型：一是描述民众生活，二是歌颂英雄，三是宣传抗战。可以发现传统书目在这一时期有大幅削减，即便是历史题材、民间题材也做了革命情节的改编。激励群众、鼓励生产、宣传革命、赞扬革命英雄成为曲艺宣传动员的主要内容（见表1）。

表1　山西省档案馆藏《革命历史资料》（十一）"文艺"部分"抗战鼓书曲目"一览

| 标题（剧种或编创者） | 公开出版者或审核部门 | 时间 |
| --- | --- | --- |
| 改变旧作风（光明剧团） | 太行文联 | 1946年5月 |
| 石寸金发家（黎明剧团） | 太行行署教育处文联 | 1946年7月20日 |
| 纺织好 | 太行行署教育处文联 | |
| 保卫好时光（农村快板集） | 太行行署教育处文联 | |
| 地主与长工（武乡县鼓书队） | 太行行署教育处文联 | |

---

① 于淑梅：《1937 — 1949年中国解放区说唱艺术特征》，《遵义师范学院学报》2016年第6期。

续表

| 标题（剧种或编创者） | 公开出版者或审核部门 | 时间 |
|---|---|---|
| 一条扁担（快板剧，襄垣农村剧团） | 太行行署教育处文联 | |
| 错打算盘（武乡秧歌） | 太行群众书店 | 1947 年 5 月 1 日 |
| 贺功（太行剧团） | 太行群众书店 | |
| 模范家庭 | 太行军区政治部 | |
| 逼上梁山 | 太行二专署文艺工作团 | |
| 咱们翻了身，和平乐（秧歌快板剧） | 太行区公立第三中学 | 1946 年 2 月 1 日 |
| 新年创作（快板歌调选集） | 太行第二联中 | 1948 年 12 月 25 日 |
| 平陆人民斗争歌辑 | 太岳新华书店 | 1946 年 6 月 3 日 |
| 兰英回头（屯留汾河剧团） | 太岳新华书店 | 1946 年 8 月 |
| 河神娶妻 | 太岳新华书店 | 1946 年 9 月 7 日 |
| 血泪歌声（蒋阎区民谣集） | 太岳新华书店 | 1946 年 12 月 |
| 红娘子（太中业余剧社） | 太岳新华书店 | 1947 年 1 月 |
| 出路（太中业余剧社） | 太岳新华书店 | 1947 年 1 月 |
| 蒋军必败（活报剧、鼓词） | 太岳新华书店 | 1947 年 3 月 |
| 复仇去（耿西） | 太岳新华书店 | 1947 年 4 月 |
| 没有土地的人们 | 太岳新华书店 | 1948 年 7 月 |
| 九股山的英雄（战斗剧社新四联宣传队） | 太岳新华书店 | 1948 年 12 月 |
| 高申妈（晓光剧团） | 太岳新华书店 | |
| 拥军喜报（秧歌剧） | 太岳新华书店 | 1946 年 3 月 20 日 |
| 懒汉回头（小型歌剧） | 太岳纵队政治部 | |
| 崔鹏送子参军（秧歌剧） | 冀南书店 | 1947 年 11 月 |
| 功罪簿（快板）（邵挺军） | 吕梁文化教育出版社 | 1945 年 11 月 |
| 打的好（话剧）（成荫） | 吕梁文化教育出版社 | 1947 年 5 月 |
| 质问国民党唱词 | 吕梁文化教育出版社 | |
| 好朋友（小小鼓词） | 晋绥边区各界纪念苏联十月 | 1945 年 11 月 7 日 |
| 刘长海（秧歌剧）（刘伍） | 晋绥野战军一纵队政治部 | 1946 年 12 月 26 日 |
| 谈判（快板剧）（集体创作） | 晋绥一中 | |
| 把眼光放远点（冀中火线剧社） | 华北书店 | |
| 一家人（备荒弹词）（孔厥） | 华北新华书店 | 1947 年 6 月 |
| 互助好（秧歌剧集） | 平顺枣交剧团 | 1945 年 5 月 |
| 大反攻（快板歌调） | 潞城文化印刷厂 | |
| 糠菜夫妻（短剧）（洪荒） | 新华书店 | 1948 年 12 月 |

续表

| 标题（剧种或编创者） | 公开出版者或审核部门 | 时间 |
|---|---|---|
| 双转意（拥军爱民剧本） | 新华书店 | 1944 年 2 月 |
| 女状元（秧歌剧） | 新华书店 | 1944 年 10 月 |
| 李来成家庭（剧本） | 韬奋书店 | 1945 年 1 月 |
| 新年乐（元宵杂耍、花戏、秧歌） | 韬奋书店 | 1945 年 1 月 |
| 王好善翻身（劳动剧团） | 韬奋书店 | |
| 老雇农杨树山（鼓词） | 韬奋书店 | 1947 年 3 月 |
| 官逼民反（新编唱剧） | 韬奋书店 | 1947 年 3 月 |
| 庆太平（唱词） | | 1946 年 2 月 |
| 保卫麦收（秧歌剧） | 北大文艺研究室 | 1947 年 5 月 30 日 |
| 要求美军退出中国（大鼓词） | 挺军 | |
| 想歇歇（秧歌剧） | 太行行署教育处文联 | |
| 一担水（胜利剧团） | 太行行署教育处文联 | |
| 一条手巾（胜利剧团） | 太行行署教育处文联 | |
| 阎锡山罪案（小调） | | 1945 年 2 月 |
| 防奸自卫保和平（快板） | | 1946 年 2 月 |
| 老农夫表十二个月生产（快板） | | |
| 害死人（快板剧） | 三元 | |
| 结束土改（快板） | 壶关县委宣传部 | 1948 年 9 月 15 日 |
| 解放战争（太行二中） | 左权文娱竞赛筹委会 | 1949 年 1 月 15 日 |
| 将革命进行到底（小调、花戏） | 左权文娱竞赛筹委会 | 1949 年 1 月 15 日 |
| 生产新气象（秧歌） | 左权文娱竞赛筹委会 | 1949 年 1 月 15 日 |
| 贺英雄（广场剧、花戏） | 左权文娱竞赛筹委会 | 1949 年 1 月 15 日 |
| 两条路（乐腔、秧歌、中路梆子） | 左权文娱竞赛筹委会 | 1949 年 1 月 15 日 |
| 全力支前（广场剧） | 左权文娱竞赛筹委会 | 1949 年 1 月 15 日 |
| 庆贺大胜利（花戏） | 左权文娱竞赛筹委会 | 1949 年 1 月 15 日 |
| 参战去（歌舞剧） | 左权文娱竞赛筹委会 | 1949 年 1 月 15 日 |
| 胜利不断头（快板） | 左权文娱竞赛筹委会 | 1949 年 1 月 15 日 |
| 老婆来了（鼓书） | 武乡民教馆李克宽等 | |

注：根据山西省档案馆藏《革命历史资料》（十一）"文艺"部分，笔者将改编或创作于1944—1949 年的与表现抗战内容相关的鼓书词曲目进行了资料汇总，表中相关内容以编辑著作者为序，按原档案格式摘录。

演出人员和伴奏乐器、唱腔的改变，也表现出革命文艺的特征。太行山曲艺宣传队多随军演出，为满足来自五湖四海的部队战士的观看需求，在演唱方式上，除传统说和唱外，唱腔也不断丰富和发展，改造原有的鼓书调，增加歌调，有些鼓书书目根据曲目内容的需要改变唱腔。鼓书大量吸收了民间小调和地方戏曲的唱腔，出现了"小哼腔""柳调""黄板""散板"等唱调和板式唱腔。伴奏乐器也更加多样，大锣、大鼓、大镲、书鼓、手板等打击乐器，以及二把、板胡、笛子等管弦乐器开始进入曲艺音乐中。

1947年，阳城鼓书队到晋南前线深入部队随军演出，因腔调高、吐字硬，来自全国各地的战士大多听不懂晋南方音，或听不惯当地曲调，效果不理想。曲艺队立即改革唱腔、吐字方式，广泛创制新腔，改进伴奏，创立了阳城鼓书的"二板调"，提高了曲艺队的说唱水平，受到战士们的欢迎。这些新创的唱腔，后来也被阳城、沁水的其他艺人所沿用。为引起观众的兴趣，阳城鼓书队演出形式还向歌剧、音乐剧借鉴学习。演出人数上由一人演唱为主，改为多人分角色演唱，并由此发展了一种新的表演形式——"鼓书剧"。①

旧时的曲艺艺人多为盲艺人，以行会组织"三皇会"为主要形式。②一般艺人入会必须"认年长"③，即通过在会的长辈艺人引荐，否则没有资格外出演出。抗战后的说书艺人改造主要是以培训班形式进行，对旧时盲艺人行会制度和算卦说书的谋生方式也进行了改造。抗战时期盲艺人宣传队逐步组织化，取代了旧时的行会组织。1948年阳城县刘金堂鼓书队请示

---

① 除唱腔及说唱形式的革新外，刘金堂的鼓书队还创造了许多其他形式。比如为了宣传的及时和方便，他们还编了许多快板；他们把"闲言"改成鼓书的提纲，叫作"四句不闲言"；等等。束玉：《介绍刘金堂的鼓书队》，荒煤编：《农村新文艺运动的开展》，第115—118页。

② "三皇会"是山西、陕西、山东、河南等地盲艺人为维护自己的权益、规范曲艺行业而自发成立的民间组织，"三皇会"为盲艺人每年举行的行业盛会，会议内容主要有调解处理行内纠纷、说书同行间的交流演出、说书技艺竞赛以及举办出师仪式等。同时推选掌教（负责人），并确定下届年会地址。详见中国曲艺志全国编辑委员会、《中国曲艺志·山西卷》编辑委员会编：《中国曲艺志·山西卷》，北京：中国ISBN中心，2011年，第485—487页。

③ 艺人入会时必须通过长辈艺人的引荐才可随师父入行演出，这种规矩俗称"认年长"。路深：《在抗战中发展壮大的左权盲人宣传队》，荒煤编：《农村新文艺运动的开展》，第143页。

太岳行署，请求增加 1 人专门从事编写鼓书工作，由教育事务费中专项经费支持鼓书队人员编制建设。① 以 1945 年武乡盲人宣传队调查为例。

> 战前的盲人生活与组织。抗战前武乡共有盲人 50 余人，组织的一个盲人会……盲官可以订各种纪律，如说书订段等……每年有一次烧香会，入会还得缴很大的会费。他们生活是靠每个人学的说鼓书与弹拉吹乐器、刻八字算卦，游走于农村富有者之门，以维持生活……
>
> 战后的初建组织。……到政府领取了一正式公文，即下乡开始了组织盲人编唱新鼓词的活动……编了许多新剧，如《九路围攻》《除汉奸》……到 1938 年十月革命节，他们正式选出了自己的干部、秘书组织宣传，并分配了小组，划分了地区，规定了会议汇报制度，并通过二项决议：说书下乡宣传；得说政府许可证上的书。
>
> 与中心工作进一步结合进行宣传。1940 年之后……即集体编写新的鼓词小调，分组进行传达宣传，这时所编的鼓词有《春耕》《夏收》《备战藏粮》《反特务》《朱毛对比》……②

1946 年，武乡县盲宣队举办说唱短期训练班，有队员提出将传统盲艺人"三皇会"的会期"三月三"改为老师节，提倡尊师爱徒。1947 年，在原来"三月三"节的基础上，晋冀鲁豫边区文联、北方大学师生、武乡县教育科、县民教馆等团体同时参加了当时武乡曲艺队的三月三"三皇会"活动，共同研究，评分奖励。③ 1948 年，武乡盲宣队在"三月三"节（教师爱徒节）召开石门村会议后，又召开"武乡盲宣队鼓书队聂村会议"，会议内容有时事学习、检查工作、澄清思想、合理评分、民选干部等，重点讨论了以下问题。

---

① 《太岳行署关于教育问题的专题报告及鼓书队经费计划草稿》，手写草稿，1948 年山西省档案馆藏。其中鼓书队经费计划手写草稿，主要记录阳城刘金堂鼓书队申请增加一人专职编写鼓书的内容。
② 《武乡盲宣队历史及其宣传活动概况》，1945 年 3 月 16 日，档案号：0003 - 91，武乡县档案馆藏。
③ 武乡县文化局编：《武乡曲艺志》，第 9 页。

盲宣队的学徒问题。……一般学徒都是跟着宣传小组工作生活，无形中师徒制度也就废弃了，学徒也不请教师纳学费，老师也不找徒弟好好教了，青年学习主要是依靠互教互学……为了提高技术，经大家讨论仍决定恢复师徒教学制度……

盲人学校问题。现在的许多青年盲人都要来参加盲人组织……必须成立个短期学校以便提高这些新的学徒技术……学徒的学习费自纳（或派义务饭），教师食粮工资要求县府拨一部分学习粮（教师约须四个人）。①

抗战时期，基层曲艺宣传队立足于传统盲艺人的说唱曲艺形式进行革命宣传，与太行山根据地文化建设、群众思想改造同时进行。这一阶段的经验与方法在 1949 年之后被普遍运用于全国范围内的文艺改造。②20 世纪三四十年代革命文艺背景下曲艺的政治功能不断凸显强化，其组织化、革命化、宣传化的过程，体现了曲艺在时代社会背景下民俗性、文艺性与政治性相互交融的实践特点。

## 二 20 世纪五六十年代曲艺宣传队改制与艺人管理

20 世纪 50 年代开始的"戏曲改革运动"，简称"戏改"。1951 年根据"百花齐放，推陈出新"的戏曲改革指导方针，政务院发布《关于戏曲改革工作的指示》，全面开始"改人、改戏、改制"的戏曲改革运动。该指示指出："中国曲艺形式，如大鼓、说书等，简单而又富于表现力，极便于迅速反映现实，应当予以重视。除应大量创作曲艺新词外，对许多为人民所熟悉的历史故事与优美的民间传说的唱本，亦应加以改造采用。"③ 1950 年，根据山西省人民政府《关于团结改造艺人的指示》精神，各地先后开办

---

① 《武乡盲宣队鼓书队聂村会议总结》，1948 年 10 月 5 日，档案号：0215 - 04，武乡县档案馆藏。
② 赵艳霞：《太行抗日根据地的艺人改造——以武乡、襄垣剧团为例》，《唐山师范学院学报》2017 年第 4 期。
③ 政务院：《关于戏曲改革工作的指示》，1951 年 5 月 5 日。

了戏曲艺人训练班。在"爱护和尊重""团结和教育""争取和改造"的政策引导下,政府、文艺工作者从多方面展开了对曲艺艺人的改造工作。①

从曲艺层面看,曲艺组织形式发生了变化。旧时走村串巷式的说唱艺人,被组织起来成为宣传队。抗战宣传队、毛泽东思想宣传队等具有时代特征的文艺队伍,其目的是社会动员和宣传,这和旧时的盲艺人民间组织"三皇会"有根本的区别。之前盲艺人的组织被称为"鼓书队""弦子书队""钢板书队""宣传队"等,1949 年之后统称为"曲艺队",名称的变化也体现了盲艺人深刻的社会身份变化。因此,1949 年后的大量盲艺人都进入了"曲艺队"的新时期,业务上归地方文化馆、群艺馆管理,很多盲艺人进入文化馆体制内,由农村户口变为城市供应粮户口,专门从事曲艺的编创和宣传。20 世纪 50 年代,山西省政府通过经济救济、宣传引导、思想教育改造、提升说书技艺等一系列措施,对艺人进行团结教育改造。② 1951 年 10 月,太原市文教局起草了《太原戏剧界剧改学习计划草案》,内容涉及组织形式、艺人思想素质、经济待遇与福利等各个方面。③ 1953 年,根据文化部《关于私营剧团登记和奖励工作的指示》相关要求,为了解决民间艺人的盲目发展、流散演出等问题,以及培养符合社会主义文化建设要求的艺人,山西省文化部门效仿工商界行业改造的方法,对民间艺人采取了登记政策。④ 一方面,限制了曲艺宣传队的盲目发展、流散艺人的无序流动等问题。另一方面,摸清了艺人及团队的具体情况,为曲艺队进一步组织化打下基础。

国家逐步加强对曲艺艺人的管理与培养,由政府组建学校,对曲艺艺人进行统一培训演出。制定曲艺艺人最低生活标准,通过下发经济补助金的方式解决曲艺艺人的生活困难问题。这一时期的"戏改"政策中,团结、救济、保障艺人生活是重点。1956 年,文化部发布《关于对民间

---

① 中国戏曲志编辑部编:《中国戏曲志·山西卷》,北京:文化艺术出版社,1990 年,第 47 页。

② 《1956 年关于对民间职业艺术表演团体和民间职业艺人进行救济和安排的指示》,中国曲艺志全国编辑委员会、《中国曲艺志·山西卷》编辑委员会编:《中国曲艺志·山西卷》,第 565 页。

③ 太原市文教局:《呈送本市戏剧界剧改学习计划草案及曲艺界民主改革学习计划草案》,1951 年 10 月 27 日,档案号:C76 - 10 - 6,山西省档案馆藏。

④ 文化部:《关于私营剧团登记和奖励工作的指示》,1953 年 12 月 12 日。

职业艺术表演团体和民间职业艺人进行救济和安排的指示》。山西省文化局根据该指示做出如下安排：

> 对在乡流散艺人的安置工作，应分别对待：尚有一定演出能力的，尽量安置在剧团；虽具有一定艺术水平但丧失演出能力，在艺术上尚能有一定贡献的，由政府协助安置，这一问题原则上采取"就地安置、上级补助"的办法……①

1950 年前后，政府文化管理部门重新组织起了冬学、夜校等活动。山西省政府文化部门也针对扫盲运动编印了课本。扫盲运动提高了民间艺人的文化水平，也为政府改造民间艺人的思想奠定了坚实基础。1956 年文化部发布《关于开展戏曲、说唱艺人中间的扫盲工作的指示》：

> 各级文化主管部门……完成在各类剧团中和杂技、皮影等班社中以及零散的说唱艺人中的扫盲工作。扫盲的具体目标，就是能够认识 2000 字左右，能够大体看懂浅近通俗的书报，学会浅易的算术，能够写简单的便条。②

20 世纪 50 年代，在"百花齐放，百家争鸣"的方针指导下，我国开始重视挖掘整理优秀传统曲艺作品。1950 年，文化部召开全国戏曲工作会议，明确规定以"历史主义和爱国主义"观点为审查剧目的标准。传统书目整理以尊重民众的意愿为核心，从"较完整、较易整理的，较受群众欢迎的"作品开始。作品以"不违背历史的真实与对人民的教育的效果"③为标准，改造成内容与形式相适应的具有教育意义的优秀传统曲艺作品。

---

① 山西省文化局：《中华人民共和国文化部〈关于对民间职业艺术表演团体和民间职业艺人进行救济和安排的指示〉及有关事项的通知》，中国曲艺志全国编辑委员会、《中国曲艺志·山西卷》编辑委员会编：《中国曲艺志·山西卷》，第 566 页。
② 文化部：《关于开展戏曲、说唱艺人中间的扫盲工作的指示》，1956 年 6 月 7 日。
③ 政务院：《关于戏曲改革工作的指示》，1951 年 5 月 5 日。

以阳城县曲艺队为例，1951 年，阳城鼓书队讨论如何开展爱国主义
宣传和支援抗美援朝问题，批判了少数鼓书人员搞封建迷信、说黄色书
的不良风气，并讨论制定了《鼓书艺人爱国公约》，内容包括：站稳宣传
的立场，坚决不搞迷信；不随便说未经审核批准的书；保证把所发的宣
传材料及时传播到群众中去。1953 年，阳城鼓书队明确鼓书改造目标为
"组织宣传力量，有计划有步骤地改造鼓书工作，使之服务于新民主主义
社会"。如 1953 年针对鼓书队队员组织情况的典型调查如下：

> 他们时常结合中心工作集体编写小段做开场宣传……他们的分
> 工很明确，有负责领导学习的，有专到群众中收集意见与反映的。
> 至于收集材料编写问题大部分是靠报上来的，群众干部觉得宣传很
> 起作用，有了要表扬与批评的材料就去告诉他们，经过他们研究与
> 干部讨论可编的就编唱出来。……①

从盲人曲艺宣传队改制看，随着各县职业曲艺队的组建，对流散鼓
书人员实行了分片管理。1950 年，阳城县按照籍贯将全县流散鼓书人员
编为 1 队 5 组，农历九月九日自动集会一次。② 政府文化管理部门组建的
曲艺队采取行政管理、业务放权的方式，激发宣传活力。县曲艺队为计
划内集体所有制编制，转供应粮，行政上归文化部门领导，业务上由文
化馆管理。实行自负盈亏，台清月结。艺人收入扣除 15% 的公积金、5%
的公益金和公杂费（每场不超 3 元）后，剩余部分按个人薪金评定的分
数分配。③ 1957 年，按流散鼓书人员的籍属和活动范围划分，实行分片管
理。阳城县两个职业曲艺队每队分包两片，结合下乡演出，规定每季召
开一次例会，每年举行一次大集训。对集结成队的流散鼓书队，实行售
票演出，每场每人 5 分钱，由文化馆统一印制票券，以队领取，每季按
演出登记场次和票券存根回馆结算一次，馆内抽取所得收入 5% 的管理

---

① 刘希璋：《1953 年阳城鼓书队工作汇报》，阳城县文化馆志编纂委员会编：《阳城县文化
　馆志（1949—2012）》，内部资料，2013 年，第 518—521 页。
② 阳城县文化馆志编纂委员会编：《阳城县文化馆志（1949—2012）》，第 369—372 页。
③ 阳城县文化馆志编纂委员会编：《阳城县文化馆志（1949—2012）》，第 375 页。

费，用作演唱资料印发、培训和会议开支。①

政府通过组织制度的形式整合流散艺人，解决了民间曲艺队无序流动等问题，保障了民间艺人的权益。同时，集体财务制度保障艺人生活，通过统一的文化市场政策规范曲艺演出市场。1949 年后，说唱艺人收入分配最初由政府资费补助，采取固定薪金制，剩余的部分作为公用积金，这种分配制度明确了艺人的最低薪酬，保证了艺人的人均收入，但因过于平均化，影响了艺人的积极性。之后，收入分配采取计划基础上的评定分配方式，大多以技术水平、思想政治觉悟、工作态度表现为决定项，以从艺年限为参考项，二者共同作为评定分配的标准。曲艺队成员的收入扣除 15% 的公积金、5% 的公益金和公杂费（每场不超 3 元）后，剩余部分按个人薪金评定的分数分配。②

曲艺艺人从旧社会的民间说书人转变为社会主义文化建设的文艺工作者。曲艺宣传和艺人管理逐步纳入国家文化宣传的话语体系中。政府首先在经济上、组织化程度上加强对曲艺艺人的日常管理。其次，在称谓、社会地位上维护曲艺艺人的尊严。新中国成立后，党政文件、报刊等取消了"旧艺人"之类的带有歧义的称呼，改为采用"传统曲艺""曲艺演员""曲艺表演艺术家"等词。最后，政府组织艺人演出活动，通过评比的方式选出优秀的曲艺人员，增强艺人的"荣誉感"。

20 世纪五六十年代，未进入曲艺队的盲艺人主要社会身份是"流散职业艺人"。从山西省文化局管理办法看，1964 年开始要求艺人登记、持证，由省文化局发给艺人巡回演出介绍信，统一安排演出路线和演出时间。20 世纪五六十年代曲艺宣传形成了以巡回演出介绍信为主的"划片下乡"演出制度。

凡未正式参加专业艺术表演团体，而以从事曲艺、杂技艺术活动维持生活，不论是个体演出或自行组成小组演出的职业艺人，统

---

① 阳城县文化馆志编纂委员会编：《阳城县文化馆志（1949—2012）》，第 374 页。
② 访谈对象：常惠斌，男，1965 年生，原武乡县曲艺队队长；访谈人：叶蕾、卫才华；访谈时间：2018 年 8 月 12 日。

称为流散职业艺人。……登记条件：专门从事曲艺、杂技艺术活动，具有五年以上的艺龄，并有一定表演能力……凡持有流散职业艺人登记证的流散艺人，可以单独或由几个人临时组成小组进行演出活动，但不得成立固定的专业艺术表演团体，也不得邀请没有持有登记证的流散职业艺人参加演出活动。①

"艺人登记证"是加强对盲艺人及演出的管理的具体措施。管理办法还充分强调了曲艺表演的思想性，规定："流散职业艺人要坚持为政治、为工农兵、为社会主义服务的文艺方向，贯彻执行党的'百花齐放、推陈出新'的方针，积极演出反映现代生活的节目和其它优秀节目，坚决不演有害的或不健康的节目，并且应自觉的遵守国家的政策法令。"② 对盲艺人的改造和管理，还体现在业务水平的考核分类上。1959年山西省文化局处理黎城县鼓词宣传队问题时，提及当时各县盲人宣传队出现盲而不艺的人，降低了演出质量，建议在组织上进行整顿，把其中业务水平太低的人安置从事力所能及的劳动，把水平较高能维持生活者组织起来，进行专业的演唱；培养曲艺后代方面，以培养农村俱乐部爱曲艺的青年为主，不必再组织青年盲人学习说唱艺术。③ 由此看，鼓词说唱传承开始面向更广泛的有曲艺爱好的农村青年，而不仅仅是盲人了。

1961—1964年曲艺工作主要集中在加强戏曲曲艺传统剧目、曲目的挖掘与整理，加强对流散职业艺人的管理等方面。④ 值得注意的是，晋东南曲艺人员的巡回演出，还涉及相邻各省的艺人流动问题，为此山西省文化局还专门发文。1964年山西省晋南专员公署文教局对河南等地流浪

---

① 山西省文化局：《关于流散曲艺、杂技职业艺人管理试行办法》，中国曲艺志全国编辑委员会、《中国曲艺志·山西卷》编辑委员会编：《中国曲艺志·山西卷》，第574—575页。

② 山西省文化局：《关于流散曲艺、杂技职业艺人管理试行办法》，中国曲艺志全国编辑委员会、《中国曲艺志·山西卷》编辑委员会编：《中国曲艺志·山西卷》，第575页。

③ 山西省文化局：《关于处理盲人鼓词宣传队问题的函》，中国曲艺志全国编辑委员会、《中国曲艺志·山西卷》编辑委员会编：《中国曲艺志·山西卷》，第572页。

④ 文化部：《关于加强戏曲、曲艺传统剧目、曲目的挖掘工作的通知》；山西省文化局：《关于流散曲艺、杂技职业艺人管理试行办法的通知》《关于建议加强对河南省曲艺艺人领导管理的函》，中国曲艺志全国编辑委员会、《中国曲艺志·山西卷》编辑委员会编：《中国曲艺志·山西卷》，第574—578页。

艺人管理问题作出报告，如下：

> 我区共接受了河南、山东流散曲艺艺人的活动近百人次。……这些人员来我区活动……有的持公社的证明，还有的凭艺人登记证。……在说唱内容上，绝大部分系侠、义、案、传、记、计及旧段子，新书几乎没有。这些节目，未经加工整理，带有毒素。还有个别的不执行党的政策，群众关系不好。……直接地违犯了我区表演艺术团体巡回演出工作制度。①

从材料看，当时书目的思想性仍是宣传工作管理的重点。所谓"带有毒素"的书目，相对于新编书目而言，就是指未经加工整理的传统书目，即侠、义、案、传、记、计及旧段子。此外，盲艺人私下收徒、未遵守巡回演出工作制度等问题也较为突出。总体看，20世纪五六十年代，戏改和艺人管理成为新时期曲艺组织化的重要内容，一方面，在书目内容上挖掘整理旧书目，创编新书目，改革曲艺的艺术特点；另一方面，通过曲艺宣传队人员体制化、流散艺人的巡演登记制度，规范曲艺市场，使艺人和曲艺宣传逐步深入国家文化宣传的话语体系中。

## 三 20世纪七八十年代曲目审核、曲艺会演与长篇书词改编

1980年，中国曲艺家协会山西分会总结了繁荣曲艺事业的任务："组建曲艺队伍；创作人们喜爱的作品；发掘、整理传统曲目，供盲艺人演唱；关心职工业余生活；组织学习思想文化知识。"② 同年，该分会申请举办了"山西省曲艺会演大会"。这时期的曲艺宣传以培训学习、会演比赛、书词编创为主。

20世纪60年代，太行山曲艺演出团体大多被取消，一些曲艺队成为

---

① 山西省晋南专员公署文教局：《山西省晋南专署文教局报告》，中国曲艺志全国编辑委员会、《中国曲艺志·山西卷》编辑委员会编：《中国曲艺志·山西卷》，第577页。

② 中国曲艺志全国编辑委员会、《中国曲艺志·山西卷》编辑委员会编：《中国曲艺志·山西卷》，第580—583页。

政府文化部门下设的"宣传队"或"毛泽东思想宣传队"。20 世纪七八十年代，根据"百花齐放，推陈出新"的方针，一些老艺人口述的传统曲目甚至被禁演的曲目得到重新整理。1978 年，山西省文化局《关于加强剧目管理的意见》规定，首先由山西省文化部门下发通知，批准可恢复的曲目演出；其次，曲艺队演出的作品必须上报相关文化部门，经过审核验证后才能演唱，并且要突出革命现代戏的主导地位。

> 恢复上演的优秀传统剧目要适当控制，不宜过分集中；突出革命现代戏的主导地位；获批上演的剧目需获得所属市文化局书面意见。①

曲艺艺人需要在相关部门办理演出工作证，取得巡演证件后才被准许演出。文化部门对说唱内容做了详尽细致的划分归类。1983 年发布的《阳城县专业曲艺队管理章程》规定："传统古书必须加工整理。积极演唱内容健康、语言文明的大本古书和传统书帽。坚决禁止说唱那些内容反动、思想腐朽，散布封建迷信、色情恐怖等坏书目。积极提倡编说现代书。鼓励表彰反映时代特色的新书目，并要积极扩大现代书目的说唱比例。每场书中必须有现代书目，逐步增加现代书目的比重。"② 1983 年，阳城县召开了曲艺队全体人员会议，审查核准了 26 本说唱书目（包括连本大书 15 本），其中传统书目 19 本，现代书目 7 本，书帽小段十余个；同时明令禁演了《五女兴唐传》《七侠五义》《呼延庆打擂》等 3 本书目；停演加工《蜜蜂记》《罗纱记》《刘京平告状》《碧罗带》等 4 本传统书目和《尿床大嫂》《吃喝大嫂》《屁大嫂》《偷油糕》等 8 个书帽。1990 年阳城曲艺队还排演了《小分家》《杨臭嘴相亲》《搬花九》等 4 个现代书目。③ 20 世纪 80 年代后曲艺说唱相对自由，作品内容须符合时代主旋律要求，反对涉及封建迷信等消极思想的书目，并提倡创编新作品。

---

① 山西省文化局：《关于加强剧目管理的意见》，中国戏曲志编辑部编：《中国戏曲志·山西卷》，第 793 页。

② 《阳城县专业曲艺队管理章程》，阳城县文化馆志编纂委员会编：《阳城县文化馆志（1949—2012）》，第 530 页。

③ 阳城县文化馆志编纂委员会编：《阳城县文化馆志（1949—2012）》，第 378 页。

可以看出，这一阶段仍以革命现代戏为主。

这一时期审核曲艺书目的思想性是曲艺管理的重点。1980 年山西省成立曲艺家协会，围绕曲艺创作取向提出以下问题：

> 从神话传说到历史题材的也行，只要是歌颂正义的，对社会起到良好效果的都可以。反对简单地把散文改成韵文，用韵脚去遮丑、卖水词；纯娱乐的作品也要，但它必须是内容健康、语言流畅、俏皮，声韵和谐，节奏活泼，让人一听有痛快的感觉。发掘、整理传统曲目，供应盲艺人演唱节目。我省有不少的曲种，据说属于金戈铁马、悲欢离合、奇冤公案等题材的书目都有一些。整理、改编这样的传统曲目，我们应当和艺人合作，应当改编出地方曲种的特色。……我省现在演唱的多是短篇曲目，农村说长书似乎不太多。今后应该多写些中长篇书目。……可以举办太原市评书观摩会……将长书推广到农村去。①

从内容上看，这种长篇书目的创作讨论和审核，确定了曲艺演出的思想性，明确了曲艺宣传的政治性和方向性。这一时期文化管理加强了对艺人从业要求的管理，并通过曲艺书目的会演，逐渐丰富了曲艺形式和演出内容。如 1980 年山西省曲艺会演要求：节目表演时间不超过 1 小时，曲目、书目以反映现代生活为主，要有强烈的时代精神，要注意青年演员的比例，有弦乐伴唱的曲种要有字幕，各代表队自备服装道具。这样一来，舞台化的说书表演，时间压缩到 1 小时以内，与传统说书演出相比发生了较大的变化。这一时期书目的编创、修改，一部分根据史实和现实生活进行，另一部分根据作家作品改编。曲艺剧目改编上，注重改编反映时代特色的新书目，将其他作品改编成说唱形式；注重说和

---

① 《团结起来，繁荣我省曲艺事业——在中国曲艺家协会山西分会第一次会员代表大会上的报告》，中国曲艺志全国编辑委员会、《中国曲艺志·山西卷》编辑委员会编：《中国曲艺志·山西卷》，第 581—582 页；《关于举行全省曲艺会演的通知》，中国曲艺志全国编辑委员会、《中国曲艺志·山西卷》编辑委员会编：《中国曲艺志·山西卷》，第 585 页。

唱的比重；有弦乐伴唱的曲种要备有字幕；着重改编长篇鼓书作品。①

从太行山说书人宣传队的历史变化来看，其主要特点有以下几方面。一是配合政府文化宣传工作。对旧书、旧艺人、旧组织进行社会主义改造，包括书目的审核，对旧思想、不健康的节目及时更新改造。核心精神是"改人、改戏、改制"，即改造说书人，改编新剧目，进一步紧密围绕乡村文化改造的宣传任务，让艺人从非正式性、流动性的组织形式进入文化体制化管理组织，依托文化馆、群艺馆，进行剧团化、市场化的运营，打造新型曲艺队和宣传队。从此，旧时流浪的说书人被改造成为"曲艺工作者"或"人民艺术家"。

二是政府对说唱曲艺宣传进行组织与管理。可以看出，在重大的历史时期，曲艺宣传的发展都和政府主导管理有关。1983 年发布的《阳城县专业曲艺队管理章程》中明确指出：

> 县里每年组织一次培训会，对所有说唱人员，尤其是青年人员及徒弟要进行文化考试和业务考核，连续二次不合格者，予以辞退。青年演唱人员及徒弟人人要做到一专多能，能打能拉，能说能唱，既会说书帽，也会说大本书。对于录为正式徒弟一年以上者，经考核只会说书帽，不会说大本书，只有一专没有多能者予以辞退。发展多种形式的曲艺说唱，如快板书、道情、数来宝、相声、潞安鼓书等。曲艺队不准搞算命、卜卦、看风水、顶神上爷等活动和带有任何封建迷信色彩的东西。②

这一时期曲艺宣传的焦点是反对说书敬神，弘扬新时期社会主义文艺主旋律。培训会和业务考核成为曲艺审核选拔机制的首要环节。为应对实际的宣传市场需求，培训考核、编创新书和文艺演出同时进行，曲艺艺术形式上要求丰富多样，青年曲艺工作者要成为"全面手"。这种直面市

---

① 《关于举行全省曲艺会演的补充通知》，中国曲艺志全国编辑委员会、《中国曲艺志·山西卷》编辑委员会编：《中国曲艺志·山西卷》，第 586 页。

② 《阳城县专业曲艺队管理章程》，阳城县文化馆志编纂委员会编：《阳城县文化馆志（1949—2012）》，第 531 页。

场和生活的曲艺发展要求，真正锻炼了艺人的演出本领，尤其是在市场经济条件下"文化巡演"受到冲击后，艺人仍然能在政府公共文化建设、演艺市场和民俗需求中找到传统曲艺的良性传承路径。

三是曲艺团体的组织化、市场化与经济管理。曲艺队经历了五六十年代一段时期的半体制化后，八九十年代又迎来了新的市场化进程。曲艺队开始实行经济承包、自主经营、自负盈亏，迎来了新的市场活力。如1983年发布的《阳城县专业曲艺队管理章程》规定：

> 阳城曲艺宣传队集体提取总收入的百分之五。每个小队只保留公杂费和业务费。说唱人员实行记分制。标准是工资占百分之五十，现有技术水平占百分之五十。正式学徒每月按天发15元固定工资，学徒只发生活费，每月不超过12元。每月出满勤为28天，一般事假少一天扣除分红底分一厘五，一般病假扣除分红底分一厘，病假在一个月以上不发给工资。无故缺勤、旷工，旷一个勤扣除分红底分五厘，旷工满一个月或以上者，按其底分平摊二倍的本月工资上交积累费。旷工三十六天，解除演员资格。所有徒弟病事假不扣工资。旷工者旷一个勤扣一天本人工资。领取了独生子女证的可享受产假四至六个月。婚产假期间发给生活费21元。对计划生第二胎者，扣除其当年每月艺术分红底分的百分之五十。正式说唱人员女年满50岁、男年满55岁及以上者，工龄在二十年以上，根据其贡献及工龄退休后每月补给一定的生活费用。[①]

从这份管理章程可以看出，这一时期曲艺队的经济管理逐步放权，给予各曲艺小组更多的市场自由度。"记分制"是这一时期太行山各县曲艺队保留下来的独特的薪酬分配体系，其亮点是区分说唱人员、正式学徒和学徒三类曲艺队成员身份，将基本收入、演出资历和实际出勤情况相结合进行奖惩分明的收入分配。

---

[①]　《阳城县专业曲艺队管理章程》，阳城县文化馆志编纂委员会编：《阳城县文化馆志（1949—2012）》，第531—532页。

书目审核、曲艺会演和长篇书词等现代书目的创编，主要考量书目是否正面、是否与主旋律契合。禁止说未经审核批准的书目，如《尿床大嫂》《屁大嫂》等的书词，很明显带有插科打诨、嬉笑怒骂的戏谑元素，这些传统书目来自民间，带有草根气息，与社会主义主旋律的文化政策宣传相冲突，被禁止演出。不过这些传统古书，却在一定程度上迎合了长久以来乡村曲艺市场形成的民俗审美习惯。因此，传统说书的民俗性和新时期曲艺的宣传性特点形成了一种文化管理的紧张感。

## 四　结语

自 20 世纪三四十年代起，太行山农民曲艺队就承载了革命、宣传、动员、思想改造等多重社会话语。50 年代配合政府文化宣传工作，在戏曲"三改"背景下，对传统书目、鼓书艺人进行社会主义文化改造，包括书目的审核解禁、改革旧书目、编创新书目等具体内容。从此，流浪的说书人被改造成为"曲艺工作者"或"人民艺术家"。60 年代开始重视挖掘传统曲艺书目，开展了救济和管理流散职业艺人和扫盲运动，通过培训学习的形式，贯彻落实社会主义文艺方针政策。七八十年代以来，文化部门恢复成立曲艺团，曲艺团行政上属于自负盈亏的集体所有制的专业文艺团体，适度面向市场，业务上由地方文化馆领导。通过"曲艺会演"的形式，发掘、整理、改编传统曲目，鼓励创作现代书目特别是中长篇书目，并加强书目审核制度。文化管理部门在曲艺管理上，坚持传统书、新编历史故事书和现代书三者并举的编创原则，大量编印反映现代题材的书目。虽然组织化程度逐步弱化，但曲艺艺人在政府公共文化建设和文艺市场的双重需求中，重新获得了地方曲艺发展的平衡。就目前太行山各县曲艺队而言，虽然仍存有"曲艺队"名称和政府扶持的下乡文化巡演市场，但其宣传作用已大不如前。从革命文艺、乡村文艺、民间文艺、社会主义文艺到"人民文艺"，太行山农民曲艺队、宣传队近80 年的发展历程，让我们重新反思"人民文艺"的历史特征，积极关注文艺回应社会时代发展的重大问题。

# 蒙古族安代舞研究文献计量及可视化分析

河尔伦*

**摘 要**：蒙古族安代舞作为国家级非物质文化遗产，已经成为当前多学科的研究热点。文章基于 CNKI 数据库所收录的文献数据，借助文献题录信息统计分析工具（SATI）和可视化知识图谱，对安代舞研究热点及发展趋势进行分析。主要从文献发表年度分布、发表期刊分布、学位论文分布、主题关联等方面进行探索，梳理安代舞研究的过去和现在，以期服务于安代舞研究的未来和发展。

**关键词**：安代舞；非物质文化遗产；文献计量；可视化

## 一 引言

非物质文化遗产是中华优秀传统文化的重要组成部分，是中华文明绵延传承的生动见证，是联结民族情感、维系国家统一的重要基础。[①] 作为国家级非物质文化遗产的蒙古族安代舞，是民族历史文脉延续的载体，是坚定文化自信和推动文明交流的实例，是建设社会主义文化强国的重要组成部分。安代舞是在萨满教音乐和舞蹈的基础上经过艺术的创造性转化和创新性发展产生的民族民间艺术。我国学者对安代舞的研究经过了 60 多年的

---

* 河尔伦，北京师范大学社会学院博士研究生。
① 《中共中央办公厅 国务院办公厅印发〈关于进一步加强非物质文化遗产保护工作的意见〉》，2021 年 8 月 12 日，http://www.gov.cn/zhengce/2021－08/12/content_5630974.htm。

学术历程，已由 20 世纪 50 年代的研究萌芽阶段走向新时代多学科交叉研究的繁荣稳定阶段，引起了社会各界和学界的关注。为了厘清安代舞目前的研究脉络，探索安代舞研究的发展趋势，本文借助文献计量法、可视化知识图谱等技术手段，分析该领域的研究热点，梳理安代舞研究的过去和现在，服务于安代舞研究的未来和发展，以期为相关研究提供启示与借鉴。

## 二 文献来源和研究方法

在 CNKI（中国知网）以"安代"为主题进行检索，截至 2021 年共检索出 646 篇相关文献。由于 CNKI 收录学术期刊论文、学位论文、会议和报纸文章等，文献数量较多，质量参差不齐，本文选取学术期刊论文、学位论文及会议文章作为文献数据主要来源。经过逐一筛选，最终获得 500 篇有效文献，时间跨度为 1959—2021 年。

本文借助文献题录信息统计分析工具（SATI）和可视化知识图谱，分析安代舞的研究热点及发展趋势。文献计量法是一种定量分析方法，以科技文献的各种外部特征为研究对象，采用数学与统计学方法来描述、评价和预测科学技术现状与发展趋势。[①] 本文对 500 篇文献进行以下几方面的分析：①文献发表年度分布分析；②发表期刊分布分析；③学位论文分布分析；④主题关联分析。

## 三 安代舞研究热点及发展趋势

### （一）文献发表年度分布

对安代舞研究的文献发表年度分布及发表年度数量特征进行分析，在一定程度上能够揭示该领域的研究发展阶段、研究热点变化及发展趋势。以时代背景、相关政策等为依据，结合文献发表年度及数量统计结果

---

① 朱亮、孟宪学：《文献计量法与内容分析法比较研究》，《图书馆工作与研究》2013 年第 6 期。

（见图1），将安代舞研究学术历程分为萌芽期（1959—1976）、初建期
（1977—2002）和成熟期（2003—2021）三个阶段。

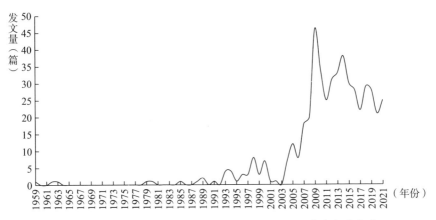

**图1 CNKI 1959—2021年收录的安代舞相关文献发表年度分布**

**1. 萌芽期研究述评（1959—1976）**

通过分析发现，1959—1976年收录于CNKI的有关安代舞研究的文
献共3篇。1959年《戏剧报》发表的《更大范围更深程度与群众相结
合》，用照片记录下了内蒙古民族实验剧团在群众中表演安代舞蹈的热闹
场景。1962年、1963年在《中国民族》上发表的《安代舞的解说词》和
《安代舞的故乡》，以第一人称进行叙事，描写安代舞在群众生活中的欢
腾样貌。安代舞研究的萌芽期，切实反映了在党的政策号召下，内蒙古
文艺工作者在政府的组织下对安代舞文化进行挖掘整理和保存保护所做
的工作，如搜集记录安代舞起源、传说、唱词、歌曲、舞蹈动作以及安
代艺人的口述史，并且开始以摄影技术手段对安代舞在民间的表演进行
记录，留下了珍贵的历史影像资料。这时期安代舞研究的特点是文献发
表数量较少，以搜集资料、翔实记录为主，并没有出现专题性的研究，
但这些资料为安代舞的进一步研究提供了基础。1966—1976年"文化大
革命"时期，对安代舞的研究进入停滞状态，安代舞不仅资料一度遭到
破坏，还因其宗教色彩而被政府禁演。

**2. 初建期研究述评（1977—2002）**

随着改革开放的实行，政府也开始进行对少数民族文化的抢救性保
护工作。1977—2002年，CNKI收录安代舞相关文献共42篇，其中发表

在核心期刊的论文有 9 篇。第一篇以人类学角度阐释安代舞的文献，是
1998 年在《中国音乐》上发表的《从文化人类学角度再观安代》。该文
以人类学整体论视角论述安代舞的文化特性，并分析安代舞因受到社会
和经济影响而脱离其宗教外壳，最终走向民族民间艺术的过程。2002 年，
在《音乐研究》上发表的《北方草原民族音乐文化传承交流中的整合现
象》中提到，安代舞曲《哲古尔奈古尔》的曲调同匈牙利民间舞曲改编
的一首《载歌载舞》非常相似，展示出北方游牧民族旋律发展演变与整
合的历史轨迹。① 文中还着重分析北方草原音乐对汉族、藏族、回鹘及回
族音乐的影响，对各民族传统音乐的溯源对比发现，各民族的文化艺术
是在"多元一体格局"中发展起来的，是相互交往、交流、交融的。总
结而言，在初建期，多学科领域的学者关注到了安代舞的研究价值，初
步开始对安代舞进行学理性的探讨。发文量明显增长，但是增长幅度较
小，学界主要聚焦于安代舞与其宗教原型萨满教音乐与舞蹈的关系，将
其置于北方草原音乐文化整体环境中，探讨在此环境中对安代舞音乐舞
蹈的艺术创作及改编，和安代舞传承发展的新路径。

**3. 成熟期研究述评（2003—2021）**

通过文献统计分析，2003—2021 年，CNKI 收录安代舞相关文献共
455 篇，其中发表在期刊上的论文有 346 篇（发表在核心期刊上的论文
43 篇），会议文章有 12 篇，硕博士学位论文有 97 篇（博士学位论文 10
篇，硕士学位论文 87 篇）。这个时期安代舞研究已经逐步进入成熟阶段，
文献发表数量空前高涨。安代舞吸引了音乐学、舞蹈学、民族学、人类
学、历史学、宗教学、医学、心理学等多学科的关注，在个案研究方面
更加系统化，尤为值得关注的是硕博士学位论文成果显著。以上所取得
的学术成果，代表着安代舞研究已逐渐走向成熟。

根据图 1 所示，安代舞研究在 2003—2021 年达到两次学术成果高峰，
这种学术热点的变化与非物质文化遗产发展状况息息相关。第一次学术
高峰出现在 2006 年蒙古族安代舞入选第一批国家级非物质文化遗产名录
之后。第二次高峰出现在 2011 年《中华人民共和国非物质文化遗产法》

---

① 乌兰杰：《北方草原民族音乐文化传承交流中的整合现象》，《音乐研究》2002 年第 1 期。

出台之后。自此，安代舞由民间文化变成公共文化，安代舞的传承和发展具备了合法性和合理性。安代舞研究的成熟期的特点为：首先，多学科的研究成为普遍现象，个案研究开始具有系统性，如巴·苏和与特日乐在《云南民族大学学报》（哲学社会科学版）上发表的《蒙古族安代舞的古老文化特质论析》（2013），张巨荣、田瑞峰在《体育文化导刊》上发表的《蒙古族安代广场舞对改善中老年女性身心健康的实证研究》（2016），耿学刚在《北京舞蹈学院学报》上发表的《科尔沁蒙古族安代仪式研究》（2017）等；其次，安代舞研究在国内外的学术交流与合作日渐频繁，如色音在 2011 年中国艺术人类学论坛暨国际学术会议上发表的《精神疾患与歌舞疗法——蒙古族"安代"舞的人类学解析》，青格勒图在《2011—2013 中国民间文化艺术之乡全集》中发表的《浅谈安代艺术的文化内涵及历史作用》等；最后，安代舞研究深受萨满教研究的影响，如乌仁其其格的博士学位论文《蒙古族萨满医疗的医学人类学阐释——以科尔沁博的医疗活动为个案》（2006），包桂芹、包国祥发表在《广西民族研究》上的《蒙古族萨满教文化与精神治疗》（2017）等。

### （二）发表期刊分布

对安代舞文献发表期刊的分析，有助于了解该领域的学科分布情况以及各学科的关注程度，还有助于掌握关注该领域的核心期刊状况。有关安代舞研究的文献共分布在 203 种期刊上，其中核心期刊共有 48 种。如表 1 所示，选取其中文献发表数量在 5 篇及以上的 14 种普通期刊进行分析，文献发表数量共计 137 篇，被引频次为 312 次。首先，《内蒙古民族大学学报》的社会科学版和自然科学版论文发表数量最多，共 32 篇，被引频次最高，为 157 次，被引占比为 50.3%。《内蒙古大学艺术学院学报》、《赤峰学院学报》（汉文哲学社会科学版）共发文 17 篇，被引频次为 38 次，被引占比为 12.2%。可见，在安代舞研究领域，高校学报具有很强的影响力，被引总占比为 62.5%。其次，《内蒙古艺术》《大众文艺》《黄河之声》《民族艺术》《戏剧之家》《北方音乐》《艺术品鉴》等艺术门类期刊发表论文数量较多，共 68 篇，总被引频次为 106 次，总被引占比为 34%。表明除高校学报之外，艺术门类的期刊是安代舞研究活

跃的主要平台。再次，《当代体育科技》期刊发表论文 8 篇，被引频次为
8 次，被引占比为 2.6%，表明学者对安代舞健身功能有所挖掘，这可以
让安代舞更好地服务于大众身心健康。最后，《实践》（党的教育版）期
刊发表论文 5 篇，《内蒙古宣传思想文化工作》期刊发表论文 7 篇，主题
多围绕振兴地方经济、促进地方发展、倡导非遗活动展开，体现"政府
主导，社会参与"的基本工作路线。①

表 1　部分普通期刊发文量、被引频次及占比

| 序号 | 期刊名称 | 文献数量（篇） | 被引频次（次） | 被引占比（%） | 专题 |
|---|---|---|---|---|---|
| 1 | 内蒙古民族大学学报（社会科学版） | 25 | 90 | 28.8 | 教育综合 |
| 2 | 内蒙古民族大学学报（自然科学版） | 7 | 67 | 21.5 | 基础科学综合 |
| 3 | 内蒙古艺术 | 12 | 22 | 7.1 | 文史哲综合 |
| 4 | 大众文艺 | 12 | 22 | 7.1 | 文艺理论 |
| 5 | 内蒙古大学艺术学院学报 | 9 | 21 | 6.7 | 文史哲综合 |
| 6 | 黄河之声 | 13 | 19 | 6.1 | 音乐舞蹈 |
| 7 | 民族艺术 | 6 | 18 | 5.8 | 文史哲综合 |
| 8 | 赤峰学院学报（汉文哲学社会科学版） | 8 | 17 | 5.4 | 教育综合 |
| 9 | 戏剧之家 | 9 | 14 | 4.5 | 戏剧电影与电视艺术 |
| 10 | 北方音乐 | 10 | 11 | 3.5 | 音乐舞蹈 |
| 11 | 当代体育科技 | 8 | 8 | 2.6 | 体育 |
| 12 | 内蒙古宣传思想文化工作 | 7 | 3 | 1.0 | 思想政治教育 |
| 13 | 艺术品鉴 | 6 | 0 | 0 | 文艺理论 |
| 14 | 实践（党的教育版） | 5 | 0 | 0 | 中国共产党 |
| | 总计 | 137 | 312 | 100.0 | |

　　核心期刊的发文量代表着该领域的研究前沿及研究热点，是掌握该领
域高质量研究的主要平台。如表 2 所示，选取 17 种引用频次在 10 次以上的

① 麻国庆、朱伟：《文化人类学与非物质文化遗产》，北京：生活·读书·新知三联书店，
2018 年，第 77 页。

核心期刊进行分析。第一，音乐舞蹈专题类核心期刊共发文 15 篇，总被引频次为 119 次，总被引占比 36.6%。其中，《音乐研究》发文 1 篇，被引频次为 39 次，被引占比为 12%；《人民音乐》发文 2 篇，被引频次为 22 次，被引占比为 6.8%；《中国音乐学》发文 1 篇，被引频次为 21 次，被引占比 6.5%；《中国音乐》发文 2 篇，被引频次为 13 次，被引占比为 4%；《舞蹈》发文 4 篇，被引频次为 12 次，被引占比为 3.7%；《北京舞蹈学院学报》发文 5 篇，被引频次为 12 次，被引占比为 3.7%。由此可见，安代音乐和舞蹈研究水平较高，更容易被音乐舞蹈类核心期刊采用发表。第二，民族学专题类期刊共发文 4 篇，总被引频次为 60 次，总被引占比为 18.5%。其中，《黑龙江民族丛刊》发文 2 篇，被引频次为 46 次，被引占比为 14.2%；《中国民族》发文 2 篇，被引频次为 14 次，被引占比为 4.3%。由此可见，从民族学视角研究安代舞的论文质量较高，且对其他领域研究安代舞有很高的借鉴意义和影响力。第三，教育综合专题类期刊共发文 6 篇，总被引频次为 43 次，总被引占比为 13.2%。其中《内蒙古大学学报》（人文社会科学版）发文 2 篇，被引频次为 17 次，被引占比为 5.2%；《中央民族大学学报》（哲学社会科学版）发文 3 篇，被引频次为 15 次，被引占比为 4.6%；《内蒙古社会科学》（汉文版）发文 1 篇，被引频次为 11 次，被引占比为 3.4%。由此可见，教育综合专题类核心期刊虽然发文量较少，但一直对安代舞研究保持着关注。第四，值得注意的是《医学与哲学》发文 1 篇，被引频次为 34 次，被引占比为 10.5%，该文章为《舞蹈治疗：从身体到心灵》，以安代舞为例来阐释舞蹈治疗的生理和心理机制，为科学化研究安代舞提供了启发与借鉴。

表 2　部分核心期刊发文量、被引频次及占比

| 序号 | 核心期刊名称 | 文献数量（篇） | 被引频次（次） | 被引占比（%） | 专题 |
|---|---|---|---|---|---|
| 1 | 黑龙江民族丛刊 | 2 | 46 | 14.2 | 民族学 |
| 2 | 音乐研究 | 1 | 39 | 12 | 音乐舞蹈 |
| 3 | 医学与哲学 | 1 | 34 | 10.5 | 医学教育与医学边缘学科 |
| 4 | 人民音乐 | 2 | 22 | 6.8 | 音乐舞蹈 |

| 序号 | 核心期刊名称 | 文献数量（篇） | 被引频次（次） | 被引占比（%） | 专题 |
|---|---|---|---|---|---|
| 5 | 中国音乐学 | 1 | 21 | 6.5 | 音乐舞蹈 |
| 6 | 体育文化导刊 | 2 | 20 | 6.2 | 体育 |
| 7 | 内蒙古大学学报（人文社会科学版） | 2 | 17 | 5.2 | 教育综合 |
| 8 | 中央民族大学学报（哲学社会科学版） | 3 | 15 | 4.6 | 教育综合 |
| 9 | 中国民族 | 2 | 14 | 4.3 | 民族学 |
| 10 | 民族文学研究 | 2 | 14 | 4.3 | 中国文学 |
| 11 | 艺术评论 | 1 | 13 | 4 | 文史哲综合 |
| 12 | 中国音乐 | 2 | 13 | 4 | 音乐舞蹈 |
| 13 | 舞蹈 | 4 | 12 | 3.7 | 音乐舞蹈 |
| 14 | 北京舞蹈学院学报 | 5 | 12 | 3.7 | 音乐舞蹈 |
| 15 | 东北亚论坛 | 1 | 11 | 3.4 | 政治军事法律综合 |
| 16 | 民族文学研究 | 1 | 11 | 3.4 | 中国文学 |
| 17 | 内蒙古社会科学（汉文版） | 1 | 11 | 3.4 | 教育综合 |
| | 总计 | 33 | 325 | 100 | |

## （三）学位论文分布

硕士、博士学位论文专业性强、内容翔实、信息量大、学术价值高，是反映一个学科发展水平和衡量学科学术质量的重要方面。对高等院校和科研单位的学位论文类型进行分析，一方面可以了解到各高等院校和科研单位的相关研究方向，另一方面还可以为考生报考研究生提供专业信息和学术参考。① 本文从 CNKI 检索出涉及安代舞内容的博士和硕士学位论文共 97 篇，其中博士学位论文 10 篇，硕士学位论文 87 篇，时间跨度为2005—2021 年。如表 3 所示，安代舞研究相关的硕博士学位论文数量较多的院校有内蒙古师范大学（23 篇）、内蒙古大学（14 篇）、中央民族大学（11 篇）、东北师范大学（4 篇）和内蒙古民族大学（3 篇），共计 55 篇，

---

① 乌云格日勒、色音：《21 世纪中国萨满教研究学位论文的文献计量学分析》，《阴山学刊》2016 年第 3 期。

约占论文总数的56.7%。其中内蒙古师范大学和内蒙古大学对安代舞的研究成果最多，共37篇学位论文，年平均发表量达到2篇多，说明内蒙古师范大学和内蒙古大学在安代舞研究领域已经逐渐形成稳定且初具规模的研究团队，是安代舞研究的主要机构，在该领域研究中发挥着重要作用。结合学校所在地理位置及学位论文数量分析得出，安代舞研究主要集中于北方院校，共计85篇学位论文，其中内蒙古院校有41篇，而南方院校仅有12篇学位论文。可见，在安代舞研究的相关师资、专业配比、研究条件等方面，院校南北分布不均衡，安代舞研究具有很强的地域性特点。

表3　高校学位论文数量

单位：篇

| 高校名称 | 学位论文数量 | 高校名称 | 学论文数量 |
|---|---|---|---|
| 内蒙古师范大学 | 23 | 长春师范大学 | 1 |
| 内蒙古大学 | 14 | 江西师范大学 | 1 |
| 中央民族大学 | 11 | 沈阳师范大学 | 1 |
| 东北师范大学 | 4 | 福建师范大学 | 1 |
| 内蒙古民族大学 | 3 | 哈尔滨师范大学 | 1 |
| 山东大学 | 2 | 山东师范大学 | 1 |
| 辽宁大学 | 2 | 中国艺术研究院 | 1 |
| 西南大学 | 2 | 中国音乐学院 | 1 |
| 上海师范大学 | 2 | 沈阳音乐学院 | 1 |
| 西北师范大学 | 2 | 吉林艺术学院 | 1 |
| 北京体育大学 | 2 | 首都体育学院 | 1 |
| 沈阳建筑大学 | 2 | 浙江海洋大学 | 1 |
| 浙江大学 | 1 | 浙江理工大学 | 1 |
| 兰州大学 | 1 | 大连理工大学 | 1 |
| 吉林大学 | 1 | 长春工业大学 | 1 |
| 延边大学 | 1 | 内蒙古农业大学 | 1 |
| 齐齐哈尔大学 | 1 | 吉林建筑大学 | 1 |
| 北京师范大学 | 1 | 江西中医药大学 | 1 |
| 华东师范大学 | 1 | 北京中医药大学 | 1 |
| 华中师范大学 | 1 | 黑龙江中医药大学 | 1 |
| 合计 | | | 97 |

如表 4 所示，有关安代舞研究议题的学位论文作者专业背景主要集中在艺术学、文学和民族学领域，发文共计 63 篇，综合占比为 64.9%。具体而言，艺术学共计 36 篇，占比为 37.1%，其中音乐与舞蹈学专业 29 篇、艺术学（理论、设计）专业 7 篇；文学 15 篇，占比为 15.5%，其中中国现代文学专业 9 篇、中国少数民族语言文学专业 3 篇、中国语言文学专业 2 篇、中国古代文学专业 1 篇；民族学共计 12 篇，占比为 12.4%，其中中国少数民族艺术专业 8 篇、民族学专业 2 篇、民族教育学专业 1 篇、民族法学专业 1 篇。由此可见，艺术学、文学和民族学学科背景的研究生是安代舞研究的主力军。教育学和体育科学共计发文 15 篇，综合占比为 15.5%，具体而言，教育学发文 10 篇，占比为 10.3%，其中教育学专业 4 篇、课程与教学论专业 3 篇、学科教学专业 2 篇、学前教育专业 1 篇；体育科学发文 5 篇，占比为 5.2%，其中运动训练学专业 2 篇、体育学专业 1 篇、体育教育专业 1 篇、民族传统体育学专业 1 篇。教育学和体育科学为安代舞研究提供了新的方向与动力，并且初具成果，目前这些专业的研究生是安代舞研究的生力军。城乡规划、地理学、新闻学与传播学、图书情报、公共管理、建筑学、风景园林、农学、应用心理学和计算机应用专业共计发文 12 篇，综合占比为 12.4%，这些专业的加入表明安代舞研究开始走进城市与乡村规划和社会公共服务领域的建设，为安代舞的传承和发展提供了切实可行的实践路径，这些专业将是安代舞研究走向具体化社会实践、参与社会建设的主要领域。遗憾的是，中医学、哲学、民俗学和社会学发文量较少，共计 7 篇，综合占比为 7.2%，其中民族医学专业 2 篇、逻辑学专业 2 篇、民族社会学专业 1 篇、中医医史文献专业 1 篇、民俗学专业 1 篇，可见安代舞研究并没有引起以上学科的重视。

### 表 4　作者学科专业分布

单位：篇，%

| 学科专业 | 论文数量 | 占比 | 学科专业 | 论文数量 | 占比 |
|---|---|---|---|---|---|
| 音乐与舞蹈学 | 29 | 29.9 | 民族教育学 | 1 | 1.0 |
| 中国现代文学 | 9 | 9.3 | 民族法学 | 1 | 1.0 |

| 学科专业 | 论文数量 | 占比 | 学科专业 | 论文数量 | 占比 |
|---|---|---|---|---|---|
| 中国少数民族艺术 | 8 | 8.2 | 体育学 | 1 | 1.0 |
| 艺术学（理论、设计） | 7 | 7.2 | 学前教育 | 1 | 1.0 |
| 教育学 | 4 | 4.1 | 体育教育 | 1 | 1.0 |
| 中国少数民族语言文学 | 3 | 3.1 | 民俗学 | 1 | 1.0 |
| 课程与教学论 | 3 | 3.1 | 新闻学与传播学 | 1 | 1.0 |
| 民族医学 | 2 | 2.1 | 图书情报 | 1 | 1.0 |
| 运动训练学 | 2 | 2.1 | 民族传统体育学 | 1 | 1.0 |
| 民族学 | 2 | 2.1 | 公共管理 | 1 | 1.0 |
| 中国语言文学 | 2 | 2.1 | 建筑学 | 1 | 1.0 |
| 学科教学 | 2 | 2.1 | 风景园林 | 1 | 1.0 |
| 逻辑学 | 2 | 2.1 | 中国古代文学 | 1 | 1.0 |
| 城乡规划 | 2 | 2.1 | 农学 | 1 | 1.0 |
| 地理学 | 2 | 2.1 | 应用心理学 | 1 | 1.0 |
| 民族社会学 | 1 | 1.0 | 计算机应用 | 1 | 1.0 |
| 中医医史文献 | 1 | 1.0 | | | |
| 合计 | | | | 97 | 100 |

## （四）主题关联

对文章的关键词进行统计分析，在一定程度上能够反映出该领域的研究方向与研究热点，对于了解该领域研究的重点和发展趋势具有重要的参考价值。[1] 在 SATI 中导入 EndNote—CNKI 数据题录，分析出安代舞研究的相关关键词共有 1137 个。由生成的关键词知识图谱（见图 2）可见，关键词数量众多，分布较为广泛，且高频关键词之间的连线数量较多，连线密度较高。

如图 3 所示，高频关键词及其出现频次为安代舞 149 次、蒙古族 137 次、文化 129 次、舞蹈 121 次、科尔沁 70 次、音乐 70 次、安代 57 次、萨满（在科尔沁地区称为"博"）50 次、发展 41 次、民族舞蹈 37 次、

---

① 孔繁秀、孙瑶：《〈中央民族大学学报〉学术影响力的文献计量研究——基于 CNKI 数据分析》，《中央民族大学学报》（哲学社会科学版）2020 年第 4 期。

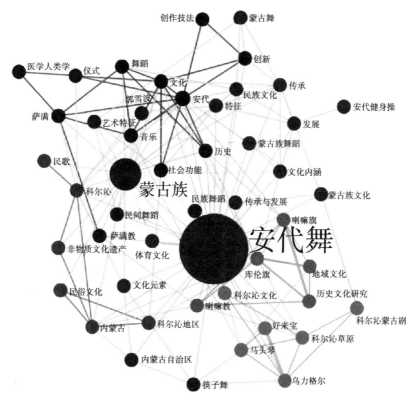

**图 2　关键词知识图谱**

特征 33 次、传承 33 次、库伦旗 18 次、非物质文化遗产 17 次、社会功能 17 次。由此可见，安代舞的研究方向主要集中于内蒙古文化研究、安代歌舞研究、对安代功能性的挖掘和对安代舞的传承发展与保护方面，总体而言关键词频次出现领域较多，研究跨度较大。

分析知识图谱和高频关键词频次可以发现，安代舞的研究深受以下四个研究领域的影响。第一，内蒙古文化研究，将安代舞置于蒙古族优秀传统文化背景下，探讨安代舞的文化内涵和艺术特征，探寻安代舞作为民族民间舞蹈的传承和发展路径。这一部分的关键词聚类联系紧密，且关键词个数较多，是安代舞研究的最主要领域，所以安代舞研究既能够从内蒙古文化研究中汲取养分，同时也能够丰富内蒙古文化研究。第二，萨满教研究，以传统"安代"为研究对象，探讨安代的萨满教起源，对安代的宗教治疗仪式、音乐、舞蹈等进行分析，揭示传统安代如何脱

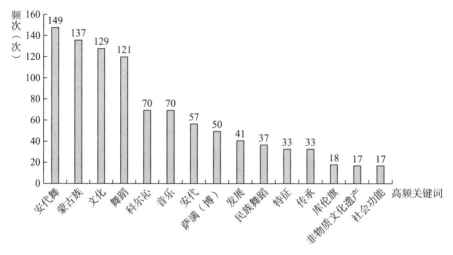

**图 3　高频关键词频次分布**

离宗教外壳进行艺术化改造，形成如今的民族民间舞蹈艺术的样貌，同时阐释其医疗和社会功能。第三，地域文化研究，安代舞广泛流传于科尔沁文化带，所以部分学者在科尔沁地域性文化研究基础上对安代舞进行研究，阐明安代舞与科尔沁地区的其他民族民间艺术如科尔沁蒙古剧、好来宝、乌力格尔等的密切关系。安代文化生于科尔沁、长于科尔沁，一方面，科尔沁是安代舞传承发展的主要群众载体，不仅有利于安代舞的本真性的保存，还有利于安代舞艺术的创造性转化和创新性发展；另一方面，科尔沁文化也需要安代舞研究的进一步丰富，为科尔沁地区的社会、文化和经济建设提供新的思路与途径，如安代舞如何通过艺术化辅助乡村振兴和城市发展。第四，非物质文化遗产研究，随着非遗概念的传入和非遗工作的开展，安代舞的传承具备了合理性与合法性，在政府主导下，学界开始对安代舞进行更为详细的田野调查工作，探讨如何培养安代舞传承人、如何建立安代文化保护区等实际命题，并且由政府出资建设了安代文化博物馆，使安代文化的传承与发展具备了政策保障和物质基础，并形成了更为严谨和全面的安代文化保护机制。随之而来的是多学科领域研究安代舞作为非物质文化遗产这一公共文化资源是如何进入公共视野的，如安代舞进校园的教育意义研究、安代舞作为广场舞的体育健身意义研究等。安代舞的非物质文化遗产和科尔沁地域文化研究联系较强，但是关键词分布较为稀疏，并没有较多的研究成果，因此，非遗和地域性视角是接下来研究安代舞的重要方向且有待加强。

通过以上分析发现，内蒙古文化研究、萨满教研究、地域文化研究和非物质文化遗产研究领域是相互交叉、相互重合、彼此交融的。这些领域是安代舞研究的根脉与生长土壤，提示我们要在自己文化的根部去找准民族文化发展的基础。[①] 整体而言，虽然在内蒙古文化研究、萨满教研究背景下的安代舞学术成果较多，但是并没有形成整体性研究的学术领域和影响较深的研究方向。因此，对安代舞整体性和系统性的研究还有待深耕。

# 四 结语

首先，安代舞研究经过了60多年的学术历程，目前已经进入成熟稳定的发展阶段。2003—2021年产生了两次学术成果高峰，这归因于安代舞的学术研究与实践研究深受国家政策的影响与扶持，尤其是自非物质文化遗产保护工作开展开始，安代舞成为公共文化资源，其传承和研究具备了合理性和合法性，所以，相关研究领域的学术成果呈现迅猛增长态势。

其次，通过发表文献的核心期刊分布情况可知，目前安代舞研究的前沿主要集中在音乐舞蹈领域，其次是民族学研究领域，然后是教育综合研究领域。通过学位论文分布情况可知，安代舞研究已经初步形成以内蒙古师范大学、内蒙古大学、中央民族大学、东北师范大学和内蒙古民族大学等高校为主的研究阵营，共产出硕博士学位论文97篇，反映出安代舞的高质量研究能力和系统性研究体系已具雏形，但是安代舞研究院校南北分布不均，且研究方向以艺术学、文学和民族学为主，缺少中医学、哲学、民俗学和社会学研究生的关注。

最后，通过关键词知识图谱分析可知，安代舞研究深受内蒙古文化研究、萨满教研究、地域文化研究和非物质文化遗产研究的影响。热点

---

① 方李莉：《人类学视角下的"非遗"保护理论、方法与路径》，《中国非物质文化遗产》2020年第1期。

领域主要集中在歌舞研究、文化研究、功能挖掘、传承和发展等方面。研究跨度较大、研究领域较多,所以对安代舞整体性和系统性的研究还有待深耕。而且缺少对文化自信、文化认同、文化生态、乡村振兴、中华民族共同体意识、新媒体等热门议题的关注,预计这些议题将成为安代舞未来研究的重点和方向。

# 马尾胡琴与新时代的共鸣[*]

## ——国家级非物质文化遗产马头琴音乐代表性 传承人布林先生访谈

张劲盛　　戈琳娜[**]

**摘　要**：布林是国家级非物质文化遗产马头琴音乐代表性传承人，著名的马头琴演奏家、理论家、教育家，当今为数不多的将传统与现代、民间与专业、实践与理论融为一体的马头琴艺术大师。布林于1982年所提出的马尾胡琴"三种定弦五种演奏法"理论已成为学术界公认的研究北方少数民族乐器的基础理论，其在诸多方面的研究成果，见证着他超前、敏锐的方法论自觉。他带领自己的研究生团队进行的马尾胡琴类乐器活态传承和体系构建，充分体现了其在乐器学方法论"自主"上的可贵努力和探索。文章以传承、传播和创新三个方面为切入点，对布林先生的人生史、从艺史进行了访谈，访谈中布林先生分享了他的传承意识转变过程，他对内蒙古传统音乐的研究方法论现状的认识，以及他对非物质文化遗产学科和青年研究者实现传承创新的相关看法。

* 本文系2012年度国家社科基金重大项目"内蒙古蒙古族非物质文化遗产跨学科调查研究"（项目编号：12&ZD131）、内蒙古自治区哲学与社会科学2021年度规划项目"内蒙古黄河'几'字弯非物质文化遗产系统性保护、传承研究"（项目编号：2021NDB075）之阶段性成果。

** 张劲盛，蒙古国立教育大学博士研究生，内蒙古自治区艺术研究院二级艺术评论资格（副高）；戈琳娜，蒙古国立教育大学博士研究生，内蒙古自治区艺术研究院二级音乐理论资格（副高）。

**关键词：** 布林；马尾胡琴；非物质文化遗产

**采访人：** 布林先生，您好！感谢您接受我们的访谈。您是著名的马头琴演奏家、理论家、教育家，今天能够取得如此高的成就，一定和您从小生活在音乐氛围非常浓厚的家庭有关，而且听说您自幼就会演奏多种乐器，这些是不是对您后来走上从艺的道路有一定的影响呢？

**布林：** 家庭音乐氛围的影响肯定是有的，但当时没有想过这么远。主要是因为我从小就酷爱音乐。我的母亲娜木杰玛是孛儿只斤氏的贵族后裔，也是我们当地有名的民歌手，会演唱很多现在已经失传的蒙古族传统宴歌，有什么大型的宴会或庆祝活动时，都会将她请去演唱，我想这可能是我最早的音乐启蒙。

从上学开始我就是学校里的文艺骨干，我记得我的小学班主任叫江秀，是一个音乐爱好者，每天下班后都会把我叫到家里教我拉四胡，吹笛子、箫和口琴等乐器。当时虽然喜欢听广播里播放的潮尔乐曲，但是在我们村里潮尔是个稀罕东西，并不像蒙古四胡那样家家户户都有，所以一直没见过潮尔是什么模样。后来直到 1955 年我到通辽念中学后，才开始接触潮尔。

当时我们通辽二中的音乐老师姓宋，知道我有音乐基础后一定要我学自己民族的乐器，然后就从学校库房借出一把天津乐器厂制作的六边形琴箱的潮尔让我学着拉。说实话，当时因为我不会拉又没人教，我对潮尔的兴趣不大，还是比较喜欢四胡。一直到 1958 年，我的同学敖特根巴雅尔从内蒙古艺术学校放假回扎旗，路过通辽时到我们学校待了一天。他是潮尔大师色拉西的弟子，身上又背着一把潮尔，我们是又羡慕又好奇，求了他半天他才给我们拉了一段民歌《乌云珊丹》，从此我改变了对潮尔的印象，产生了兴趣，知道了潮尔的演奏方式和四胡不一样。第二年，我就从通辽来到呼和浩特，在内蒙古人民广播电台的"民族民间演唱队"参加了工作，后因为和蒙古四胡一代宗师孙良老人住一个宿舍，有幸认识了色拉西老人，从此才开始真正走上艺术的道路，与潮尔相伴五十多年。

当时内蒙古人民广播电台的"民族民间演唱队"是一个以民间艺人

为主体的乐队，主要为电台的日常播出录制音乐，其中有孙良、达力扎布、那·仁沁等众多优秀的民间艺人，那时起我就开始用尽全力去吸收和感悟来自每位艺术家的音乐养分。

**采访人**：在您刚才的描述中多次提到潮尔大师色拉西，我们这一代人对色拉西大师的印象都来自他的录音，那种深沉超脱的潮尔音乐让聆听者无不感受到心灵的震撼。您能讲讲当时您对这位大师的理解和认识吗？

**布林**：如果要说当时对色拉西大师的认识和理解，对我来说就只有"好听"，虽然面对面地听仍然不知道是哪个指法、哪次换弓奏出的那么美妙的音色。色拉西演奏的科尔沁民歌，让我听了以后感觉"无词胜有词"，比唱词还生动、感人。对于色拉西的评价，孙良老人当时的一席话让我至今还记得很清楚，他说："色拉西是我见过最好的潮尔奇，特别是他拉的《穆色莱》《珠色莱》《奔宾锡里》《达木林哈达》这些科尔沁长调歌曲，我还从没见过像他这样优秀的琴手，我想以后也很少会出现了！"我经过多年的研究和理解，现在对这些评价有了自己的感受，如果现在让我来谈色拉西的话，我会说色拉西的出现是个"奇迹"，而他所演奏的就是"绝技"。他是天才 + 体验 + 刻苦的结合。

说色拉西是"天才"，我觉得用现在的话说就是"基因"决定的。色拉西家族五代家传，这种家族传承作为当时科尔沁蒙古族民间音乐传承的重要方式，决定了他与生俱来的天赋，他的哥哥色仁宁布也因为擅长用潮尔演奏古曲《得胜令》被人们称作"得胜令潮尔奇"。我所说的"体验"是指色拉西对当时社会的理解和体验。色拉西是 1887 年出生的人，他的艺术成熟时期正是科尔沁民歌最盛行、社会变迁最激烈的时期，因此他作为当时社会的亲历者，以他独特的社会阅历和体会来演奏和诠释这些民歌，用歌曲来描述当时那段历史，表现力和理解程度是无人能比的。说他"刻苦"，是因为色拉西从小就成为一名职业艺人，一生琴不离手，由于刻苦练习，他的技术达到了前所未有的高度，他能用那么短小的琴弓奏出那么持久饱满的长音就是证明。

**采访人**：布林先生，众所周知，您多年来一直执着地守护与传承着潮尔这一蒙古族传统音乐艺术，而大多数人对于潮尔的文化属性和本质特征的理解是十分模糊的。能否请您从历史和文化的视角谈谈马头琴与潮尔之间的关系和联系？

**布林**：我一直对潮尔有一种割舍不断的感情，这源自幼年时期潮尔音乐对我的影响和熏陶。对于潮尔最早的印象是小时候从广播里听到的用潮尔伴奏的英雄史诗，比如常听的有巴拉吉尼玛、包那木吉拉等人演唱的"蟒古思因·乌力格尔"；再有就是小时候偶尔能够听到唱片，那是在上学以前我刚懂事的时候听到的，唱片里有色拉西演奏的潮尔。这些是我对潮尔的最初印象。

说起潮尔的文化属性，我认为它是蒙古族传统原生态音乐品种特征的总和，"潮尔"一词是对蒙古族传统音乐特性的高度概括。"潮尔"这一名称在蒙古族各部落方言当中相对统一，但它的表现形式却丰富多彩。科尔沁民间流传的潮尔，是近代以色拉西为代表人物传承的"黑勒嘎森潮尔"，又称"弓弦潮尔"；新疆阿尔泰山南北麓流传的潮尔，是吹奏形式的胡笳，又称"冒顿潮尔"；锡林郭勒阿巴嘎旗流传的"潮尔哆"是一种低音呼麦加长调的合唱形式。在蒙古族各地区、各部族中，潮尔的形式和风格虽各有不同，但其本质特征是相同的，主要体现为独特的二重音响结构，即多声音乐的特征。

由此可见蒙古族自古以来就有多声部音乐的传统，拥有深厚的实践基础，我们所需要做的就是对潮尔深奥、宽广的文化含义进行理论化、系统化的总结。

经常有人问我，潮尔和马头琴是什么关系？到底是先有马头琴还是先有潮尔？根据我的研究，马头琴和潮尔最早就是同一件乐器，即"胡尔"，就是唐代文献中记载的"忽雷"，传至北宋时期在《梦溪笔谈》中记载为"马尾胡琴"。因此，从文化形态来说，马头琴和潮尔是同源分流的两件独立的乐器，共同作为马头琴类乐器的组成部分。作为一件"外弓乐器"，马尾胡琴可以说是世界上历史最悠久的，提琴类乐器的历史不过三四百年，而马尾胡琴的记载距今已有一千年，所以从人类文化史的角度看，作为弓弦乐器之祖，马头琴是蒙古族对世界音乐文化做出的贡献。

**采访人**：如今在社会上"马头琴热"已经形成，而相比之下潮尔的处境却不容乐观，成为少人问津的"冷门"，您怎样看待这一冷一热的对比呢？在那种特殊的历史条件下您是如何做到坚守潮尔这一古老艺术的？

您认为在当前的社会背景下，如何看待潮尔艺术在蒙古族传统音乐文化中的价值？

**布林：**"马头琴热"是在社会发展的历史必然规律下形成的，乐器功能、乐器性能和音乐表现方式等方面都决定了在当今语境下潮尔不可能像马头琴一样在数量上大量发展。

从乐器功能的角度说，马头琴是独奏、合奏类乐器，而潮尔的主要功能是为科尔沁英雄史诗伴奏，在演奏方面不可能得到充分的提炼和升华；在乐器性能方面，马头琴的制作在 20 世纪 50 年代末的时候就已经达到一定的水平，已经开始用音柱来提高乐器的音量，而潮尔一直是用牛犊皮蒙制而成，在琴码下斜插入一把蒙古刀来充当音柱、音梁，进行音色、音量的调节；在音乐表现方式上，在当时，马头琴的定弦高度正好是潮尔定弦的高八度，音域高、音量大，所以更加适合大型场合的演奏，演出方便、表现力强，而潮尔音量较小，成为制约其发展的一个重要因素。

在 20 世纪 60 年代我和色拉西、琶洁、毛依罕等人一起在新城宾馆为中央领导演出时，由于没有扩音设备，潮尔的声音在观众席六、七排往后就基本听不清了。色拉西老人的学生们，后来大多数都改学马头琴了，像敖特根巴雅尔、达瓦等人，我当时就特别不理解，为什么这么好听的乐器不学，而要改学马头琴呢？后来我通过和他们交流才知道主要原因是潮尔音量小，在当时不符合年轻人所追求的审美情趣。我也是从 50 年代末开始学马头琴的。但是我能够一直坚持不懈地传承、守护潮尔，主要是因为我从小就喜欢听，它对我幼年影响很深，因此从我个人来讲，我认为潮尔更能够表达人们深层次的情感，在表现深沉内敛的情绪时如泣如诉，这一点无论从音色、音量还是演奏方法上都强过马头琴；再有就是因为我从参加工作开始就和孙良老人接触，他演奏的潮尔欢快活泼、技巧复杂，将其与色拉西老人演奏的潮尔风格结合以后，不仅能够表现深沉悲伤的音乐情绪，还能表现欢快甚至激烈的情绪，使我对潮尔表现力的认识大大地提高了。

有人曾经对我说，在当今这样飞速发展的社会背景下，潮尔已经失去其存在的价值；更有人说，潮尔表现单一，音量小、音域低，就像

"出土文物"一样毫无生机，必然会被社会淘汰。然而我并不这样认为。我认为音乐是人类表达情感的艺术，既然人们丰富的情感并不会因为时代的变迁而消失，那么，潮尔能够表达人们心灵深处最细腻的情感，怎么会因为时代的变迁而被淘汰呢？我觉得这是一些不懂得音乐深层内涵的人从表象上得出的错误结论。只要是从内心去体验音乐情感的人，只要是对音乐拥有真挚情感的人，只要是认为音乐是感情艺术的人，是不会下这种结论的。

**采访人：**正是因为有了像您这样的守护者，才为今天的我们保留下了关于蒙古族传统音乐的一些宝贵记忆。1982 年您在《艺术研究》杂志的创刊号上发表论文《马头琴的渊源及各流派的艺术特色》，在文中提出的马头琴"三种定弦五种演奏法"的理论体系至今仍被学术界认为是对马头琴传统风格流派最系统的描述和总结，您是如何将分散于蒙古高原各地的传统音乐风格流派全部学习掌握的呢？

**布林：**我在 1959 年调到内蒙古人民广播电台"民族民间演唱队"担任马头琴演奏员，这是一个以民间艺人为主体的乐队。广播是个"无底洞"啊！参加乐队后，我们几乎每天录音，无论是民歌、器乐曲还是创作歌曲，也无论是哪个地区、部族的音乐，只要整理出谱子我们就要进行录音，就算这样没日没夜地录音也依然赶不上电台播放的需求。由于内蒙古人民广播电台要辐射全自治区一百多个旗县，不管是哪个旗县哪种风格的民歌、民间器乐曲，都要进行演奏、排练、录音，这对我来说就是学习和熟悉各地区音乐风格极好的机会。我从小生活在科尔沁，听的唱的都是乌力格尔、四胡、潮尔，参加工作以后第一次接触长调，我感觉听不懂。当时我们演唱队里就有一个马头琴手叫那仁钦，是西乌旗末代王爷的王府乐手，当时他给莫德格老师伴奏，我就是从那时起开始学习长调的演奏的。后来我到歌舞团去从桑都仍老师那里学习马头琴，吉木彦也给我上过课，在这段时间里开始接触哈扎布老师，对长调从一开始的不理解、听不懂到后来的逐渐喜欢。后来通过大量的录音，对长调的理解也越来越深入了。长调和马头琴是蒙古族传统音乐的两座山峰，它们唇齿相依，我在最近的一篇文章中将它们总结为"异体同歌"，因此通过大量长调曲目的掌握，我逐渐对蒙古族各地区的音乐风格有了感受。

为了能够掌握更多的马头琴传统风格流派，我还向巴拉贡老人学习过泛音演奏法。巴拉贡老人的马头琴演奏是比较全面的，他不但将锡林郭勒民间音乐与王府音乐的风格融于一身，还对巴彦淖尔、阿拉善等地区流传的马头琴传统风格流派尽数掌握，这对于我完善总结"三种定弦五种演奏法"体系至关重要。马头琴的顶指演奏法虽然干净、利索，但是和泛音演奏法相比总是略显单一，而他老人家的泛音演奏法真是让人大开眼界，所以每次只要他老人家因文艺会演等各种活动来呼和浩特，我就一定抓住机会去请教学习，老人家也不厌其烦地一次次进行示范、讲解。我向巴拉贡老人学习的第一个曲子就是《白骏马》，这首长调歌曲虽然短小，但是老人家多次在曲中运用独特的"乌日色塔希拉嘎"，这种装饰音再也没见其他年轻人在长调演奏中运用过，已经濒临失传了。

**采访人：** 在刚才您的讲述中我感受到，当时真是一个"群星璀璨"的时代，像色拉西、孙良、哈扎布、巴拉贡、桑都仍等人，可以说都是蒙古族近代音乐史中耀眼的大师。您一定是通过不断继承和学习，才拥有了如此深厚的文化积累，在此基础上才总结归纳出"三种定弦五种演奏法"理论体系的吧？

**布林：** 我主要是占了年龄的"便宜"，有幸与这些大师生活在同一时代，成为那段历史的亲历者和见证人。我刚到"民族民间演唱队"，就和一代四胡宗师孙良老人被安排在了一个宿舍。孙老和色拉西是很有感情的"乐友"，每到星期天的时候，色拉西就会从现在内蒙古艺术学院的位置拄着拐棍步行到现在内蒙古人民广播电台附近的宿舍来找孙良老人，两人聊天、研究民歌并常进行四胡、潮尔"合乐"。我在当时就是唯一的旁听者和最忠实的观众，听的时间长了，对潮尔音乐以及蒙古族传统音乐的理解和审美就逐渐形成了。

巴布道日吉是阿斯尔方面的专家，我详细地向他请教过阿斯尔的风格特点，并记录了他用四胡和三弦演奏的阿斯尔乐曲。确金扎布的马头琴演奏风格很独特，特别是他用顶指演奏法演奏的《清凉的杭盖》。我现在演奏的《清凉的杭盖》就是确金扎布的顶指演奏法和巴拉贡的泛音演奏法两个版本的结合。所以，当准确地理解了各地区的风格特征后，就能表现出当地部族的文化内涵和文化气息。在20世纪70年代末的时候，我就开始准备将多年的感受进行理论化和体系化总结，后来提出了马头琴"三种定弦五种演奏法"理论体系。其中每种演奏法都有代表性曲目，而且演奏技巧和风格不尽相同。每个地区、部族的民歌，必须用当地独特的定弦法和演奏法来演奏才能最准确地表达出民歌的韵味。比如说科尔沁民歌和民间曲调，就必须用潮尔演奏法来表现；再比如阿拉善地区流行的驼步和马步《卓弄哈日》等曲子，必须用额鲁特定弦法土尔扈特演奏法才能准确地表现。技术技巧是为内容服务的，当想表现某一特定的音乐风格的时候，必须使用与其对应的技术技巧。于是"三种定弦五种演奏法"理论体系就自然出现了。

**采访人**：听了您以上的讲述，我们了解到您通过与大师们不断接触和学习，传承了他们的绝技，同时又通过个人不断努力研究和钻研，将其转化为个人的艺术养分，那您又如何看待掌握和学习后进行的创新和应用呢？

**布林**：从这些大师手中继承的传统技艺是十分珍贵的，甚至有时候他们说的一个名词、一句话都可能成为解开艺术奥秘的钥匙。比如我一直在提的土尔扈特演奏法，有些人提出并不存在这种演奏法，我认为"不知道"不能证明其"不存在"。这件事证明文化的消亡速度令人震惊，一些名词一旦丢失就很难再使其恢复了。再比如锡林郭勒阿巴嘎旗流传的"潮尔哆"中领唱歌手演唱的引子部分，其蒙古语专有名词已经失传多年，有些人称其为"哲格勒呼"，这完全是一种不负责任的"造词"行为。我20世纪60年代采访巴拉贡老人时，老人家称其为"齐格勒呼"，这是多么准确并富有文化含义的表达啊！有时候一些记忆深深地埋藏于一代人的人生经历当中，一不小心遗忘后，就很难再找回来了。这些记忆就是文化遗产，而这种遗产的价值是不可估量的，是值得人们重视的。

每一种演奏法都有属于其自身的独特技艺，每一个大师都有自己的一套技巧和绝招。将这些绝招综合起来，就会产生艺术上的另一番景象。众多的马头琴风格流派都属于同源分流的马头琴类乐器演奏流程，因此它们在演奏技术技巧上互相借鉴、渗透之后，对每一种演奏法都会有提升和创新。比如说《卓弄哈日》，其种类很多，我搜集到的就有20多种，但是每一首都不长，长度都只有十几秒钟，而且都是单一节奏的反复，多集中在土尔扈特演奏法的第一、第二把位。我在借鉴了顶指演奏法和泛音演奏法的一些特点后，在新编的《卓弄哈日》乐曲中将音域拓展到第三、第四把位，大大提升了乐曲的艺术表现力；再如我借鉴潮尔演奏中内弦空弦的持续低音与外弦高音旋律的结合，将其运用在乐曲《清凉的杭盖》的演奏当中，所取得的效果极为独特。这些都给我以极大的启发，如此丰富多彩的技术技巧同时存在于各种马头琴类乐器当中，将其融会贯通后相互结合借鉴，将会十分有趣。

对于这些珍贵的文化遗产，我们首先要准确地"传"和"承"，在此基础上再进行一定程度的开拓和创新，那这就是一种发展；在没有准确地"传"和"承"的前提下，所谓的改革是不存在的，那只能是一种歪曲事实的现象。

**采访人：**众所周知，正是由于您大量地积累和传承了先辈大师们的文化智慧，您已经成为我区传统音乐文化方面的权威专家，区内外所有的马头琴、四胡、长调、民歌等赛事均邀请您担任评委，那么您对于我区传统音乐文化的现状有何感想呢？

**布林：**随着社会进步和文化事业的飞速发展，可以说现在是音乐文化发展的历史最好时期。特别是年青一代，可能是时代赋予了他们灵感和才气，他们所拥有的音乐综合素质、他们所取得的成就是我们这一代人在当时这个年龄无法想象的，从这一方面来说确实是进步和发展。从另一个角度说，我对现在一些潜在的现象也有所担忧，比如我们该如何正确认识和传承我们的传统文化。有一些马头琴青年学子，一味追求技术技巧的突破和速度的提升。我有时生气地说，你再快能快过四根弦的小提琴吗？不可能的事嘛！当然必要的速度要通过练习来达到，但是如果过于追求速度，反倒把自身精华和优点给忽略掉了。比如说马头琴泛音演奏法，在任何一个音位上都能奏出独特的泛音音响，这可以说是马头琴类乐器的"绝技"。所以首先应该把自身的精华和优势传承下来，在此基础上再进行一定的创造，而不是一味舍本求末，将自己的传统弃之于不顾。

长调相对于马头琴来说，由于宝音德力格尔、莫德格、巴德玛等人的努力，在传统曲目、传统技法的传承方面做得比较好，而马头琴界在这方面有些不足。有些人竟然说潮尔是"出土文物"，过时了，没必要恢复，在这种思想意识的支配下，怎么可能将这项传统技艺传承下去呢？在完整地继承和保护好传统文化的基础上，扬长避短，在传承的基础上进行适当的创新，才能使马头琴在当今社会语境下得到更好的发展。

**采访人：**布林先生非常注重对传统的传承和保护，而一切创新和发展都要以对传统完整的保护为基础。那么可以认为这种关于传承与发展的辩证思考是您文化追求的基点吗？

**布林：**是的，有人说"民歌是不可再生的"，这句话从某种角度说是有道理的，因为随着社会的变迁，在当时那种社会环境下产生的那种风格韵味的民歌，在现在的社会环境下再也不可能产生出来了；但从另一种角度说，今天创作的经典作品，何尝不会成为未来流传的民歌呢？以前的民歌不也是有人创作后，经过不断传唱和加工才成为永恒的经典的吗？那么既然这样，我们就要按时代发展的规律去考虑，要用发展的眼光大胆地去创新和改革。传承不能永远停留在过去的水平上，传承不等于守旧，如果一直用过去的标准来衡量现在的传承，那唯一的结果就是被社会淘汰。反之，不以传承为基础的发展，是没有方向的发展、没有根基的发展，丢掉了民族和传统的发展是没有任何意义的。因此，我们要重新审视过去关于传承和发展的理念和追求，力求在更扎实、更科学地将我们宝贵的文化遗产传承下去的基础上，创作出更经典、更丰富的音乐作品。

**采访人：**可以发现，您所提出的这种文化理念也同样体现在您的音乐作品当中，您的马头琴音乐作品《叙事曲》《在戈壁高原上》等曲目，都深深地烙印着传统音乐的印记。那么您追求的是怎样的一种音乐审美呢？

**布林：**这些曲子基本都是我在20世纪70年代创作的，当时"文化大革命"刚刚结束，已经十年没有拉琴了，所以想搞一搞试验，想法是如何将"三种定弦五种演奏法"在一种演奏法上集中体现。这几首乐曲都是为孛儿只斤定弦法马头琴而作，所以我就想尽一切办法将其他几种演奏法的特点融入其中。

如《叙事曲》中的引子部分，就用马头琴来模仿潮尔的同度泛音奏法；曲子后半部分的快板，也用马头琴模仿了潮尔内弦持续低音的奏法。《在戈壁高原上》这首乐曲将原察哈尔定弦泛音演奏法中无名指和小指在外弦三把位上的密集快速滑音，移植到了字儿只斥定弦的内弦三把位进行滑奏，不但增加了演奏技巧的难度，还使音乐的风格特色活泼鲜明。这首乐曲虽然简单，但是由于融入了具有察哈尔定弦泛音演奏法特征的技术技巧，所以对于没能掌握这种演奏法的演奏者来说有一定的难度。通过这种融合，充实了马头琴的演奏技术技巧，使马头琴的表现方式更加丰富，也是想通过这种方式，逼着青年马头琴学子们尽量多地掌握马头琴传统演奏技巧。

**采访人：**您作为国家级非物质文化遗产代表性项目马头琴音乐的国家级代表性传承人，在全社会大力推动非物质文化遗产保护热潮的背景下，如何看待目前非物质文化遗产保护所面临的严峻形势？

**布林：**我觉得一定要充分地认识抢救、保护传承人的紧迫性，记住那些发生在我们身边的沉痛的教训，这些损失是不可挽回的。比如说前几年去世的玛希巴图，他是马头琴大师巴拉贡的弟弟，他经常当面指出哈扎布长调中唱词不清的地方，可见其在长调演唱方面的造诣有多么深厚。就是这样一位怀揣无数个蒙古族传统音乐奥秘的老人，只留下了少之又少的资料后就撒手人寰了。还有哈扎布，那可是胸腔中蕴藏着近千首民歌的长调歌王，去世后留下的录音也就只有那几十首。在哈扎布生前，社会无论从舆论上还是荣誉上都给予其高度赞扬，但是大部分工作都只说不练，没有哪个部门对他进行过全方位的抢救性录音。这教训是何等的惨痛，但至今人们仍没有醒悟，对传承人的抢救性保护仍然没有多少实际行动。

**采访人：**能谈一谈对于内蒙古地区音乐文化的发展您有怎样的文化理想和抱负吗？

**布林：**虽然我现在已经"卸甲归田"，只是偶尔参加一些社会活动，但是当看到其他地区的发展略强于我们的时候，心中总是有些不服气。有时候想一想，我们是不是应该把传承放在第一位，首先进行学校教育。我觉得现在的学校教育走向了两个极端。专业院校的专业教育好一些，但是对文化课程的重视程度远远不够，入学门槛越来越低，文化课在整体课程中所占比重越来越少。在这种畸形发展的情况下怎么可能培养出高素质的艺术人才呢？艺术理论研究队伍薄弱也就情有可原了。普通中小学文化课抓得紧，但是音乐课程却显得可有可无，我就一直在想什么时候长调和马头琴能够进入普通中小学的音乐课程编制，因为长调和马头琴的传承，不仅仅是音乐文化的教育，更多的是蒙古族传统文化的传承。这些问题就需要政府有关部门积极地去引导和规范。

其次说下专业团体，我个人觉得现在专业团体举办的传承人培训班越来越少了，在我印象中以前的专业团体经常会请一些民间艺术大师或传承人进行有计划、有目的、有标准的短期培训，并整理搜集艺术资料。对于这一点内蒙古艺术学院做得比较好，其近几年成立传承驿站，建立实验班、基地班等，是很有战略眼光的举措，希望这种形式能在全自治区铺开，面更广一点，如果各盟市的艺术学校都铺开的话，成果会更加显著。

**采访人：**在访谈的最后，您能对当前正在学习或从事马头琴音乐的青年学子们谈一下您的期盼与期望吗？

**布林：**我的希望只有一句话，就是希望你们能够扎扎实实地、不浮不躁地从传统中吸收养分，在全面地传承传统音乐精髓的基础上，大胆地进行创新，创作出新时代的音乐精品。

# 征稿启事

　　《非遗研究》（*Studies of Intangible Cultural Heritage*）是北京师范大学人文和社会科学高等研究院非物质文化遗产研究与发展中心主办的学术集刊，创刊于 2021 年 7 月。本刊倡导从文化遗产整体的角度看待非物质文化遗产，不着意区分物质文化遗产和非物质文化遗产，既鼓励非物质文化遗产的建设性研究，亦提倡非物质文化遗产的反思性探索，多学科、多角度聚焦非物质文化遗产的理论和实践，着力于推进我国乃至全球非物质文化遗产研究与发展事业。每期延揽相关领域知名专家学者稿件，就相关重要理论问题、实践问题、前沿问题展开研讨，希冀引发学界共鸣，为各级政府部门的非物质文化遗产保护工作提供学理支撑和决策依据，为非遗传承人、其他非遗保护和传承主体的保护传承实践提供参考。此外，本刊还大力发掘、扶植青年新秀，为其学术成果专设发表版块，为非遗研究相关领域培育后备力量。

　　本刊设有非遗保护的理论与实践、非遗研究的学术史、非遗调研报告及民族志研究、非遗保护专题研究、粤港澳大湾区非遗专题研究、人物访谈与学术对话、非遗传承人口述史、世界非遗之窗、非遗保护简讯、非遗研究书评等栏目。

　　本刊每期发文 12 篇左右，由社会科学文献出版社出版。

本刊主编：高丙中、张明远、色音

编辑部主任：孟凡行

欢迎海内外学界同仁踊跃赐稿！

《非遗研究》编辑部

2023 年 7 月 6 日

# 来稿须知

一、来稿应注重学术性和理论性，选题、观点、方法新颖，材料丰富扎实，内容充实，论证严谨有力。

二、论文字数在 1 万—3 万字，调研报告 1 万—5 万字。来稿除正文外，还应包括摘要（300—500 字）、关键词（3—5 个）、作者简介（注明工作或学习单位、职称职务、通信地址、邮政编码、电话号码和电子邮箱），正文请用小四号宋体（外文使用 Times New Roman），单倍行距。所涉及的全部图、表应规范绘制。

三、注释体例及标注位置

文献引证方式采用注释体例，注释放置于当页下（脚注）。注释序号用①②③……标识，每页单独排序。正文中的注释序号统一置于包含引文的句子（词或词组）或段落标点符号之后。请规范注释（具体格式详见附录"注释标注格式"）。

四、来稿文责自负，但本刊有删改权，如不同意，来稿时请予以注明。

五、若投稿三个月内未接到编辑部通知，可对稿件自行处理。未经采用的稿件恕不退还。

六、来稿一经采用，将参照行业标准从优支付稿酬，并赠样刊 2 册。

七、投稿邮箱：fyzx@ bnuz. edu. cn

联系人：张老师　　联系电话：0756 - 3683682

# 附录　注释标注格式

## （一）非连续出版物

1. 著作

标注顺序：责任者与责任方式/文献题名/出版地点/出版者/出版时间/页码。

责任方式为著时，"著"可省略，其他责任方式不可省略。

引用翻译著作时，将译者作为第二责任者置于文献题名之后。

引用《马克思恩格斯全集》《列宁全集》等经典著作应使用最新版本。

**示例：**

赵景深：《文坛忆旧》，上海：北新书局，1948 年，第 43 页。

谢兴尧整理：《荣庆日记》，西安：西北大学出版社，1986 年，第 175 页。

蒋大兴：《公司法的展开与评判——方法·判例·制度》，北京：法律出版社，2001 年，第 3 页。

任继愈主编：《中国哲学发展史（先秦卷）》，北京：人民出版社，1983 年，第 25 页。

实藤惠秀：《中国人留学日本史》，谭汝谦、林启彦译，香港：香港中文大学出版社，1982 年，第 11—12 页。

金冲及主编：《周恩来传》，北京：人民出版社、中央文献出版社，1989 年，第 9 页。

佚名：《晚清洋务运动事类汇钞五十七种》上册，北京：全国图书馆文献缩微复制中心，1998 年，第 56 页。

狄葆贤：《平等阁笔记》，上海：有正书局，〔出版时间不详〕，第 8 页。

《马克思恩格斯全集》第 31 卷，北京：人民出版社，1998 年，第 46 页。

2. 析出文献

标注顺序：责任者/析出文献题名/文集责任者与责任方式/文集题名/出版地点/出版者/出版时间/页码。

文集责任者与析出文献责任者相同时，可省去文集责任者。

**示例：**

杜威·佛克马：《走向新世界主义》，王宁、薛晓源编：《全球化与后殖民批评》，北京：中央编译出版社，1999 年，第 247—266 页。

鲁迅：《中国小说的历史的变迁》，《鲁迅全集》第 9 册，北京：人民文学出版社，1981 年，第 325 页。

唐振常：《师承与变法》，《识史集》，上海：上海古籍出版社，1997

年，第 65 页。

3. 著作、文集的序言、引论、前言、后记

（1）序言、前言作者与著作、文集责任者相同。

示例：

李鹏程：《当代文化哲学沉思》，北京：人民出版社，1994 年，"序言"，第 1 页。

（2）序言有单独的标题，可作为析出文献来标注。

示例：

楼适夷：《读家书，想傅雷（代序）》，傅敏编：《傅雷家书》（增补本），北京：生活·读书·新知三联书店，1988 年，第 2 页。

黄仁宇：《为什么称为"中国大历史"？——中文版自序》，《中国大历史》，北京：生活·读书·新知三联书店，1997 年，第 2 页。

（3）责任者层次关系复杂时，可以通过叙述表明对序言的引证。为了表述紧凑和语气连贯，责任者与文献题名之间的冒号可省去，出版信息可括注起来。

示例：

见戴逸为北京市宣武区档案馆编、王灿炽纂《北京安徽会馆志稿》（北京：北京燕山出版社，2001 年）所作的序，第 2 页。

4. 古籍

（1）刻本

标注顺序：责任者与责任方式/文献题名/卷次、篇名、部类（选项）/版本/页码。

部类名及篇名用书名号表示，其中不同层次可用中圆点隔开，原序号仍用汉字数字，下同。页码应注明 a、b 面。

示例：

姚际恒：《古今伪书考》卷 3，光绪三年苏州文学山房活字本，第 9 页 a。

（2）点校本、整理本

标注顺序：责任者与责任方式/文献题名/卷次、篇名、部类（选项）/出版地点/出版者/出版时间/页码。可在出版时间后注明"标点本""整理本"。

示例：

毛祥麟：《墨余录》，上海：上海古籍出版社，1985 年，第 35 页。

（3）影印本

标注顺序：责任者与责任方式/文献题名/卷次、篇名、部类（选项）/出版地点/出版者/出版时间/（影印）页码。可在出版时间后注明"影印本"。为便于读者查找，缩印的古籍，引用页码还可标明上、中、下栏（选项）。

示例：

杨钟羲：《雪桥诗话续集》卷 5，沈阳：辽沈书社，1991 年影印本，上册，第 461 页下栏。

《太平御览》卷 690《服章部七》引《魏台访议》，北京：中华书局，1985 年影印本，第 3 册，第 3080 页下栏。

（4）析出文献

标注顺序：责任者/析出文献题名/文集责任者与责任方式/文集题名/卷次/丛书项（选项，丛书名用书名号）/版本或出版信息/页码。

示例：

管志道：《答屠仪部赤水丈书》，《续问辨牍》卷 2，《四库全书存目丛书》，济南：齐鲁书社，1997 年影印本，子部，第 88 册，第 73 页。

（5）地方志

唐宋时期的地方志多系私人著作，可标注作者；明清以后的地方志一般不标注作者，书名前冠以修纂成书时的年代（年号）；民国地方志，在书名前冠加"民国"二字。新影印（缩印）的地方志可采用新页码。

示例：

乾隆《嘉定县志》卷 12《风俗》，第 7 页 b。

民国《上海县续志》卷 1《疆域》，第 10 页 b。

万历《广东通志》卷 15《郡县志二·广州府·城池》，《稀见中国地方志汇刊》，北京：中国书店，1992 年影印本，第 42 册，第 367 页。

（6）常用基本典籍，官修大型典籍以及书名中含有作者姓名的文集可不标注作者，如《论语》、二十四史、《资治通鉴》、《全唐文》、《册府元龟》、《清实录》、《四库全书总目提要》、《陶渊明集》等。

示例：

《旧唐书》卷 9《玄宗纪下》，北京：中华书局，1975 年标点本，第
233 页。

《方苞集》卷 6《答程夔州书》，上海：上海古籍出版社，1983 年标
点本，上册，第 166 页。

（7）编年体典籍，如需要，可注出文字所属之年月甲子（日）。

示例：

《清德宗实录》卷 435，光绪二十四年十二月上，北京：中华书局，
1987 年影印本，第 6 册，第 727 页。

## （二）连续出版物

1. 期刊

标注顺序：责任者/文献题名/期刊名/年期（或卷期，出版年月）。

刊名与其他期刊相同，也可括注出版地点，附于刊名后，以示区别；
同一种期刊有两个以上的版别时，引用时须注明版别。

示例：

何龄修：《读顾诚〈南明史〉》，《中国史研究》1998 年第 3 期。

汪疑今：《江苏的小农及其副业》，《中国经济》第 4 卷第 6 期，1936
年 6 月 15 日。

魏丽英：《论近代西北人口波动的主要原因》，《社会科学》（兰州）
1990 年第 6 期。

费成康：《葡萄牙人如何进入澳门问题辨证》，《社会科学》（上海）
1999 年第 9 期。

董一沙：《回忆父亲董希文》，《传记文学》（北京）2001 年第 3 期。

李济：《创办史语所与支持安阳考古工作的贡献》，《传记文学》（台
北）第 28 卷第 1 期，1976 年 1 月。

黄义豪：《评黄龟年四劾秦桧》，《福建论坛》（文史哲版）1997 年第
3 期。

苏振芳：《新加坡推行儒家伦理道德教育的社会学思考》，《福建论
坛》（经济社会版）1996 年第 3 期。

叶明勇：《英国议会圈地及其影响》，《武汉大学学报》（人文科学版）2001 年第 2 期。

倪素香：《德育学科的比较研究与理论探索》，《武汉大学学报》（社会科学版）2002 年第 4 期。

2. 报纸

标注顺序：责任者/篇名/报纸名称/出版年月日/版次。

早期中文报纸无版次，可标识卷册、时间或栏目及页码（选注项）。同名报纸应标示出版地点以示区别。

示例：

李眉：《李劼人轶事》，《四川工人日报》1986 年 8 月 22 日，第 2 版。

伤心人（麦孟华）：《说奴隶》，《清议报》第 69 册，光绪二十六年十一月二十一日，第 1 页。

《四川会议厅暂行章程》，《广益丛报》第 8 年第 19 期，1910 年 9 月 3 日，"新章"，第 1—2 页。

《上海各路商界总联合会致外交部电》，《民国日报》（上海）1925 年 8 月 14 日，第 4 版。

《西南中委反对在宁召开五全会》，《民国日报》（广州）1933 年 8 月 11 日，第 1 张第 4 版。

## （三）未刊文献

1. 学位论文、会议论文等

标注顺序：责任者/文献标题/论文性质/地点或学校/文献形成时间/页码。

示例：

方明东：《罗隆基政治思想研究（1913—1949）》，博士学位论文，北京师范大学历史系，2000 年，第 67 页。

任东来：《对国际体制和国际制度的理解和翻译》，全球化与亚太区域化国际研讨会论文，天津，2000 年 6 月，第 9 页。

2. 手稿、档案文献

标注顺序：文献标题/文献形成时间/卷宗号或其他编号/藏所。

示例：

《傅良佐致国务院电》，1917 年 9 月 15 日，北洋档案 1011 - 5961，中国第二历史档案馆藏。

《党外人士座谈会记录》，1950 年 7 月，李劼人档案，中共四川省委统战部档案室藏。

## （四）转引文献

无法直接引用的文献，转引自他人著作时，须标明。标注顺序：责任者/原文献题名/原文献版本信息/原页码（或卷期)/转引文献责任者/转引文献题名/版本信息/页码。

示例：

章太炎：《在长沙晨光学校演说》，1925 年 10 月，转引自汤志钧：《章太炎年谱长编》下册，北京：中华书局，1979 年，第 823 页。

## （五）电子文献

电子文献包括以数码方式记录的所有文献（含以胶片、磁带等介质记录的电影、录影、录音等音像文献）。

标注项目与顺序：责任者/电子文献题名/更新或修改日期/获取和访问路径。

示例：

王明亮：《关于中国学术期刊标准化数据库系统工程的进展》，1998 年 8 月 16 日，http://www. cajcd. cn/pub/wml. txt/980810 - 2. html。

扬之水：《两宋茶诗与茶事》，《文学遗产通讯》（网络版试刊）2006 年第 1 期，http://www. literature. org. cn /Article. asp？ID = 199。

## （六）外文文献

引证外文文献，原则上使用该语种通行的引证标注方式。本规范仅列举英文文献的标注方式如下：

1. 专著

标注顺序：责任者与责任方式/文献题名/出版地点/出版者/出版时

间/页码。文献题名用斜体，出版地点后用英文冒号，其余各标注项目之间，用英文逗点隔开，标点符号一律采用半角，下同。

示例：

Peter Brooks, *Troubling Confessions：Speaking Guilt in Law and Literature*, Chicago：University of Chicago Press, 2000, p. 48.

Randolph Starn and Loren Partridge, *The Arts of Power：Three Halls of State in Italy, 1300 - 1600*, Berkeley：California University Press, 1992, pp. 19 - 28.

2. 译著

标注顺序：责任者/文献题名/译者/出版地点/出版者/出版时间/页码。

示例：

M. Polo, The *Travels of Marco Polo*, trans. by William Marsden, Hertfordshire：Cumberland House, 1997, pp. 55, 88.

3. 期刊析出文献

标注顺序：责任者/析出文献题名/期刊名/卷册及出版时间/页码。析出文献题名用英文引号标识，期刊名用斜体，下同。

示例：

Heath B. Chamberlain, "On the Search for Civil Society in China," *Modern China*, Vol. 19, No. 2 （April 1993）, pp. 199 - 215.

4. 文集析出文献

标注顺序：责任者/析出文献题名/文集责任者与责任方式/文集题名/出版地点/出版者/出版时间/页码。

示例：

R. S. Schfield, "The Impact of Scarcity and Plenty on Population Change in England," in R. I. Rotberg and T. K. Rabb, eds. , *Hunger and History：The Impact of Changing Food Production and Consumption Pattern on Society*, Cambridge, Mass：Cambridge University Press, 1983, p. 79.

5. 档案文献

标注顺序：文献标题/文献形成时间/卷宗号或其他编号/藏所。

Nixon to Kissinger, February 1, 1969, Box 1032, NSC Files, Nixon Presidential Material Project（NPMP），National Archives II，College Park，MD.

## （七）其他

1. 再次引证时的项目简化

同一文献再次引证时只需标注责任者、题名、页码，出版信息可以省略。

**示例：**

赵景深：《文坛忆旧》，第 24 页。

鲁迅：《中国小说的历史的变迁》，《鲁迅全集》第 9 册，第 326 页。

2. 间接引文的标注

间接引文通常以"参见"或"详见"等引领词引导，反映出与正文行文的呼应，标注时应注出具体参考引证的起止页码或章节。标注项目、顺序与格式同直接引文。

**示例：**

参见邱陵编著：《书籍装帧艺术简史》，哈尔滨：黑龙江人民出版社，1984 年，第 28—29 页。

详见张树年主编：《张元济年谱》，北京：商务印书馆，1991 年，第 6 章。

3. 引用先秦诸子等常用经典古籍，可使用夹注，夹注应使用不同于正文的字体

示例 1：

庄子说惠子非常博学，"惠施多方，其书五车"（《庄子·天下》）。

示例 2：

天神所具有的道德，也就是"保民""裕民"的道德；天神所具有的道德意志，代表的是人民的意志。这也就是所谓"天聪明自我民聪明，天明畏自我民明畏"（《尚书·皋陶谟》），"民之所欲，天必从之"（《尚书·泰誓》）。

**图书在版编目（CIP）数据**

非遗研究. 第一辑 / 高丙中，张明远，色音主编
. -- 北京：社会科学文献出版社，2023.9
ISBN 978 - 7 - 5228 - 2379 - 9

Ⅰ.①非…　Ⅱ.①高…②张…③色…　Ⅲ.①非物质
文化遗产 - 研究 - 中国　Ⅳ.①G122

中国国家版本馆 CIP 数据核字（2023）第 165326 号

**非遗研究　第一辑**

主　　编／高丙中　张明远　色音

出 版 人／冀祥德
责任编辑／刘　荣
文稿编辑／程丽霞
责任印制／王京美

出　　版／社会科学文献出版社（010）59367011
　　　　　　地址：北京市北三环中路甲 29 号院华龙大厦　邮编：100029
　　　　　　网址：www. ssap. com. cn
发　　行／社会科学文献出版社（010）59367028
印　　装／三河市龙林印务有限公司

规　　格／开　本：787mm × 1092mm　1/16
　　　　　　印　张：15　字　数：230 千字
版　　次／2023 年 9 月第 1 版　2023 年 9 月第 1 次印刷
书　　号／ISBN 978 - 7 - 5228 - 2379 - 9
定　　价／98.00 元

读者服务电话：4008918866